中咨研究智库观察

CIECC
THINKTANK INSIGHTS

第三卷

王 安 主编

人民出版社

编 著 人 员

主　　编　王　安

本卷作者　王　安　胡希捷　陆君明　周晓勤　李开孟
　　　　　徐成彬　陶黎敏　朱　宁　杨　巍　杨跃军
　　　　　黄　波　唐智伟　杨永平　乐逢敏　伍　迪
　　　　　齐景丽　吴　迪　于　明　伍勇旭　韩龙宝

　　　　　赵旭峰　赵　东　边颜东　许豫东　李红昌
　　　　　王守清　梁　伟　梁　双　杨东浩　杨　光
　　　　　伍潇潇　刘富荣　白　晨　王　涛

执行主编　李开孟

丛书总序

现代咨询企业怎样才能不断提高核心竞争力？我们认为，关键在于不断提高研究水平。咨询就是参谋，如果没有对事物的深入研究、深层剖析和深刻见解，就当不好参谋，做不好咨询。

我国的工程咨询业起步较晚。以1982年中国国际工程咨询公司（以下简称"中咨公司"）的成立为标志，我国的工程咨询业从无到有，已经发展成具有较大影响的行业，见证了改革开放的历史进程，并且通过自我学习、国际合作、兼容并蓄、博采众长，为国家的经济社会发展作出了贡献，同时也促进了自身的成长与壮大。

但应该清醒地看到，我国工程咨询业与发达国家相比还有不小差距。西方工程咨询业已经有100多年的发展历史，其咨询理念、方法、工具和手段，以及咨询机构的管理等各方面已经成熟，特别是在研究方面有着深厚基础。而我国的工程咨询业尚处于成长期，在基础研究方面尤为薄弱，因而总体上国际竞争力还不强。当前，我国正处于社会经济发生深刻变革的关键时期，不断出现各种新情况、新问题，很多都是我国特定的发展阶段和转轨时期所特有的，在国外没有现成的经验可供借鉴，需要我们进行艰辛的理论探索。全面贯彻落实新发展理念，实现中华民族伟大复兴的中国梦，对工程咨询提出了新的要求，指明了发展方向，也提供了巨大发展空间。这更需要我们研究经济建设特别是投资建设领域的各种难点和热点问题，创新咨询理论和方法，以指导和推动咨询工作，提高咨询业整体素质，造就一批既熟悉国际规则又了解国情的专家型人才队伍。

中咨公司重视知识资产的创造、积累，每年都投入相当的资金和人力开展研究工作，向有关机构提供各类咨询研究报告，很多都具有一定的学术价值和应用价值。"中咨研究系列丛书"的出版，就是为了充分发挥这些宝贵的智力财富应有的效益，同时向社会展示我们的研究实力，为提高我国工程咨询业的核心竞争力作出贡献。

立言，诚如司马迁所讲"成一家之言"，"藏诸名山，传之其人"。一个人如此，一个企业也是如此。既要努力在社会上树立良好形象，争取为社会作出更大贡献，同时，还应当让社会倾听其声音，了解其理念，分享其思想精华。中咨公司会向着这个方向不断努力，不断将自己的研究成果献诸社会。我们更希望把"中咨研究系列丛书"这项名山事业坚持下去，让中咨公司的贡献持久恒长。

"中咨研究系列丛书"编委会

目 录

交通运输

能源化工

PPP 模式创新

PPP 模式应用

日本经验借鉴

前　言

中咨公司是顺应我国投资体制改革，贯彻决策科学化、民主化而成立的国内规模最大、涉及行业最多的综合性工程咨询机构，在我国投资建设领域发挥着重要作用。

1985年，国务院批准国家计划委员会报送的《关于加强中国国际工程咨询公司的报告》（计资〔1985〕1104号），明确中咨公司作为国务院总局级单位管理，负责对国家新上大中型基本建设项目和限额以上技改项目的可研报告及工程设计进行评估，提出咨询意见后再确定是否列入国家计划。由此确立了"先评估、后决策"制度，这是国家建设项目决策程序上的一项重大改革。

公司成立之初，宋平就期望公司能成为"中国的兰德公司"，为公司确立了"公正、科学、可靠"的服务宗旨，明确提出"中咨公司不同于一般的公司，它不是以盈利为目的的经营性公司，它的基本宗旨是代表国家利益，对国家负责"。李鹏批示："咨询公司成立以来，做了大量工作，不但节约了投资，而且使方案更加合理、更加科学"，高度肯定了公司服务中央决策的价值和作用。朱镕基以"敢言、多谋、慎断"六字为公司确定了行为准则，殷切希望"把中咨公司建设成为诚信为本，优质高效，在国内有权威，在国际上有影响的工程咨询机构"。党的十八大以来，党中央、国务院更加重视中咨公司在国家经济建设和国防建设中的参谋作用，习近平、李克强、栗战书、汪洋、王沪宁、赵乐际、韩正等中央领导同志，多次在中咨公司有关报告上作出重要批示，充分肯定中咨公司在咨询评估工作中的一系列建议和做法。

30多年来，中咨公司为中央政府在国家重大建设项目的决策和实施方面发挥了重要参谋作用，也为地方政府、企业、银行等各类客户提供了大量咨询服务。截至2018年年底，公司累计完成各类咨询业务4.9万余项，涉及总投资超过74万亿元。通过专业咨询，绝大多数建设项目的技术经济方案得以优化完善，也为国家节省了大量投资。

中咨公司始终牢记使命，不忘初心，努力为国家经济社会发展和国防建设建言献策，参与了西气东输、西电东送、南水北调、退耕还林、青藏铁路、京沪高铁、港珠澳大桥、首钢搬迁、奥运场馆、百万吨级乙烯、千万吨级炼油、百万千瓦级超超临界电站、大飞机工程、载人航天、探月工程以及京津冀协同发展、长江经济带、粤港澳大湾区建设、海南自贸区、"一带一路"、生态文明建设、战略性新兴产业、西部大开发、东北振兴、新疆和藏区发展、三峡工程后续工作、汶川和玉树地震灾后重建规划等一大批关系国计民生、体现综合国力的建设项目和发展规划，体现着中咨公司为国家负责的使命担当，发挥着产业智库的独特作用。

党的十八大以来，中央强调要更加重视中国特色新型智库建设，提出要加强智库建设的整体规划和科学布局，统筹整合现有智库优质资源，重点建设一批国家亟须、特色鲜明、制度创新、引领发展的专业化高端智库。2015年以来，中咨公司积极推动实施"12445"发展战略，明确公司未来发展必须锁定"1"个战略目标，就是要建设"国内有权威、国际有影响的中国特色新型高端智库"。为了实现这一战略目标，必须依靠改革与创新"2"轮驱动，推动开放式的高端智库平台、打造行业领先的理论方法研究体系、塑造高素质的综合性专家人才队伍、再造全新的公司文化等"4"大支撑平台建设，沿着"市场化、企业化、国际化、信息化""4"化协同路径，聚焦咨询评估、工程管理、规划咨询、投资策划和管理咨询"5"大支撑业务，全面推动公司高质量智库建设迈向新征程。

中咨公司立足咨询评估工作基础，发挥多领域、跨学科和宏观综合优势，以服务党和政府决策为宗旨，通过参加国务院常务会议、向中央领导和中共中央办公厅、国务院办公厅、中央财经委员会报送政策咨询建议、完成国家级重大规划、承担国家重大项目评估、参与制定国家法律法规及行业标准规范、出版专业学术专著、发表专业学术论文、举办国际国内高层次专业论坛等多种方式发挥智库重要作用，积极服务国家重大战略制定和实施，聚焦领导重大关切开展调查研究，及时跟踪反馈重大投资和政策落实情况，深入开展前瞻性、基础性、战略性问题研究，取得了非常丰富的各类智库研究成果。

中咨公司非常重视智库成果的传播工作。除向中央报送咨询专报外，鼓励智库专家接受专业媒体采访，在重要论坛发表演讲，拓展智库成果传播渠道。为了及时有效发布中咨研究团队智库成果，加强智库网络建设和知识管理，中咨公司开通"中咨研究"微信公众号，在促进行业信息交流、打造高端智库平台中发挥了重要作用。

为了更好地发挥中咨研究智库成果的社会价值，我们精选在"中咨研究"微信公众号发表的智库成果，结集出版《中咨研究智库观察》丛书，作为"中咨研究系列丛书"的一个系列向社会公开发行。纳入《中咨研究智库观察》丛书的智库研究成果，均为"中咨研究"微信公众号所采用，且第一作者为中咨公司自身专家的成果。

丛书的编写出版工作，由研究中心具体负责。研究中心是中咨公司专门从事工程咨询基础性、专业性理论方法及行业标准制定、中央企业投资监管、基础设施投融资政策相关研究工作的内设机构。编写出版"中咨研究系列丛书"，是研究中心的一项核心任务。本次收入丛书的研究成果，根据需要对部分原文内容进行了适当调整完善。

我们希望社会各界更加关注"中咨研究"微信公众号，希望公司本部各部门及所属企业在职职工及离退休老专家，积极为"中咨研究"微信公众号投稿，以便能够及时将相关成果纳入《中咨研究智库观察》丛书进行出版。同时，希望通过《中咨研究智库观察》丛书的出版和传播，进一步扩大中咨公司的社会影响力，推动公司逐步建设成为国内有权威、国际有影响的中国特色新型高端智库。

编　者

交 通 运 输

我国铁路建设面临的新形势及创新发展要求[*]

未来我国铁路发展基本呈现"东补西建"的格局，西部地区铁路如何规划建设是个重大课题。铁路是国民经济大动脉、关键基础设施和重大民生工程，在我国经济社会发展中的地位和作用至关重要。21 世纪以来，我国铁路取得了举世瞩目的成绩，尤其是高速铁路、高原铁路、重载铁路、铁路提速，直接保障了国民经济的快速发展，成为我国现代化建设成就的重要标志。

一、我国铁路特别是高铁发展取得的成就来之不易

2004 年《中长期铁路网规划》实施以来，我国铁路持续快速发展，2004—2015 年铁路基本建设投资完成超过 4.8 万亿元。截至 2015 年年底，铁路网总里程达到 12.1 万 km，高速铁路运营里程超过 1.9 万 km，提前五年实现了规划目标，铁路运能紧张状况基本缓解，瓶颈制约基本消除，基本满足了我国经济社会发展需要。

2004 年，中咨公司开始参与我国高铁项目的研究，承担了目前绝大多数运营和在建高铁项目的评估工作。中咨公司承担的第一个高铁项目为武广客专，当时针对高铁的速度标准提出了六条原则：一是要具有前瞻

---

* 原文刊载于《中国投资》2016 年第 17 期，原标题为《铁路发展新格局——新常态下我国铁路建设需创新发展》。

性，既要瞄准当前的世界先进水平，也要看准其发展趋势；二是要以国内现有技术发展水平和实力为基础，适当超前；三是要考虑项目在全国高铁网中的地位和作用；四是要考虑不同速度等级列车共线运行的合理匹配关系；五是要考虑不同速度目标值的工程投资、运营成本、经济效益等；六是要区分基础设施和非基础设施两种速度目标值。中咨公司对高铁技术标准的把握，始终坚持积极稳妥的原则，既要适应当前技术装备水平，保障安全可靠，又要着眼长远，预留技术发展空间。

回顾我国铁路特别是高速铁路发展的历程，可谓曲折蜿蜒。2011 年"7·23"温甬铁路事故发生后，中国高铁建设陷入了前所未有的困难局面。面对当时的形势，中咨公司经过慎重研究，认为我国正处于由铁路大国迈向铁路强国的关键时期，出现的问题是发展中的问题，要理性看待、正确引导，坚定不移地推进铁路的健康发展。为此，中咨公司向国务院主要领导同志报送了《强化安全和质量　坚定不移推动铁路科学发展》的建议。国务院领导同志高度重视中咨公司的建议，召开专门会议进行研究，统一了思想认识，部署了相关工作。在党中央、国务院的直接关怀下，中国高铁逐步走出困局，走向世界，成为一张令人瞩目的"中国名片"。

二、新形势对铁路发展提出新要求

我国正处于全面建成小康社会的决胜阶段，"十三五"规划纲要描绘了未来五年我国经济和社会发展的宏伟蓝图。推进供给侧结构性改革，要求继续扩大铁路有效供给，补齐短板；拓展区域发展新空间，要求建设横贯东中西、沟通南北的铁路运输大通道，支撑服务三大战略；打赢脱贫攻坚战，要求改善贫困地区铁路基础设施条件，发挥铁路辐射带动作用；构建综合交通运输体系，要求发挥铁路运能大、效率高、排放少、占地省的绿色骨干优势；保持经济社会平稳较快发展，要求铁路继续发挥稳增长的关键作用；铁路自身也需要进一步创新发展方式，加快构建现代铁路基础网络，提升运营管理和服务水平。新形势对铁路发展提出了新的更高要求。

2016年国家颁布新的《中长期铁路网规划》，规划提出，到2025年，铁路网规模达到17.5万km，覆盖20万人口以上城市，其中高速铁路网3.8万km，基本连接省会城市和其他50万人口以上大中城市，实现相邻大中城市间1—4小时交通圈。规划首次提出了"高速铁路网"的概念，明确提出构建两张铁路网的规划目标，高铁网由"四纵四横"拓展为"八纵八横"，普速铁路将形成12条区级快捷大能力通道。规划描绘了中国铁路网的宏伟蓝图，预示了中国铁路即将迎来发展新时代。

三、新形势下我国铁路发展的对策措施

2016年到2025年的10年，是我国铁路现代化建设的关键时期。为了更好地实现《中长期铁路网规划》，构建布局合理、经济高效的现代铁路网络，需要牢固树立并贯彻落实"创新、协调、绿色、开放、共享"的发展理念，遵循铁路自身发展规律，创新铁路发展方式，开创我国铁路发展的新局面。

（一）全面总结经验，以利更好发展

从2004年到2015年，通过引进、消化、吸收、再创新，我国高速铁路实现了从无到有、再到网络化运营的快速发展，总体水平跻身世界先进行列，部分技术已达到世界领先水平。我国高铁发展在规划设计、工程建设、装备制造、运营管理等方面积累了丰富的实践经验，应该进行全面、系统的总结，更好地认识高铁建设和运营客观规律，为我国高铁今后发展提供借鉴。

运营速度是高铁竞争力的综合体现，衔接好运营速度与建设标准，不仅是技术层面的问题，更是关系到今后我国高铁发展的战略问题。随着我

国高铁建设与运营经验的不断丰富，在工程质量、系统控制、列车运行、安全管理等方面已积累了雄厚的技术与实践基础，具备了加快提高运营速度的条件。鉴于我国部分高铁线路已完成运营初期验证，基础设施和设备系统已基本磨合稳定，可选择京沪、京广等重大高铁干线先行突破，实现运营时速 350km/h 的速度目标，既有利于为今后高铁进一步发展积累经验，也有利于提升我国高铁国际竞争力。

未来，我国高铁将由"大规模设计建造"阶段转入长期"运营维护和建造并行"的阶段。高铁是一个耦合大系统，虽然我国高铁设计标准已相继出台，但完善的运营维护标准尚未形成。当前的一项迫切任务，是针对我国高铁特点，研究、建立和完善高速铁路运营维护标准体系，这对高铁长期稳定健康运营具有重要意义。其中，要重点关注高速动车组与承载基础结构系统动态性能演变及疲劳可靠性之间的关系，如轮轨磨耗的发展演化及其对高速动车组运行平稳性的影响等问题，逐步建立适合我国国情的高铁运营维护模式。

（二）寻求主客观最佳结合，以利可持续发展

需求是铁路建设的唯一理由。经济新常态下，要更加准确认识经济运行与铁路间的逻辑关系，建立人口密度、经济水平和铁路密度及速度间的临界指标体系，更好地指导铁路规划和建设。

从铁路需求侧看，在货运需求方面，随着经济结构的优化升级，国民经济将会逐渐"轻型化"，具体表现在煤炭、建材、矿石等传统大宗物资运输需求相对降低，同时，新业态孕育新需求，高附加值、集装箱、现代物流等需求增长强劲；在客运需求方面，随着国民收入水平不断提升，旅游、出行消费比重将大幅增加，伴随小康社会的全面建成和城镇化的快速发展，未来铁路客运市场增长潜力仍然很大。

从铁路供给侧结构性改革来看，基础设施和运输服务是形成铁路有效

供给的一体之两翼、驱动之双轮，其中基础设施供给主要关注铁路网的密度和建设标准。未来我国铁路发展的格局基本上是"东补西建"的格局，西部地区铁路如何规划建设是个重大课题。以西北（陕甘宁青新）和西藏地区为例，国土面积约占全国的 50%，人口约占全国的 7.5%，其中 30% 以上人口聚集于省会城市，经济总量（GDP）占全国的 6%，这就要求我们规划建设西部地区铁路，要充分考虑西部地区地理空间特征、人口分布和经济发展水平的客观实际情况，注重经济效益，避免与东部地区盲目攀比，通过系统论寻找主观和客观最佳匹配关系。

（三）发挥比较优势，以利协调发展

各种交通运输方式都有其自身的特点，要因地制宜，发挥比较优势，运用系统的思维和方法，构建铁路、公路、水路、管道、输电、航空等各种运输方式的最优临界指标体系，统筹各种运输方式的规划和建设，实现协调发展。综合交通运输体系建设就是要实现各种运输方式分工协作、优势互补、结构优化，形成物理和逻辑上一体化衔接的有机系统。作为一个开放的系统，必须要跳出交通看交通，从经济社会发展和交通运输总需求出发，实现系统内部各种交通运输方式布局与要素配置的最优化。例如，在西部地区，通用（勤）机场布点灵活，可以有效扩大交通覆盖面，公路适应性强，通达深度广，而铁路则因为投资大，需要一定规模的运输需求支撑，尤其是高铁，主要建设在人口稠密、经济发展水平较高、旅游和商务客流较多的地区，服务的优势距离主要在 800—1200km。未来，西部地区还要进一步拓展交通运输基础设施，应当立足新的形势，运用系统论的方法，统筹经济和交通运输，发挥各种方式的比较优势，优化西部交通运输基础设施资源配置。

（载《中国投资》2016 年第 17 期　执笔：王安）

我国改革开放 40 年交通发展的回顾和展望

交通运输是基础性、先导性、战略性产业，是经济社会发展的重要支撑和强力保障。40 年来，我国坚持改革开放的基本国策，无论是在交通基础设施规模、运输服务质量、技术装备等方面，还是在发展理念转变、体制创新、市场化发展等方面，都取得了前所未有的成绩。我国交通运输行业飞速发展的模式和经验引起了世界瞩目。

一、40 年交通运输发展突飞猛进

从改革开放初期的"瓶颈"制约到目前与经济社会发展相适应，我国的交通运输生产力得到了极大的解放和发展。

（一）基础设施位居世界前列

改革开放 40 年，我国交通基础设施建设取得了巨大成就，各种运输方式都实现了快速发展，高速铁路、高速公路、城市轨道运营里程以及港口万吨级泊位数量等均位居世界第一，机场数量、管道里程位居世界前列，成为社会主义现代化建设的重要支撑。

1. 现代化的高速铁路网

改革开放初期，我国铁路网里程仅 5.17 万 km。根据《全国铁路统计资料汇编 2003》，2003 年年底，我国铁路网规模达到 7.3 万 km，25 年间增加了约 2 万 km。2004 年《中长期铁路网规划》开始实施后,我国铁路进入了快速发展阶段。2006 年建成了世界上海拔最高的铁路——青藏铁路;2008 年,我国第一条高速铁路——京津城际铁路开通运营,拉开了我国高铁时代的序幕;2011 年建成通车的京沪高速铁路,是世界上商业运营速度最高、里程最长的高速铁路。

党的十八大以来,我国铁路尤其是高速铁路发展迅速。截至 2017 年年底,全国铁路营业里程达到 12.7 万 km,高速铁路运营里程由 2012 年的 0.97 万 km 增加到 2017 年的 2.5 万 km,占世界高铁的三分之二,2017 年开始奔驰在祖国广袤大地上的复兴号具有完全自主的知识产权。我国高速铁路在短时间内实现了从无到有、再到世界第一的跨越式发展,成为闪耀世界的亮丽名片。目前,我国"四纵四横"高铁主通道全部提前贯通,高铁覆盖 65% 以上的百万人口城市,拥有世界上最现代化的铁路网和最发达的高铁网。

2. 四通八达的高速公路网

改革开放 40 年,我国公路建设突飞猛进。1978 年我国公路通车总里程 89 万 km,公路密度 $9.27km/100km^2$。1988 年,第一条高速公路——沪嘉高速公路建成通车,到 2012 年年底,全国高速公路里程已达 9.62 万 km。

党的十八大以来,我国公路建设更是取得了辉煌成绩。根据《2017 年交通运输行业发展统计公报》,公路总里程增加了 53 万 km,其中,高速公路增加了 4 万 km,覆盖 97% 的 20 万人口城市及地级行政中心;二级以上公路通达 96.7% 的县,全国通公路乡(镇)达 99.99%,通公路建制村达 99.98%。截至 2017 年年底,全国公路总里程 477.35 万 km,高速公路以 13.65 万 km 的通车里程稳居世界之首,全国公路网密度达 $49.72km/100km^2$。30 年间,我国高速公路发展举世瞩目,创造了世界高速公路史上的奇迹。

3. 超级桥隧工程

随着通车里程的延伸，逢山开路，遇水架桥，世界桥梁和隧道建设史"最长、最高、最大"的纪录不断被我国刷新，"中国桥、中国隧"成为展示中国形象的新品牌。

当今世界前 10 座最大跨径悬索桥和最大跨径斜拉桥，我国分别占了 5 座和 6 座。近年来，我国陆续建成东海大桥、江阴长江大桥、杭州湾跨海大桥、润扬长江大桥、苏通大桥、港珠澳大桥等一批世界级大跨径桥梁。截至 2018 年完工时，港珠澳大桥是世界上最长的跨海大桥；北盘江大桥是世界上最高的大桥；大胜关长江公铁大桥是世界首座六线铁路大桥，双跨连拱为世界高速铁路跨度最大；五峰山长江公铁大桥主跨达 1120 米，在世界悬索桥中位列第一；沪通长江大桥成为世界上首座跨度超过千米的公铁两用斜拉桥。

在隧道建设方面，我国同样在近年来建成了一批世界之最，包括：世界最长的双洞高速公路隧道——秦岭终南山隧道，世界最大直径的盾构隧道——上海长江隧道，世界海拔最高的公路特长隧道——川藏线雀儿山隧道，世界最长的高原铁路隧道——青藏铁路新关角隧道，世界海拔最高的高铁隧道——祁连山隧道，世界最大断面的公路隧道——港珠澳大桥拱北隧道，世界最长的海底沉管隧道——港珠澳大桥沉管隧道。

4. 先进的大型港口

1978 年，我国主要港口拥有生产泊位 735 个，其中万吨级及以上深水泊位 133 个，内河没有万吨级以上泊位；1985 年后，大型化、专业化港口进入了快速发展阶段；到 2012 年，全国港口共拥有生产用码头泊位 31862 个，其中万吨级及以上泊位 1886 个（内河 369 个）。

党的十八大以来，我国港口重点发展吨级较大的生产泊位。其中，万吨级以上泊位增加 480 个，平均每年增加 96 个，十万吨级以上港口泊位增加 133 个。截至 2017 年年底，全国港口共拥有生产用码头泊位 27578

个，其中万吨级及以上泊位 2366 个（内河 418 个）。港口智能化水平明显提高，2017 年投入运营的上海港洋山港区四期全自动化集装箱码头是目前全球规模最大、自动化程度最高的集装箱码头。目前，全球排名前十的港口中有 7 个位于我国，2017 年上海港以 4030 万标箱吞吐量位居世界第一，深圳港、宁波舟山港、香港港分列第三、四、五位，广州港和青岛港分列第七、八位，我国现代化的大型港口在"一带一路"建设中扮演着重要角色。

5. 通畅的黄金水道

改革开放以来，我国内河航道如长江干线、京杭运河、西江、湘江等相继得到了比较系统全面的治理。京杭运河航道自 1982 年开始整治，山东济宁至浙江杭州可通航 500 吨级船舶，苏北部分河段可通航千吨级船队。20 世纪 90 年代末，长江口深水航道整治工程开工建设，于 2010 年顺利完工，这是迄今为止世界上最大、最复杂的河口整治工程。经整治后，长江口至太仓段 12.5 米深水航道全面贯通，上海港及江苏沿江港口货物吞吐量迅速增长，通过长江口的货运量由 2000 年的 2.2 亿吨增加到 2012 年的 10.2 亿吨。2012 年年底，全国内河航道通航里程共计 12.5 万 km，其中三级及以上航道 9894km。

党的十八大以来，依托长江黄金水道推动长江经济带发展上升为国家重大战略，长江南京以下 12.5 米深水航道建设工程启动，已于 2018 年 4 月建成交工并正式试运行，可实现南京至长江出海口全程通航 5 万吨级及以上船舶，将海港向内河纵深推进，相当于增加了近 800km 的海岸线，大规模实现我国黄金水道江海联运。与此同时，我国加快了长江中游荆江河段航道、上游重庆至宜宾段航道的整治工程。长江成为世界上运量最大、航运最繁忙的通航河流。西江界首至肇庆段航道整治工程完成，实现了 2000 吨级船舶直达广西贵港，该段航道扩能升级工程将继续推进，以实现通航 3000 吨级船舶的目标。京杭运河（浙江段）整治工程也已启动，将实现千吨级船舶从山东直达杭州。

6. 广泛覆盖的民用航空

伴随着我国改革开放的伟大历史进程，我国民用航空从一个军事化的行业发展成为一个现代化的、对国民经济和社会发展起到重要作用的全球第二大航空运输系统。改革开放初期，我国民航隶属空军，民用机场仅78个，1980年管理体制改革后，民航业取得了长足发展。2012年年底，我国民用航空机场达到183个，定期航班通航城市178个。

党的十八大以来，我国民用航空颁证机场增加了46个、增幅25%。截至2017年年底，我国境内民用航空颁证机场共229个，其中定期航班通航机场228个，定期航班通航城市224个，机队规模达到3261架，定期航班航线里程近700万km，民航服务覆盖了全国88.5%的地级市和76.5%的县。国际航线784条，定期航班通航国家61个（通航国际城市167个）。2017年，首都国际机场旅客吞吐量9579万人次，位列世界第二，香港国际机场和上海浦东国际机场分别位列第八和第九，广州白云国际机场排名第13位。航空运输作为我国综合运输体系的组成部分，已由从属补充地位发展成为一种大众化的交通工具。作为国家发展新动力源的北京大兴国际机场已于2018年3月顺利封顶，2019年10月正式投入运营。

7. 发达的城市轨道交通

我国城市轨道交通建设始于20世纪50年代至70年代，直到20世纪80年代末，我国仅北京和天津建有40km地铁线路。20世纪80年代末至90年代初期，以上海地铁一号线、北京地铁复八线、广州地铁一号线建设为标志，我国真正意义上开始了以交通为目的的城市轨道交通建设。进入21世纪初，北京、上海、广州三市共拥有地铁运营里程105km。到2012年年底，我国17个城市共开通70条轨道交通运营线路，运营里程达到2064km，其中地铁线路1726km。

党的十八大以来，我国城市轨道交通运营里程增加了近 3000km，是 2012 年年底运营里程的 2.4 倍。截至 2017 年年底，我国 34 个城市共开通了 165 条城市轨道交通线路，运营里程达到 5033km，其中，地铁线路 3884km。上海轨道交通运营里程 732km，在世界城市中排名第一位；北京轨道交通运营里程 685km，排名第二位；广州和南京分别排第五位和第六位。目前，我国城市轨道交通运营里程和在建里程均居世界第一。

8. 纵横交织的油气管网

1958 年新中国建成第一条长距离原油管道。1978 年我国油气管道里程达 8300km。随着改革开放，我国各大油气田步入勘探开发高峰，极大地带动了长距离油气管道等储运设施建设，2012 年年底，我国油气管道里程达 9 万 km。

党的十八大以来，我国油气管道建设更是全面提速。截至 2017 年年底，全国已建成原油管道 2.38 万 km，成品油管道 2.6 万 km，天然气长输管道总里程近 7.4 万 km（不含省级管网），总计达到 12.38 万 km。油气骨干管网基本构成了"西油东送、北油南运、西气东输、北气南下、缅气北上、海气登陆"的格局，对保障我国能源安全、促进我国经济社会发展发挥了重要作用。

（二）客货运输快速增长

改革开放 40 年，我国无论是客运量还是货运量都取得了巨大的发展，交通运输对经济社会发展起到了十分重要的保障作用。这既是经济社会快速发展带动巨大运输需求的客观事实，也是交通基础设施迅速发展大幅提升运输能力的成就，同时还是交通运输不断改革开放释放生产力的显著效果。

1. 客运质量明显改善

1978 年我国全社会客运总量仅 25.4 亿人次，客运周转量 1743 亿人公里。随着经济社会的发展和客运市场的放开，客运量快速增加，到2012年，全社会客运量达到380亿人次，客运周转量达到33383亿人公里，客运量和客运周转量较改革开放初期分别增加了约15倍和约19倍。

党的十八大以来，我国旅客出行质量明显提高，人民群众的幸福感、获得感不断增强。截至2017年年底，全社会客运量达到184.86亿人次，客运周转量32812亿人公里。随着高速铁路的快速发展，铁路客运量由2012年的18.9亿人次增加到2017年的30.8亿人次，增加了63%，客运周转量由9812亿人公里增加到13457亿人公里，增加了37%，居世界第一，其中高铁动车组承运比例达到56.4%。随着人民生活水平的不断提高，民航客运量由2012年的3.2亿人次增加到2017年的5.5亿人次，增加了71.9%，客运周转量由5025亿人公里增加到9512亿人公里，增加了89.3%，位居世界第二，民航客运量和客运周转量占比分别提高到了3%和29%。[1]

2. 货运效率不断提升

改革开放初期，全社会年货运总量不到32亿吨，货运周转量不到1万亿吨公里。随着经济社会发展和货运市场放开，货物运输得到了快速发展，到2012年，全社会货运量达到410亿吨，货运周转量达到17.38万亿吨公里，较改革开放初期分别增加了约13倍和约17倍。

党的十八大以来，全社会货运量增加了约15%，货运周转量增加了10%，物流成本占GDP的比重由2012年的18%降低到2017年的14.6%，降低了3.4个百分点，交通运输的发展促进了物流业的降本增效，对提升整个供给体系的质量和效率发挥了重要保障作用。截至2017年年底，全社会货运量达到472亿吨，货运周转量19.26万亿吨公里，公路货运周转量占34.7%，内河和沿海货运周转量分别占7.76%和14.8%，远洋货运周转量占28.6%，铁路货物周转量占14%，[2]其中铁路货运量、公路货运量及周转量、港口货物吞吐量和集装箱吞吐量均位居世界第一，民航货邮周转量 243 亿吨公里，位居世界第二。近年来，随着电商的兴起，我国快递业发展迅猛，2017 年快递完成 400.56 亿件，位居世界第一。

3. 城市交通更加便捷

改革开放 40 年来，随着我国城镇化进程的快速发展，我国城市交通也获得了前所未有的发展。20 世纪 80 年代末，我国拥有公交车 6.14 万辆、出租汽车 11.4 万辆。40 年来，我国城市公共交通得到了快速发展，特别是党的十八大以来，网约车、共享单车等新业态发展迅猛。截至 2017 年年底，全国拥有公共汽电车共计 65.12 万辆，其中天然气车占 27.9%，混合动力车占 13.2%，纯电动车占 26.3%；出租汽车共计 139.58 万辆，全年完成城市客运量 1272.15 亿人次。截至 2017 年，全国 34 个城市开通了轨道交通，全年累计完成客运量 184.8 亿人次，累计完成客运周转量 1515 亿人公里。

二、40 年交通运输改革开放实践

1978 年 12 月召开的党的十一届三中全会，吹响了改革开放的号角，开启了改革开放的历史征程。40 年众志成城，40 年砥砺奋进，40 年春风化雨，我国坚持改革开放的基本方针不动摇，发生了翻天覆地的变化。40 年改革开放实践证明，"改革开放是决定当代中国命运的关键抉择，是党和人民事业大踏步赶上时代的重要法宝"。

（一）坚持解放思想、实事求是

习近平总书记指出："改革开放的过程就是思想解放的过程。"[3] "中国人民坚持解放思想、实事求是，实现解放思想和改革开放相互激荡、观念创新和实践探索相互促进，充分显示了思想引领的强大力量。"[4]1978 年，邓小平发表《解放思想，实事求是，团结一致向前看》

的讲话，旗帜鲜明地支持"真理标准问题的讨论"。1992 年，邓小平在南方谈话中指出，不要纠缠于"姓资"还是"姓社"的问题讨论，判断标准主要看是否有利于发展社会主义社会的生产力，是否有利于增强社会主义国家的综合国力，是否有利于提高人民的生活水平。"改革开放胆子要大一些，敢于试验。"[5]正是一次次的思想大解放，使我国经济社会发展不断获得新的活力和动力。实践证明，没有解放思想、实事求是，就不会有改革的突破、开放的襟怀。党的十八届三中全会指出，实践发展永无止境，解放思想永无止境，改革开放永无止境。党中央作出了全面深化改革的决定，进一步明确了市场在资源配置中的决定性作用，把改革的理论认知推进到新的广度和深度。

（二）坚持市场配置资源的改革方向不动摇

交通运输市场化改革是贯穿交通改革开放 40 年的一条主线。1983 年，交通部提出"有河大家走船，有路大家走车"的改革方针，"各部门、各行业、各地区一起干，国营、集体、个人以及各种运输工具一起上"，突破所有制的束缚，允许个体户进入运输市场，极大地促进了运力发展，有效地缓解了交通运输紧张状况。1985 年铁路实行"大包干"，1986 年，国务院批复了五部委《关于铁道部实行经济承包责任制的方案》，实行"以路建路"经济承包责任制。1993 年，第一家股份制铁路公司——广深铁路股份有限公司成立，并于 1996 年在香港证券交易所和纽约证券交易所成功上市。1995 年，《关于加快培育和发展道路运输市场的若干意见》提出，建立全国统一开放、竞争有序的道路运输体系。1996 年，《关于进一步加强我国水运市场管理的通知》提出，推进水运市场的培育和完善；上海航运交易所组建，对规范航运市场交易行为、调节市场价格、深化水路运输市场改革具有重要意义。党的十八大以来，交通运输领域加快了市场化改革步伐，积极推进深化"放管服"改革，有效激发了市场竞争活力。2014 年,交通运输部《关于全面深化交通运输改革的意见》,围绕深化改革的主线,加强顶层设计,在完善综合交通运输、建立交通运输现代市场体系、交通运输转型升级等体制机制方面,部署了 42 项改革任务和 150 多项改革举措。2016 年,《关于进一步深化民航改革工作的意见》面对民航发展的新形势,提出了 10 个方面的 40 项改革任务。2017 年,中共中央、国务院印发《关于深化石油天然气体制改革的若干意见》,要求进一步完善油气管网公平接入机制,油气管网向第三方市场主体公平开放。

(三) 坚持多元化投融资的改革方向不动摇

改革开放 40 年,交通建设领域始终朝着拓宽融资渠道、多元投资的方向不断深化改革。1983 年,交通部提出"谁投资、谁使用、谁受益"的原则,鼓励货主单位投资建设码头。1984 年,国务院第五十四次常务会议批准同意提高养路费征收标准、开征车辆购置附加费,允许"贷款修路,收费还贷",这三件事具有重要历史意义,使公路建设有了稳定的资金来源和加快发展的条件。1986 年,国家决定对 26 个沿海港口的货物征收港建费,实行"以港养港,以收抵支"的政策,港口建设资金有了稳定来源。"七五"规划期间,我国第一条合资铁路——三茂铁路开始建设,1991 年,铁路开始征收每吨公里 2 厘的建设基金,铁路建设资金有了基本保障,1992 年国务院批转国家计划委员会、铁道部《关于发展中央和地方合资建设铁路的通知》,明确了中央和地方合资铁路建设的发展模式。对民航建设,除了给予"一九制"优惠外,还免征其他一切税收,先后制定了允许地方政府、国内企业、民间资本投资民航企业和机场的规定,进行了地方投资建设并管理机场的改革试点。2004 年,国务院颁布《收费公路管理条例》,将"贷款修路,收费还贷"的政策通过法规的形式予以保障。目前,我国交通建设领域基本形成了"国家投资,地方筹资，社会融资，引进外资"的多元化交通融资格局。

党的十八大以来，国务院于 2013 年提出《关于改革铁路投融资体制加快推进铁路建设的意见》，全面开放铁路建设市场，鼓励社会资本投资建设铁路。石油管道建设投资逐步向第三方放开。2013 年，中石油引入泰康资产、国联基金 600 亿元资本成立了"中石油管道联合有限公司"。2015 年，交通运输部提出《关于深化交通运输基础设施投融资改革的指导意见》，建立和完善交通运输发展"政府主导、分级负责、多元筹资、规范高效"的投融资管理体制。2016 年，中国民航局提出《关于鼓励社会资本投资建设运营民用机场的意见》，全面放开民用机场建设和运营市场，广泛吸引社会资本参与民用机场及其服务配套设施项目的建设和运营。

（四）坚持政企分开的管理体制改革方向不动摇

改革开放 40 年，交通运输管理体制始终朝着政企分开、综合交通一体化的方向推进。1980 年，民航由军队划归国务院管理，开始走企业化道路。1984 年，交通部提出以"转、分、放"和"实现两个转变"为主要内容的改革思路，为实现政企分开，加强行业管理，建立了五级交通行政管理机构。随后，14 个沿海港口和 26 个长江重点港口全部下放地方。1985 年，国务院批复了《关于民航系统管理体制改革的报告》，同意加快"政企分开""机场与航空公司分设"改革，管理局、航空公司、机场分设，组建独立的民航空中交通管理系统。1993 年，国务院批复广州铁路局组建广州铁路（集团）公司，作为现代企业制度试点。1995 年建立了大连铁道有限公司，积极探索铁路政企分开。1996 年，交通部提出《深化水运管理体制改革方案》，推动水运管理体制改革，组建海事局，实行"一水一监、一港一监"的管理体制。1998 年，石油、石化两大集团重组，油气管网改革向市场化、专业化方向不断推进。2001 年，《关于深化中央直属和双重领导港口管理体制改革意见的通知》提出，彻底将港口下放地方管理。2002 年，民航开启了"政资分开""机场属地化"的改革。2005 年，铁路分局撤销，由铁路局直接管理站段，铁路政企分开和市场主体管理持续深化。2008 年，民航总局撤销，成立民航局并划归交通运输部管理，同时国家邮政局也划归交通运输部管理。党的十八大以来，国务院撤销了铁道部，成立国家铁路局并由交通运输部管理。至此，交通运输部管理国家铁路局、中国民用航空局、国家邮政局，负责统筹铁路、公路、水路、民航以及邮政行业发展，基本形成了交通"大部制"管理体制。

（五）坚持对外开放的方向不动摇

在对内改革的同时，交通领域积极对外开放。1979 年年初，交通部所属企业招商局在深圳率先创办了蛇口工业区，打响改革开放"第一炮"。20 世纪 80 年代初，我国交通建设开始引入外国政府贷款和世界银行贷款等外资。1983 年，陕西西安至三原一级公路首次引进世界银行贷款，不仅引进了资金，而且引进了世界上先进的工程管理制度，包括工程监理制度、工程招投标制度等。1984 年，我国北同蒲铁路电气化项目引进世界银行贷款 2.19 亿美元。1991 年开始建设的金温铁路是我国第一条引入外资的铁路，由香港联盈兴业股份有限公司出资 4586 万美元（占注册资金的 80%）。1988 年批准了第一家中外合资经营道路运输企业，1993 年颁布了《外商投资道路运输业立项审批管理暂行规定》，进一步放开道路运输市场。民航在 20 世纪 90 年代开始对外开放，1994 年颁布了《关于外商投资民航业有关政策的通知》，2002 年开始实施《外商投资民用航空业规定》，进一步开放民航市场。党的十八大以来，我国交通运输领域秉承"一带一路"倡议，承载着"五通"中"设施连通"的重大使命，积极推进交通基础设施互联互通，发展交通运输支撑我国对外贸易发展，加快交通运输"走出去"。中欧班列驰骋在欧亚大陆，截至 2018 年 3 月，累计开行数量突破 7600 列，到达欧洲 13 个国家的 41 个城市，为我国全方位对外开放新格局提供了强有力的支撑。

此外，编制中长期交通发展规划，也是中国特色综合交通发展道路的重要组成部分。20 世纪 80 年代末，交通部提出"三主一支持"发展战略规划，《"五纵七横"国道主干线规划》于"八五"规划期间通过国务院审批实施，这是交通系统中审批层次最高的规划。21 世纪，国家级规划陆续出台，2004 年国务院批准了《中长期铁路网规划》和《国家高速公路网规划》，2005 年国务院批准了《农村公路建设规划》，2006 年国务院批准了《全国沿海港口布局规划》，2007 年国务院批准了《全国内河航道与港口布局规划》，并颁布了我国第一个综合性交通规划——《综合交通网中长期发展规划》，2008 年国务院批准了《全国民用机场布局规划》。党的十八大后，国务院陆续批准了新的公路、铁路、民用机场布局、油气管网中长期规划。国家级中长期交通规划的出台，既可以保障国家政治、经济和国防安全，又可以增强宏观调控能力，整合交通优势资源，合理布局，保证科学有序发展。

三、新时代开启交通强国新篇章

党的十九大制定了全面建设社会主义现代化强国的宏伟蓝图，提出建设交通强国的宏伟目标，这是以习近平同志为核心的党中央站在党和国家事业发展全局高度作出的战略部署，是新时代赋予交通运输的历史使命。

建设交通强国是建设社会主义现代化强国和实现中华民族伟大复兴的中国梦的内在要求。纵观人类文明史，发达的交通始终是综合国力强盛的重要标志。"要想富，先修路"，这句话朴实而又深刻地揭示了交通与经济发展的规律。新时代建设交通强国赋予"要想富，先修路"新的历史内涵，既要"交通强"，又要"强国家"，构建安全、便捷、高效、绿色、经济的现代化综合交通运输体系，满足人民日益增长的美好生活需要，支撑我国现代化经济体系建设，为建设社会主义现代化强国当好先行，二者相得益彰、相辅相成。现代化的交通强国，"人便其行，货畅其流"。

建设交通强国，要始终坚持改革开放的基本思想。"惟改革者进，惟创新者强，惟改革创新者胜。"要在 40 年改革开放实践基础上，坚定不移地把改革推向纵深，深化交通供给侧结构性改革，着力推动交通发展质量变革、效率变革、动力变革，坚持走高质量发展的道路。创新是引领发展的第一动力，在交通发展动力、服务质量、科学技术、治理方式、安全保障、体制机制等方面要勇于创新，走创新驱动发展道路。

优化提升基础设施网络。改革开放 40 年，我国交通基础设施建设发展迅猛，交通基础设施规模位居世界前列，成为名副其实的交通大国。未来，我国交通基础设施将逐渐从"建设为主"向"运营养护为主"转变，基础设施建设主要是"补短板"和优化网络。要加强现代科技在交通基础设施中的应用，大力推动数字化、智能化的新一代基础设施发展。与此同时，要重视基础设施养护与管理，提高交通基础设施质量和运行效率。

突出交通运输服务经济社会的基本功能。交通的基本功能是提供优质高效的运输服务，这也是交通"强国家"的最根本要求。交通供给侧结构性改革要着力满足人民对交通日益增长的高品质需求，提供安全、便利、舒适的运输服务，不断增强人民群众的幸福感、获得感、安全感。同时，交通供给侧结构性改革要着力满足现代化经济体系建设的需要，推动现代物流发展，优化调整运输结构，平衡各种运输方式，"宜水则水，宜路则路"，促进全社会物流"降本增效"。

以公共交通为导向的城市发展模式。城市交通拥堵是一个世界性难题。随着城市化进程的加快，交通拥堵已不只是大城市的"专利"，不少中小城市也开始患上拥堵的"城市病"。截至 2017 年年底，全国汽车保有量已达 2.17 亿辆，有 53 个城市汽车保有量超过百万辆，其中 24 个城市超过 200 万辆。习近平总书记指出："要把解决交通拥堵问题放在城市发展的重要位置，加快形成安全、便捷、高效、绿色、经济的综合交通体系。""发展公共交通是现代城市发展的方向。"要坚持以公共交通为导向的城市用地空间规划，构建便捷顺畅的立体化城市交通体系，大力发展智能交通技术，加强交通需求管理，走可持续的城市交通发展模式。

重点发展先进的智能交通。智能交通系统是未来交通系统的发展方向，是交通事业的一场革命。通过集成应用信息、通信、传感、控制等先进技术，使人、车、路间的相互作用关系以新的方式呈现，从而实现实时、准确、高效、安全、节能等目标。合作式智能交通和自动驾驶将成为未来智能交通发展的重点。要大力实施科技创新引领战略，加强应用基础研究和科技成果转化，推动互联网、大数据、人工智能等新技术与交通的深度融合，加快我国的智能交通发展。

构建现代化的综合交通治理体系。现代综合交通治理体系是交通强国的"软实力"，更是"硬要求"。需要统筹各种交通方式，创新组织和管理方式，建立统一开放、竞争有序的交通运输市场，不断推进治理体系和治理能力现代化；应用现代科技手段，提高交通管理水平、信息共享水平和决策支持水平等；加强交通法制建设和文化建设；坚持安全发展的理念，加强安全保障系统建设和应急救援体系建设，夯实交通强国基础。

改革开放 40 年，中华民族实现了从"站起来"到"富起来"，极大解放和发展了中国社会生产力，开辟了中国特色社会主义道路，充分证明了改革开放是决定当代中国命运的关键抉择，是当代中国发展进步的活力之源，是党和人民事业大踏步赶上时代的重要法宝，是坚持和发展中国特色社会主义、实现中华民族伟大复兴的必由之路。当前，站在新的历史起点上，中国特色社会主义进入了新时代，开启由"富起来"向"强起来"迈进的中华民族伟大复兴强国之路。在习近平新时代中国特色社会主义思想的指导下，要坚定不移地坚持中国特色社会主义道路，坚定不移地走改革开放这条正确之路、强国之路、富民之路。坚持以人民为中心的发展思想，不断满足人民日益增长的美好生活需要，让改革发展成果更多、更公平地惠及全体人民。在夺取新时代中国特色社会主义伟大胜利的新征程中，交通发展也要继续自强不息、自我革新，坚定不移地全面深化改革，逢山开路、遇水架桥，将改革进行到底，奋力开启交通强国新篇章，为建设社会主义现代化强国当好先行者。

参考文献：

〔1〕中国交通运输部：《浅谈改革开放 40 年中国交通发展（上篇）》，2018 年 7 月 4 日，见：http://www.mot.gov.cn/jiaotongyaowen/201807/t20180704_3042320.html。

〔2〕中国交通运输部：《浅谈改革开放 40 年中国交通发展（下篇）》，2018 年 7 月 5 日，见：http://www.mot.gov.cn/jiaotongyaowen/201807/t20180705_3042733.html。

〔3〕习近平：《在庆祝海南建省办经济特区 30 周年大会上的讲话》，人民出版社 2018 年版。

〔4〕习近平：《开放共创繁荣　创新引领未来：在博鳌亚洲论坛 2018 年年会开幕式上的主旨演讲》，人民出版社 2018 年版。

〔5〕习近平：《在纪念邓小平同志诞辰 110 周年座谈会上的讲话》，人民出版社 2014 年版。

（载《现代物流报》2018 年 7 月 9 日

执笔：胡希捷　赵旭峰）

新时代我国高速铁路高质量发展对策建议

　　1964 年日本东海道新干线建成，它是世界上第一条长距离高速铁路（东京至大阪共 515.4km，运营速度 210km/h）。此后，法国、德国、西班牙等国家或地区相继开始建设高速铁路，对经济社会发展显示出巨大生命力。相比发达国家，我国高铁研究与建设起步较晚。改革开放后，我国充分发挥国家集中力量办大事的制度优势，在高铁领域，遵循"引进、吸收、消化、再创新"的开放路径，集合研究、咨询、设计、建设、运营等各方面专家和广大铁路员工的智慧，经过了 30 年左右的艰苦创业和奋斗。截至 2018 年年底，我国建成高铁 2.9 万 km，约占世界高铁运营里程的三分之二，构建了我国"四纵、四横"和部分城市群的高铁网络。快捷、安全、正点、舒适的高铁网络效应逐步显现，已有京沪、京津、沪宁、沪杭等多条高铁实现扭亏增盈。同时，我国高铁拥有了适应热带、高寒、沙漠、大风等不同环境、不同标准的自主知识产权体系。作为世界规模最大、类型齐全、运营速度高的中国特色高铁网络，高铁对促进我国经济社会发展、满足不同人群出行需求、解决长期以来出行"一票难求"等问题，发挥了不可或缺的作用，是人民群众满意度、幸福感、获得感较高的领域。

　　高铁是我国铁路网的重要组成部分。根据"十三五"综合交通发展规划，到 2020 年，铁路营运里程将达到 15 万 km（2018 年年底实现 13.1 万 km）；高铁规划要求达到 3 万 km（2018 年年底实现 2.9 万 km）。我国对高铁建设的前期研究和项目决策，是十分慎重而积极的。我国高铁建设运用软科学研究中的现代科学技术和管理手段，把决策变成集思广益、有科学依据、有制度保证的过程，发挥了项目决策民主化、科学化的作用。近 10 多年来，我国高铁建设相对集中，项目资本金约为 50%，造成中国铁路总公司（以下简称"铁总"）企业负债规模不断增加，债务累计超过 5 万亿元，每年还本付息超过 4000 亿元（包括其他铁路项目建设在内）。高铁建设为我国经济社会带来强大的发展动力，据有关统计，每 10 亿元的高铁建设投资可以拉动 100 亿元左右的国民经济发展。但是，高铁与所有国土资源开发型铁路一样，都具有效益外溢、准公共社会产品属性。由于高铁工程科技含量高、投资规模大、造价高、运营成本高、投资回收期长，运营初期大多出现运营亏损。有学者提出"谨防高铁债务冲击我国经济""高铁债务和运营亏损的世界第一，及中国交通运输结构的严重恶化"的"两个视而不见"，发出了"既要高度警惕'黑天鹅'事件，也要防范'灰犀牛'事件"的警示，这些观点虽有一定的警示作用，但并没有就如何解决问题提出方案。铁总的高负债，已得到国家和各级政府、各有关咨询和研究机构的关注和重视，把铁路（含高铁）作为深化投融资体制改革的重点领域。2013 年起，国务院先后出台《国务院关于改革铁路投融资体制加快推进铁路建设的意见》（国发〔2013〕33 号）、《国务院关于创新重点领域投融资机制鼓励社会投资的指导意见》（国发〔2014〕60 号）。2015 年，中国国际工程咨询有限公司受国家发改委委托，开展了《社会资本投资铁路建设政策研究》，在商合杭、济青、杭绍台等高铁项目建设中，探索铁路投资多元化，吸收相关地方政府和企业为主投资建设，推动沿线土地综合开发收益支持高铁发展等模式，对减轻和控制铁总企业的负债，推进铁路投融资体制改革产生了重要作用，取得了积极效果。

当前，我国已进入中国特色社会主义现代化建设新时代。为推进我国高铁高质量发展，很有必要按照"四个意识"和问题导向原则，调结构、补短板，系统研究我国新时代高铁如何健康发展。就铁总而言，也可以此为契机，认真分析形成企业高负债的成因，以及如何控制、化解、防范负债风险的对策措施。对此，本文提出以下六条建议。

一、提高新时代高铁高质量发展重要意义和作用的认识

我国高铁对沟通各大区域战略经济区和人口稠密、经济发达的城市群，促进沿线地区经济社会繁荣发展，发挥了重要的作用。我国的高铁建设，已是对外开放、推动实施"一带一路"倡议的重要内容和亮丽名片。在高铁布局和建设中，有个别地区存在不切实际相互攀比、盲目追求高标准和项目建设时机不尽合理等现象，造成客运能力利用率不高、运营亏损和项目负债偏高等情况。我国城市化进程仍在继续，随着高铁网络效应的进一步发挥和人民群众对美好出行需求的持续增长，必须通过技术和管理创新，解决高铁建设中一些发展不均衡、不充分的矛盾，包括拓展高铁运输需求、提高运输能力和服务质量、增加运输收入、降低运输成本、增效减负等方面，进一步推进高铁发展。同时，也有必要按照综合施策、精准施策的原则，对规划新建或已建成的高铁项目逐一进行梳理，认真研究影响铁路建设的短板，深入分析铁路企业高负债的成因，是否向好可控或将形成"灰犀牛"风险，是否有化解、防范的对策措施。确保新时代我国高铁的高质量发展，不仅对铁总的增效减负有重要作用，而且对我国铁路实施"走出去"战略、完善和丰富铁路对外开放政策、解除"一带一路"沿线国家和地区"债务陷阱"担忧，都具有特殊重要的现实意义。

二、完善高铁网布局、优化铁路发展结构，深化与城市融合发展、加快轨道交通的"四网融合"

目前我国高铁基本成网，已成了沟通京津冀协同区、长三角、珠三

角、中原城市群、关中城市群、东北城市群、成渝城市群、长江中游城市群之间的重要通道，为我国进一步完善高铁网布局奠定了坚实基础。随着粤港澳大湾区和区域战略经济区的建设，我国高铁网还有广阔的拓展空间。简单否定在区域交通枢纽城市按"米"字形格局进行高铁网布局值得商榷。如在郑州建设高标准郑渝高铁，有利于加快京津冀、中原地区与成渝城市群的沟通联系，是必要和紧迫的。因此，根据新时代我国经济高质量发展的新要求，可以开展专题研究，对于在建项目要尽快形成生产能力，完善开行方案；对于未开工和正在规划的项目要以实现"补短板"为主，精准施策，修订"十四五"综合交通发展规划和铁路建设规划。

2019 年 2 月，国家发展改革委颁发了《关于培育发展现代化都市圈的指导意见》，要求以增强都市圈基础设施连接性、贯通性为重点，加快构建都市圈轨道交通网，推动干线铁路、城际铁路、市域（郊）铁路、城市轨道交通"四网融合"的有效衔接。通过四种轨道交通在城市内相互衔接、相互融合、相互支撑，协调轨道交通与城市发展间的关系，充分利用轨道交通站点的集聚效应，改善优化城市的布局和结构，合理布局高铁站建设与城市其他轨道交通站点，从而发挥聚集效应，实现减少路面交通、减少城市拥堵、降低城市污染、提高出行效率、提高社会和经济效益等诸多目标。

三、正确处理政府与企业的关系、深化铁路投融资体制改革，建立公平合理的投入、补贴和债务分担机制

铁总的高负债，是在我国特定历史阶段、按传统投融资组织方式下形成的。2013 年 3 月，为实行铁路政企分开，我国分别成立了国家铁路局和中国铁路总公司，铁路体制改革取得了阶段性进展。由于我国国土幅员辽阔，东中西部和南北地区经济社会发展差异较大，存在一些发展不均

衡、不充分的矛盾。在高铁领域，存在缺乏多元化投融资渠道、风险分担机制不完善等情形。我们认为，应以铁总深化改革为契机，按照现代企业制度要求，建立多层次、多元化的法人治理结构，厘清中央政府、地方政府、社会投资企业与铁总之间的事权责任，分类指导，建立符合法规的投入、补贴和债务分担机制。比如，改善营商环境，结合不同地区经济发展特点，争取更优惠的减免税费政策；对于经济发达、融资环境较好的东部发达地区，鼓励地方政府和社会资本与铁路局合作，形成铁总以技术服务参股的多元化融资体制；对于国家西部发展战略地区和其他区域战略经济发展地区，可以根据铁路项目的国防安全、反恐保边和国土开发等不同公益功能需求，给予财政补贴或国家政策性、开发性信贷资金支持，以降低企业负债杠杆率等。

四、依靠科技创新和管理创新，扩大高铁运输效益，降低运输成本，增加运输收入

科技创新是中国高铁领跑世界的有力支撑，必须把科技创新摆在关键位置，突出科技创新在高铁发展中的重要作用，打造智慧高铁。通过高铁与智能科技相融合，采用云计算、物联网、人工智能、移动互联网、建筑信息模型（building information modeling，BIM）等先进技术，全面感知、安全运输、融合处理和科学决策，不仅有助于列车实现更加安全、准时的运行，降低运输成本，而且更可推动铁路从数字化向智能、智慧化发展，使铁路部门的服务变得更为人性化、现代化，满足人民群众对美好出行品质的需求。

管理创新是激发铁路运输活力、释放运输潜能的关键。随着客流不断向高铁转移，既有线路运能得到释放，可以通过运输组织和客货运输产品的优化设计，充分挖掘铁路运输潜能，拓展新时代高铁客运和快速

货物运输需求。在增加高铁客、货运市场占有率的同时，主动适应现代运输市场，合理配置运力资源，增加运输收入，优化我国交通运输结构。

五、严格基本建设程序，组织开展项目后评价，完善决策和监督制度

以兰新高铁工程为例，该项目原本是以解决疆煤外运为目的，作为新建兰新铁路第二双线项目安排建设的。受国家发展改革委委托，经中咨公司反复论证，提出项目按原铁道部《新建时速200km客货共线铁路设计暂行规定》设计，铁路Ⅰ级、双线、客货共线，旅客列车速度目标值200km/h以上。其中，兰州至西宁、哈密至乌鲁木齐段具备客货分线条件的，按客运专线建设；西宁至哈密段按客货共线建设。但是，2014年12月新建兰新铁路按高铁投入运营，没有按国家批准的标准和规模建设。由于疆煤外运等大环境发生变化，造成了兰新高铁和既有兰新铁路运输能力利用率低、经营收入低和负债高等情况。

兰新铁路通道在我国铁路网中具有十分重要的地位和作用，建议结合当前新形势、新情况，全面评价兰新高铁以及兰新铁路通道作用。如中欧班列已累计通行超过1.4万多列，其中约70%途经兰新铁路通道在新疆出境。为了发挥兰新铁路主通道作用，应尽快安排项目后评价，既处理项目决策与实施过程中的问题与不足，吸取经验教训，又根据新情况提出增效减负等措施，用好、管好这条铁路通道。同时，选择有典型示范意义的高铁项目开展后评价，通过后评价反馈的信息，既可以改善经营管理，完善"放、管、服"措施；又可以通过经验教训的反馈，修改完善发展规划和投融资政策，以提高项目决策与建设管理水平。

六、补好社会评价和法律保护短板，制订完善可量化的社会评价指标

高铁项目与其他交通基础设施工程一样，具有公益性和效益外溢等多重功能和特性。在以往的项目决策和建设中，偏重工程选线技术和标准的优选，中国方案、中国标准的优势已得到国内外的广泛认可。但是，经济评价和法律保护仍是我们的弱项和短板。如在效益外溢方面，对于带动沿线经济社会发展和国土资源开发的作用，一般仅在项目建设必要性中有所表述；对社会影响分析也仅从项目角度进行社会互适性（包括沿线社会环境、人文条件以及地方政府、居民的支持程度等）的定性分析，缺乏可量化和考核的评价指标。高铁等交通基础设施的项目决策，往往仅从项目角度分析投入与产出，而很少从社会可持续发展的角度进行评价，考核项目对社会的贡献和影响。这造成项目对社会的贡献（溢出效益）评价偏低，资源投入（包括资金分配）的配置不尽合理，从而引起企业负债过重和"中国债务""负债陷阱"的误解。为此，建议组织专题研究，制定完善的交通等基础设施社会评价方法，构建可量化的评价指标，研究化解、防范交通设施项目高负债风险的途径和政策措施，全面反映交通项目对社会的贡献和影响。通过专题研究，不仅有利于公允处理铁总企业的增效减负，而且也有利于统一思想，促进中国铁路更好地"走出去"，适应新时代中国铁路高质量发展的需要。

（执笔：陆君明）

加强协同发展，促进京津冀交通一体化发展

京津冀协同发展战略是我国的重大发展战略，交通一体化发展是其关注重点，需要根据京津冀协同发展对交通的有关要求，总结"十三五"规划期间京津冀地区综合交通系统在完善规划、支撑区域发展战略、互联互通、枢纽建设、运输服务、改革和提质增效、协同管理等方面取得的成绩，就目前在项目进展、规划协调性、体制机制、协调力度等方面存在的问题，从完善规划、加快重点项目建设、加强政策落地、统筹市郊铁路规划、完善新机场综合交通系统、加强协调以及统筹物流业发展等方面提出建议。

一、京津冀交通协同发展有关要求

京津冀协同发展战略是我国新时期国家的重大战略之一。《京津冀协同发展规划纲要》[1]指出，推动京津冀协同发展的核心是有序疏解北京非首都功能，要在京津冀交通一体化、生态环境保护、产业升级转移等重点领域率先取得突破。交通一体化是京津冀协同发展的先行领域，是优化城镇空间格局的重要基础，是有序疏解北京非首都功能的基本前提。《"十三五"现代综合交通运输体系发展规划》[2]提出：建设以首都为核心的世界级城市群交通体系，形成以"四纵四横一环"运输通道为主骨架、多节点、网格状的区域交通新格局。重点加强城际铁路建设，强化干

线铁路与城际铁路、城市轨道交通的高效衔接，加快构建内外疏密有别、高效便捷的轨道交通网络，打造"轨道上的京津冀"。加快推进国家高速公路待贯通路段建设，提升普通国省干线技术等级，强化省际衔接路段建设。加快推进天津北方国际航运核心区建设，加强港口规划与建设的协调，构建现代化的津冀港口群。加快构建以枢纽机场为龙头、分工合作、优势互补、协调发展的世界级航空机场群。完善区域油气储运基础设施。

二、"十三五"规划期间区域交通取得的主要成就

（一）进一步深化完善相关规划研究

根据《"十三五"现代综合交通运输体系发展规划》要求，深入开展了交通相关规划研究。2015年12月，国家发展改革委和交通运输部联合发布了《京津冀协同发展交通一体化规划》。2016年11月，《京津冀城际铁路网规划编修方案（2015—2030年）》获得批复，完成《京津冀地区城际铁路网规划》。2017年4月，雄安新区设立后，雄安新区综合交通运输体系规划建设有序推进，完成了《雄安新区及周边地区铁路布局规划》，将天津至雄安城际铁路及天津至北京大兴国际机场联络线等项目纳入规划。2018年1月，对雄安新区及周边地区铁路布局规划调整。2018年4月，《河北雄安新区规划纲要》发布，对外骨干交通网络方面基本稳定，重点项目基本确定。加快推进张家口冬奥会区域交通基础设施规划建设，完成冬奥会张家口赛区综合交通规划编制。通过上述规划的深化和调整，扎实推进了京津冀地区交通的网络化布局、智能化管理和一体化服务，到2020年将基本形成多节点、网格状的区域交通网络。

（二）有力支撑区域协同发展战略

"十三五"规划期间，京津冀地区交通一体化率先实现突破，基本形

成了以快速铁路、高速公路为骨干，普速铁路、国省干线公路为基本，与机场、港口共同组成的"四纵四横一环"综合交通网络系统，运输结构、能力和效率更有利于区域协同发展和打造世界级城市群，有力支撑京津冀"一核、双城、三轴、四区、多节点"总体空间布局形成。"轨道上的京津冀"进一步缩短了区域出行的时空距离。区域内北京、天津、石家庄、秦皇岛、唐山五个全国性综合交通枢纽城市不断完善，促进了城市社会经济的全面发展和空间布局、产业结构的优化调整。北京大兴国际机场临空经济区的规划建设带动了京冀相关地区的发展，天津滨海机场、北京副中心综合交通枢纽、雄安新区高铁站和城际站的规划建设，将进一步提升区域发展能级，提高区域发展的协同性和辐射带动力。综合运输服务水平不断提升，智能交通、绿色交通、跨省城际公交、空铁联运、海铁联运等极大方便了广大人民群众的出行和货物流通。

（三）轨道上的京津冀稳步推进

北京至张家口铁路 2016 年上半年正式开工，预计 2019 年年底开通。采用一个公司一张网模式，由京津冀城际铁路投资公司统筹城际轨道交通建设及沿线土地综合开发工作，加快形成"京津保唐 1 小时交通圈"。京雄城际铁路 2016 年开工，李营西至大兴国际机场段拟于 2019 年年底开通。京唐城际铁路正在建设实施中，京呼高铁二通道、津雄高铁、津承高铁正在进行前期研究。京津冀三地设立京津冀城际铁路发展基金，基金初期规模 600 亿元，为京津冀城际铁路建设提供资金保障，同时吸引社会资本参与京津冀城际铁路建设。积极利用既有铁路开行市郊列车，开通京蓟城际快速列车。铁路发行了全新设计版面的"京津城际高铁同城优惠卡"，并实施京津城际月票制，截至 2017 年年底，累计售卡 17266 张，刷卡达到 61.5 万人次。

（四）区域道路交通互联互通实现突破

国高网 7 条首都放射线京内路段全部打通，京开高速拓宽工程、G111 二期、京秦高速天津段等建成通车，基本建成唐廊高速天津段一期工程；津石高速、延崇高速、万龙至转枝莲公路等重点项目开工建设；统筹推进首都地区环线高速规划建设，建成密涿高速廊坊北三县段及京秦高速京冀、冀津连线段主体工程，缓解北京过境交通压力取得明显效果；加大京津冀对接普通国道建设力度，建成津围北二线、松兰公路，实施滨玉、梅丰公路等提级改造工程约为 100km；廊坊北三县与北京通州区公路规划建设取得实质性进展。通过区域道路交通互联互通建设，目前京津冀地区断头路已全部打通。

（五）以综合交通枢纽规划建设提升京津冀发展能级

北京大兴国际机场临空经济区规划建设有序推进，带动了京冀相关区域的发展。京滨城际机场站及京津城际机场引入线建设也在积极推进。规划建设的北京城市副中心站为 6 线交汇立体综合交通枢纽，枢纽地上、地下综合开发面积分别为 200 万 m^2、100 万 m^2，成为北京市 8 座全国铁路枢纽之一，也是亚洲最大地下综合交通枢纽。雄安新区规划建设雄安高铁站和城际站。通过构建上述集机场、高铁、城际、城市轨道交通为一体的大型综合交通枢纽，强化了各种交通方式的有效衔接，提升了京津冀地区的辐射带动力和协同性。

（六）区域一体化运输服务水平持续提升

为促进京津冀区域机场群协同发展，天津机场、石家庄机场积极承接首都机场旅客溢出，落实首都机场集团公司打造京津冀世界级机场群、带动成员机场快速发展的部署，加强与集团内成员机场的战略合作。截至

2017 年年底，北京地区来津乘坐国际旅游航班旅客达 66.2 万人次。京津冀省域道路客运联网售票系统基本建成，70 个客运站完成联网。地面公交和轨道交通在京津冀区域率先实现三地一卡通互联互通；平谷至三河等 4 条客运班线公交化改造已完成，还将实施平谷至兴隆等 6 条客运班线公交化改造，提升客运便利化水平。旅客联程联运不断发展，在空铁联运方面开通京津冀航空货运班车，推出"行李捷运""行李管家"等联运服务，2017 年全年空铁联运旅客约 10.4 万人次。在空路联运方面，开通机场至北京八王坟、机场至唐山的长途地面班线，积极推动开通机场至廊坊的客运班线。2017 年 8 月，《高速公路服务区服务规范》等京津冀区域标准发布实施。

（七）区域交通改革及提质增效取得实质进展

推进港口管理体制改革，成立了渤海津冀港投资发展有限公司、津唐集装箱码头公司，促进了津冀港口群协同发展；推进民航管理体制改革，河北机场集团已正式纳入首都机场集团统一管理，向利益一体化、管理一体化、功能一体化迈进；全面落实《京津冀及周边地区 2017 年大气污染防治工作方案》禁止环渤海港口接收公路运输煤炭的要求，目前下水煤炭铁路集港率达到 100%。

（八）区域交通协作力度不断加大，京津冀协同管理程度提升

交通行政执法、联合治超、海事统一监管等机制初步形成。三地联合召开统筹协调会议 20 余次，京津冀签署了 11 条道路接线协议、8 项执法合作公文，共享政策性文件 28 件，移送跨省违法违规案件 150 余件。为有效推动北京大兴国际机场跨行政区域的项目建设，京冀两省市领导共同签署了《北京市河北省关于北京新机场建设跨省域管理的补充协议》，明确了跨地域建设管理办法和具体操作流程，切实解决了北京大兴国际机场

跨地域项目的审批、监管和服务事项。积极筹备京津冀快递聚集发展高端会议。

三、存在的主要问题

（一）部分重点项目建设进度滞后

京滨城际铁路规划尚未最终确定。受其影响，京津城际铁路延伸线目前处于停工状态。原计划 2020 年建成的京滨、京唐城际铁路，根据当前工作进展和施工计划安排，通车时间预计在 2021 年。京张铁路八达岭长城站和昌平站、京雄铁路黄村站、京沈客专星火站及上述 3 条铁路站后四电工程方案均未稳定，属地政府工作无法开展征地拆迁工作。北京大兴国际机场北线高速公路由于沿线征地拆迁等工作推进缓慢，实际进度滞后于新机场整体建设[3]。

（二）不同层次规划的协调性有待加强

在"十三五"现代综合交通体系规划下，中央部门和地方分别编制了不同层次的综合交通规划和专项规划。特别是设立雄安新区之后，对新区开展了综合交通规划和铁路、公路等专项规划。为维护规划的权威性和科学性，需要加强不同规划之间的有效衔接和充分协调，从而使得交通规划既能真正反映京津冀地区发展的交通需求，也能以交通为引擎和先导，促进区域协同发展[4]。

（三）体制机制有待进一步优化完善，一体化政策有待进一步落实

京津冀收费公路管理体制机制、京津冀三地协调联动机制、港口资源

共享共用机制、机场利益市场管理一体化机制等改革力度需进一步加大。京津冀交通一体化推进过程中的政策措施尚不完备，特别是国家层面提出对京津冀交通一体化给予特殊的政策支持还未出台具体措施和实施意见，部分政策难以落地和发挥作用。此外，京津冀交通运输一体化政策和法规统一协调步伐须加快。

（四）地方与铁路的协调力度有待加强

轨道上的京津冀是京津冀地区实现交通一体化率先突破的先行者，是优化改善区域交通出行结构、促进产业疏解和大气环境改善的重要抓手。虽然京津冀三地和北京铁路局共同组建了京津冀铁路投资公司，形成了统一的投资建设平台，但由于地方和铁路部门的利益出发点不同，在铁路规划、投资、建设和运营补贴等方面均存在一定分歧，特别是根据现在的铁路管理体制，在铁路规划建设方面，地方政府难以和铁路部门在同等地位协调，导致部分项目规划建设难以推进，影响了规划预期目标的实现[5]。

四、有关建议

（一）进一步完善规划中的重点建设项目，加快重点项目的建设

应高起点、高标准、高质量谋划雄安新区交通运输发展蓝图，将雄安新区列入全国性综合交通枢纽，并将雄安新区涉及的交通项目和京津冀一体化重点项目纳入国家规划调整；根据建设时序安排三年滚动计划和年度建设计划，优先保障京雄高铁等对外骨干通道重点项目建设，重点研究将北京新机场快线延伸至雄安新区方案，并将其列入"十三五"规划项目；将石衡沧港城际铁路列入"十三五"规划项目，启动张家口至承德至石家庄的城际铁路前期研究；加快推动天津至北京大兴国际机场联络线、首

都地区环线高速公路、大兴国际机场北线高速公路等重大项目建设；加快北京冬奥会重大交通保障工程建设。

（二）加强规划政策落地和协同发展

鉴于支持京津冀一体化的具体措施和实施意见落实不够，建议国家尽快研究出台并有效落地，同时应考虑到河北省的实际困难，在资金等方面给予特殊的政策支持；京津冀城乡客运一体化和京津港口的协同发展应进一步深入推进。

（三）统筹京津冀地区市郊铁路规划

2017 年国家发展改革委等五部委联合印发《关于促进市域（郊）铁路发展的指导意见》，明确要求优先考虑利用既有资源开行市域列车，并提出至 2020 年，京津冀等经济发达地区的超大、特大城市及具备条件的大城市，市域（郊）铁路骨干线基本形成。为此，建议将市郊铁路作为交通基础服务网络的重要内容纳入规划。

（四）尽快完善北京大兴国际机场综合交通系统，统筹京津冀地区空域资源分配

为支持北京大兴国际机场的辐射能力，建议系统谋划包括轨道交通、高速公路等在内的北京大兴国际机场集疏运网络，并争取与北京大兴国际机场同步建成投用。建议增强对大兴国际机场及整个京津冀地区空域、航权和时刻分配等方面的政策支持，以满足京津冀地区旺盛的需求。

（五）加强京津冀三地政府之间及地方与铁路之间的协调

为进一步推进京津冀地区交通协同发展，须进一步加强三地政府间的协同合作，完善相关政策，理顺和建立较为有效的协调机制，使各方能够抛开自身利益，以整个区域的协同发展为出发点推进工作。同时，加强地方政府与铁路部门的协调力度，创造公平、高效的沟通环境和氛围，着力打造轨道上的京津冀，助力区域的协同发展。

（六）进一步统筹京津冀地区物流业快速发展

以航空、铁路、港口为依托，完善空间布局，统筹建设辐射京津冀地区的快递专业类物流园区、快件处理中心和快递配送网点，提升基础设施信息化水平，全面推进快递干线运输、支线运输和末端配送网络建设。

参考文献：

〔1〕冀丰渊：《京津冀协同发展规划纲要，对接京津——解题京津冀一体化与推动区域经济协同发展》，对接京津与环首都沿渤海第 13 次论坛论文集，2016 年。

〔2〕《国务院关于印发"十三五"现代综合交通运输体系发展规划的通知》，2017 年 2 月 3 日，见 http：//www. mot. gov. cn/zhuanti/shisanwujtysfzgh/guihuawen-jian/201703/t20170301_2170528. html。

〔3〕杨永平等：《中国区域轨道交通发展的宏观政策思考》，《城市交通》2017年第 1 期。

〔4〕全永燊、刘剑锋：《区域轨道交通规划若干问题与思考》，《城市交通》2017 年第 1 期。

〔5〕边颜东等：《科学规划建设轨道交通，支持新型城镇化发展》，《城市轨道交通研究》2014 年第 10 期。

（载《铁道经济研究》2018 年第 5 期

执笔：杨永平　赵东　边颜东　李红昌）

我国城市轨道交通发展的政策变迁

改革开放 40 年来,我国交通基础设施建设成就斐然。其中,城市轨道交通经历了 20 多年的建设,尤其是最近 10 多年的快速发展,所取得的成就格外受到国内外高度关注。对此期间的政策变迁进行总结,对于今后完善我国城市轨道交通政策体系,促进城市轨道交通领域高质量发展具有重要启发价值。

一、我国城市轨道交通发展政策

(一)缓慢发展阶段

从 20 世纪 80 年代末起,为了解决特大城市中心区的交通问题,我国城市轨道交通逐步开始建设,开始了我国城市轨道交通 20 多年的建设积累过程。

进入 90 年代,随着上海、广州地铁项目的建设,大批城市包括沈阳、天津、南京、重庆、武汉、深圳、成都、青岛等纷纷开始上报轨道交通项目,要求国家进行审批。由于地铁建设发展迅猛、工程造价较高、设备大量引进等问题,1995 年 12 月,国务院办公厅发布了《国务院办公厅关于暂停审批城市地下快速轨道交通项目的通知》(国办发〔1995〕60 号),提出根据我国城市现有经济发展水平和国家财力状况,必须严格控制城市快速轨道交通的发展，除北京、广州两个在建地铁项目和上海地铁 2 号线外，今后一段时间内暂停审批城市地下快速轨道项目。该通知要求组织制订我国城市快速轨道交通的发展规划和地铁设备国产化规划，今后城市快速轨道交通项目的审批，均以国家轨道交通发展规划为依据。因此，至 20 世纪 90 年代末，全国新建完成的地铁只有北京地铁复八线、上海地铁 1 号线和广州地铁 1 号线，长约 54km[1—2]。

（二）加快发展阶段

鉴于当时上海、广州、北京等城市地铁建设造价居高不下的状况，原国家计划委员会先后颁布了《国家计委关于印发城市轨道交通设备国产化实施方案的通知》（计预测〔1999〕428 号）和《关于印发加快城市轨道交通设备制造业发展的若干意见的通知》（计产业〔2002〕913 号），对城市轨道交通国产化作出相应要求。1999 年 3 月，国务院办公厅颁发《国务院办公厅转发国家计委关于城市轨道交通设备国产化实施意见的通知》（国办发〔1999〕20 号），规定城市轨道交通项目无论使用何种建设资金，其全部轨道车辆和机电设备的平均国产化率要确保不低于 70%，之后城市轨道交通一直在国产化政策指导下建设[3]，并提出以深圳 1 号线、上海明珠线、广州 2 号线等项目作为国产化依托项目，先后批复上述 3 个项目立项，轨道交通项目重新开始启动。随着积极财政政策和扩大内需政策的实施，国家从 1999 年开始陆续批准北京、上海、广州、重庆、深圳、武汉等 10 个城市的轨道交通项目开工建设，并投入 40 亿元国债资金予以支持。

同时，一些地方也出现了不顾自身财力要求建设城市轨道交通项目的现象，未批先建、盲目攀比、资金不足等问题较为突出。2000 年，中咨公司和中国交通运输协会受国家发展改革委委托完成《关于我国城市轨道交通建设审批标准的研究报告》。该研究报告从宏观上对经济承受能力和总体发展目标进行了分析，认为当时我国城市轨道交通投资占城市固定资产投资的 0.5%—1.5%、占城市财政支出的 3%—5% 是有可能的，总体建设速度以每年 30—40km 为宜。根据上述研究成果，2003 年 9 月，国务院办公厅发布《国务院办公厅关于加强城市快速轨道交通建设管理的通知》（国办发〔2003〕81 号）（以下简称《81 号文》）。《81 号文》提出发展城市轨道交通应当坚持量力而行、规范管理、稳步发展的方针，合理控制建设规模和发展速度，确保与城市经济发展水平相适应，防止盲目发展或过分超前。《81 号文》提出申报地铁和轻轨的城市，地方财政一般预算收入分别在 100 亿元、60 亿元以上，国内生产总值（GDP）分别在 1000 亿元、600 亿元以上，城区人口分别在 300 万人、150 万人以上，规划线路单向高峰小时客流分别在 3 万人次、1 万人次以上等。《81 号文》同时规范了申报和审批程序，要求在城市总体规划及城市交通发展规划的基础上，组织制订轨道交通建设规划，并由国家发展改革委会同建设部组织审核后报国务院审批。项目审批要依据批准的建设规划进行，项目资本金须达到总投资的 40% 以上[4]。《81 号文》对轨道交通的建设标准、安全管理、经营体制和国产化等也提出了具体要求。对照《81 号文》发展条件，2003 年我国有 7 个城市符合建设地铁条件，15 个城市符合建设轻轨条件。《81 号文》规定的发展条件较好地体现了"量力而行，有序发展"方针，避免了城市盲目发展轨道交通的局面，成为指导我国城市轨道交通发展的纲领性政策文件，使得我国城市轨道交通的发展更加规范有序，宏观调控力度显著加强。2003 年后，根据审批要求，全国陆续有 15 个城市上报了城市快速轨道交通建设规划，其中有 14 个城市得到国家的批准。我国轨道交通开始进入了加快发展时期[5—6]。

（三）快速发展阶段

2005 年 9 月，《国务院办公厅转发建设部等部门关于优先发展城市公共交通的意见》（国办发〔2005〕46号）要求城市轨道交通建设要加强换乘枢纽建设，实现公共汽（电）车、大容量快速公共汽车与轨道交通之间的方便快捷换乘。城市轨道交通建设要严格按照城市轨道交通建设规划组织实施，做到有序健康发展。2006年12月，建设部等四部委依据国办发〔2005〕46号文件联合颁布了《关于优先发展城市公共交通若干经济政策的意见》（建城〔2006〕288号），明确提出城市公共交通的投入要坚持以政府投入为主，城市公共交通发展要纳入公共财政体系，建立健全城市公共交通投入、补贴和补偿机制。

为了更好地总结和指导城市轨道交通建设规划的审批工作，2007年，中咨公司受国务院办公厅委托完成了《关于当前城市快速轨道交通建设规划编制和实施情况的总结报告》。报告提出在《81号文》等国家有关文件要求下和国家有关部门、城市政府的具体指导下，我国城市轨道交通总体发展比较健康，发展势头良好。但同时也暴露出一些问题，如总体建设强度仍较大，个别项目仍有违背程序现象，个别项目实施进度不理想等。2007年，中咨公司与国家发展改革委投资司共同完成了《我国城市轨道交通发展战略研究》。研究提出了我国城市轨道交通发展总体战略和指导方针，并在城市轨道交通规划、技术、装备、投资建设和管理体制等方面提出了发展基本原则、基本方针和策略，提出了我国城市轨道交通发展政策措施建议。在上述研究基础上，2008年1月，中咨公司向国务院办公厅上报了《关于发展大城市轨道交通的几点建议》。时任国务院总理温家宝对此批示，"我国城市轨道交通处于重要的发展时期，应该统筹规划、加强指导、完善政策、鼓励创新，提高技术水平和经济、社会效益，走出一条适合我国国情的城市轨道交通发展道路，实现又好又快的目标"[7]。

为应对国际金融危机，扩大国内需求，促进结构调整，有效防范金融风险，保持国民经济平稳较快增长，2009年5月，国务院发布了《国务院关于调整固定资产投资项目资本金比例的通知》（国发〔2009〕27号），提出对固定资产投资项目资本金比例进行适当调整，并规定城市轨道交通行业固定资产投资项目的最低资本金比例为25%。同时要求金融机构在提供信贷支持和服务时，要坚持独立审贷，切实防范金融风险。

2013年5月，《国务院关于取消和下放一批行政审批项目等事项的决定》（国发〔2013〕19号）发布，将城市轨道交通项目的核准权限下放至省级投资主管部门，明确提出做好城市轨道交通项目审批权限下放后的落实和衔接工作，切实加强后续监管，确保地方接得住、管得好，促进城市轨道交通持续健康发展。

2013年9月，国务院出台《国务院关于加强城市基础设施建设的意见》（国发〔2013〕36号），鼓励有条件的城市按照"量力而行、有序发展"的原则，推进地铁、轻轨等城市轨道交通系统建设，发挥地铁等公共交通的骨干作用，带动城市公共交通和相关产业发展[8]。

2012年，中咨公司受国家发展改革委委托完成《我国城市轨道交通发展规划政策相关问题研究》报告，结合新的发展形势，对城市轨道交通发展条件、规划政策、建设和运营管理体制以及投融资模式等方面进行了系统研究。在中咨公司研究报告的基础上，2015年1月，国家发展改革委发布《国家发展改革委关于加强城市轨道交通规划建设管理的通知》（发改基础〔2015〕49号），要求拟建地铁线路初期负荷强度不低于0.7万人次/d·km，拟建轻轨线路初期负荷强度不低于0.4万人次/d·km，项目资本金比例不低于40%，政府资本金占当年城市公共财政预算收入的比例一般不超过5%。同时，对于受城市规划、工程条件等因素影响，线路基本走向、敷设方式发生重大变化，线路长度、车站数量、直接工程投资（扣除物价上涨因素）超过建设规划批准规模15%以上，或提前开工规划，以及投资模式发生重大变化的项目，须将规划调整方案报国家发展改革委审批。同时还提出要适时开展城市轨道交通建设规划的中期评估[9]。发改基础〔2015〕49 号文件出台后，城市轨道交通项目审批节奏加快，建设运营稳步开展，行业发展总体健康有序。

2015 年 6 月，为增加合理有效投资，从改善城市交通状况、稳定经济增长、促进产业调整、转变发展方式等方面考虑，国家发展改革委新增（设立）城市轨道交通重大工程包。在城市轨道交通重大工程包项目推进过程中，为了尽快使投资及时到位、项目落地，国家发展改革委协调有关金融机构加大对重大工程的支持力度，设立由国家开发银行和农业发展银行作为发债主体、中央财政贴息 90%（后来批次资金贴息幅度降低）的专项建设基金，直接注入项目资本金，解决了部分城市筹集资本金难的问题。

2015 年 9 月，结合国家促投资稳增长的要求，为放大投资效应、提高投资能力、增加有效投资、加快补上城市轨道交通发展"短板"，国务院出台《国务院关于调整和完善固定资产投资项目资本金制度的通知》（国发〔2015〕51 号），将城市轨道交通的最低资本金比例调整至 20%。

按照简政放权、放管结合、转变职能、优化服务的总体部署，国家有关部门主动定位转型，不断探索简政放权，释放城市轨道交通的发展活力。2015 年 5 月，国家发展改革委会同住房城乡建设部向国务院报送了《关于适当调整城市轨道交通建设规划审批程序的请示》，国务院同意在《81 号文》基础上进一步下放建设规划审批，即对已实施首轮建设规划的城市，其后续建设规划不再报国务院审批，改由国家发展改革委会同住房城乡建设部审批并报国务院备案；初次申报的城市首轮建设规划报国务院审批。为进一步优化完善建设规划上报程序，提高工作效率，2015 年 11 月，国家发展改革委联合住房城乡建设部印发《国家发展改革委 住房城乡建设部关于优化完善城市轨道交通建设规划审批程序的通知》（发改基础〔2015〕2506 号），将建设规划分头审核上报方式调整为由省级发展改革委会同省级住建（规划）等部门进行审核，形成统一的审核上报意见。省级发展改革部门向国家发展改革委报送建设规划，同时抄报住房城乡建设部。

2017 年 7 月，国家发展改革委出台《国家发展改革委关于开展城市轨道交通建设规划中期评估工作的通知》（发改办基础〔2017〕1151号），要求各个已经批复城市轨道交通建设规划的城市就规划实施执行情况开展中期评估，并将中期评估报告作为各个城市批复新一轮轨道交通建设规划的前提条件之一。

2018 年 6 月，针对部分城市对城市轨道交通发展的客观规律认识不足，对实际需求和自身实力把握不到位，存在规划过度超前、建设规模过于集中、资金落实不到位等问题，为贯彻落实党中央、国务院坚决打好防范化解重大风险攻坚战，防范地方债务风险，促进城市轨道交通规范有序发展，国务院出台《国务院关于进一步加强城市轨道交通规划建设管理的意见》（国办发〔2018〕52 号），将建设地铁和轻轨的条件作了修订，要求申报建设地铁和轻轨的城市一般公共财政预算收入分别在 300 亿元、150 亿元以上，地区生产总值分别在 3000 亿元、1500 亿元以上，市区常住人口分别在 300 万人、150 万人以上；明确有轨电车项目由省级发改部门审批；除城市轨道交通建设规划中明确采用特许经营模式的项目外，项目总投资中财政资金投入不得低于 40%，强调了政府对轨道交通全生命周期的财政承受能力；同时严格了建设规划报批和审核程序，规定本轮建设规划实施最后一年或规划项目总投资完成 70% 以上的，方可开展新一轮建设规划报批工作，强化了建设规划的导向和约束作用。[10]

二、相关配套政策

以行业发展政策为主线，国家相关部门也陆续颁布了规划建设、运营、产业及安监等方面的配套政策，以保障城市轨道交通的持续健康发展。

（一）规划建设方面

为解决城市轨道交通线网规划编制与城市总体规划脱节以及与城市空间布局、土地使用结合不够紧密等问题，2014 年 11 月，住房城乡建设部印发《住房城乡建设部关于加强城市轨道交通线网规划编制的通知》（建城〔2014〕169 号），明确城市轨道交通线网规划是城市总体规划的专项规划，并要求在编制城市总体规划时，同步编制线网规划，做好协调与衔接工作。要求城市轨道交通线网规划的主要内容应纳入城市总体规划，并与城市总体规划一并审批；规定直辖市轨道交通线网规划由住房城乡建设部进行技术审查，其他城市的线网规划由省住房城乡建设厅组织进行技术审查。2015 年 11 月，住房城乡建设部印发《住房城乡建设部关于印发城市轨道沿线地区规划设计导则的通知》（建规函〔2015〕276 号），提出进一步加强和改进城市轨道沿线地区规划设计工作，推进轨道交通与沿线地区地上与地下整体发展，促进轨道交通建设与城市发展相协调，提高轨道交通运营效益。为有效解决市域（郊）铁路发展滞后，有效供给能力不足等问题，发展多层次、多模式、多制式的轨道交通系统，2017 年 6 月，国家发展改革委等五部门印发《关于促进市域（郊）铁路发展的指导意见》（发改基础〔2017〕1173 号），要求单独编制市域（郊）铁路发展规划或统筹纳入相关规划，并优先考虑利用既有资源开行市域列车，不得借城际轨道交通名义建设城市轨道交通项目。同时还就加强各方式衔接、提升运营服务水平、拓展融资渠道、强化保障措施等方面提出了要求。

（二）产业发展方面

2006 年 2 月，国务院发布《国务院关于加快振兴装备制造业的若干意见》（国发〔2006〕8号），要求以城市轨道交通等项目为依托，通过引进消化吸收先进技术和自主创新相结合，掌握新型地铁车辆等装备核心技术，使我国轨道交通装备制造业在较短时间内达到世界先进水平。为巩固轨道交通装备制造业的发展成果，引导我国城市轨道交通事业健康发展，2010年12月，国家发展改革委发布《国家发展改革委关于进一步推进城市轨道交通装备制造业健康发展的若干意见》（发改产业〔2010〕2866号），提出要加强城市轨道交通装备研发能力建设，避免盲目扩张产能，明确关键总成投标企业资质，完善招标管理。2016年9月，国家发展改革委、国家认监委出台《国家发展改革委 国家认监委关于开展城市轨道交通装备认证工作的通知》（发改产业〔2016〕2029号），委托中国城市轨道交通协会组建城轨装备认证技术委员会，负责起草城轨装备产品认证目录和认证规则，协调认证实施过程中出现的技术问题。为有序规范实施城市轨道交通装备认证工作，2017年12月，认监委、国家发展改革委印发《国家认证认可监督管理委员会 国家发展和改革委员会关于印发〈城市轨道交通装备认证实施意见〉及〈城市轨道交通装备产品认证第一批目录〉的通知》（国认证联〔2017〕142号）。为有效预防和化解产能过剩，推动城轨装备产业高质量发展，2018年3月，国家发展改革委印发《国家发展改革委办公厅关于加强城市轨道交通车辆投资项目监管有关事项的通知》（发改办产业〔2018〕323号），要求省级发展改革委要采取有效措施，严格控制本地区城轨车辆新增产能；城轨车辆产能利用率低于80%的地区，不得新增城轨车辆产能；企业申请建设扩大城轨车辆产能项目，上两个年度产能利用率应均高于80%。

（三）轨道交通运营及安全方面

2003年，建设部等九部委联合颁发了《关于进一步加强地铁安全管理工作的意见》（建质〔2003〕177号），2005年6月，建设部颁发了

《城市轨道交通运营管理办法》（中华人民共和国建设部令第 140 号），北京、上海、重庆等也颁布了相关地方法规，上述文件都提出要加强轨道交通的安全管理工作。2006 年 1 月，国务院颁布了《国家处置城市地铁事故灾难应急预案》，对轨道交通突发事件应急处理提出具体办法和要求。2014 年 9 月，交通运输部发布《交通运输部关于加强城市轨道交通运营安全管理的意见》（交运发〔2014〕201 号）。为切实保障城市轨道交通安全运行，2018 年 3 月，国务院办公厅发布《国务院办公厅关于保障城市轨道交通安全运行的意见》（国办发〔2018〕13 号），要求有序统筹规划建设运营、加强运营安全管理、强化公共安全防范、提升应急处置能力、完善保障措施。在一系列安全要求指导下，全国各地都普遍提高了安全意识，在城市轨道交通项目的规划、设计、施工及运营等环节上，加强了应对安全的措施，落实安全责任机制。在 10 多年的快速发展时期，城市轨道交通建设、运营的安全基本得到保障，防御灾害和应急救助能力有所提高。

（四）其他方面

为指导地方做好城市轨道交通建设项目环境影响评价工作，促进城市轨道交通建设与环境保护协调发展，2014 年 12 月，环境保护部（现生态环境部）发布《关于做好城市轨道交通项目环境影响评价工作的通知》（环办〔2014〕117 号），提出强化城市轨道交通规划环评对项目环评的约束指导，强化噪声污染防治措施，严格控制环境振动及其他影响，并做好政府信息公开和公众参与工作。2018 年 7 月，生态环境部发布了《关于印发城市轨道交通、水利（灌区工程）两个行业建设项目环境影响评价文件审批原则的通知》（环办环评〔2018〕17 号），规范了城市轨道交通环境影响评价的审批原则。2018 年 7 月，自然资源部发布《关于做好占用永久基本农田重大建设项目用地预审的通知》（自然资规划〔2018〕

3 号），明确将轨道交通等占用永久基本农田的重大建设项目纳入用地预审受理范围。针对城市轨道交通人才规模不足、结构不合理等不能适应行业快速发展需要的问题，2017 年 1 月，国家发展改革委、教育部、人力资源社会保障部发布《国家发展改革委　教育部　人力资源社会保障部关于加强城市轨道交通人才建设的指导意见》（发改基础〔2017〕74号），提出加强城市轨道交通行业人才建设的指导思想和主要任务。

三、结语

在国家有关文件要求和政策指导下，多年来我国城市轨道交通的发展总体规范有序。政策文件规范了城市轨道交通项目的申报审批程序，加强了宏观调控力度，国产化政策实施效果显著。全国各城市在轨道交通建设中严格执行国家政策要求，加强建设管理，施工质量得到较好保证，工程造价水平基本得到有效控制；新建线路基本能按期开通运营，运营安全总体可控，服务水平不断提高。当前，在严控地方债务、防范系统性金融风险的大环境下，我国的城市轨道交通进入新的发展阶段，国办发〔2018〕52 号文件将在今后一段时期指导和规范我国城市轨道交通健康有序发展。今后，国家相关部门还应加强城市轨道交通政策的实效性、科学性和可操作性，及时修订相关政策，保障政策的延续性，促进我国城市轨道交通高质量、可持续发展。

参考文献：

〔1〕中国国际工程咨询公司编：《我国轨道交通发展战略研究报告》，2007 年。

〔2〕中国国际工程咨询公司编：《我国轨道交通发展规划政策相关问题研究报告》，2012 年。

〔3〕杨永平等:《我国城市轨道交通存在的主要问题及发展对策》,《城市轨道交通研究》2013 年第 10 期。

〔4〕《国务院办公厅关于加强城市快速轨道交通建设管理的通知》,2003 年 9 月 27 日,见 http://www.gov.cn/zhengce/content/2008-03/28/content_ 4783. htm。

〔5〕杨永平等:《城市轨道交通发展条件的指标体系研究》,《都市快轨交通》2015 年第 4 期。

〔6〕杨永平等:《我国城市轨道交通发展条件指标》,《都市快轨交通》2015 年第 5 期。

〔7〕边颜东、杨永平:《城市轨道交通可持续健康发展的关键问题》,《都市快轨交通》2012 年第 2 期。

〔8〕边颜东等:《科学规划建设轨道交通支持新型城镇化发展》,《城市轨道交通研究》2014 年第 10 期。

〔9〕《国家发展改革委关于加强城市轨道交通规划建设管理的通知》,2015 年 1 月 12 日,见 http://www.ndrc.gov.cn/zcfb/zcfbghwb/201501/t20150116_ 662986. html。

〔10〕《国务院办公厅关于进一步加强城市轨道交通规划建设管理的意见》,2018 年 6 月 28 日,见 http://www.gov.cn/zhengce/content/2018-07/13/content _5306202. htm。

(载《都市快轨交通》2019 年第 1 期

执笔:杨永平　赵东　边颜东)

城市轨道交通融资模式对项目综合效益的影响

城市轨道交通是公民出行的一种重要方式，在许多国际化都市承载55%以上交通量[1]，但在我国轨道交通较发达的北京、上海等城市也仅占约20%[2]，因此，轨道交通在未来有广阔的建设前景。面对轨道交通建设投资额高、政府面临资金压力大等困难，近年来我国出台了许多政策鼓励社会资本参与，以拓宽融资渠道[3]。随着融资模式的多元化、市场化，如何进行融资模式比选成为项目成败的关键[4]，而深入分析融资模式对项目综合效益的影响是比选的基础。本文根据已有资料对项目综合效益指标进行梳理，然后通过问卷调研结果系统分析融资模式不同要素对综合效益不同指标的影响，为决策者在轨道交通项目融资模式选择时提供借鉴。

一、轨道交通综合效益指标的建立

（一）指标识别资料的选择

为保证指标识别的全面性，并兼顾理论与实践相结合，综合效益指标识别主要来自两方面资料：一是关于轨道交通项目效益表现形式或评价方法的研究；二是实际轨道交通项目的可行性研究、后评估或后评价报告。本研究共获取文字资料25项，其中，从论文数据库中定向检索并筛选获得相关研究14篇[5—18]，通过公开资料和实践合作等方式收集到北京、上海、深圳等地实际轨道交通项目报告 11 部，尽可能全面地总结城市轨道交通项目综合效益指标。

（二）建立指标体系的方法与步骤

指标体系的建立与识别过程包括两个步骤：

第一步，总结和归纳以上资料中关于城市轨道交通项目效益的论述、分析以及在实际项目中效益的具体体现，并进行初步归纳合并，得到了 54 种效益表现的不同形式。整体上看，这些指标包括绩效和费用两类，绩效指标是项目效益的直接反映，如"改善交通条件"等，而费用指标在效益上体现为减少相关费用的发生，如"能源消耗费"等；

第二步，通过对上述各指标进一步进行聚类分析，将内容相近的合并或删除，如"推动产业技术进步"和"人员技术水平提高"等都是指专业技术层面的效益而统称为"推动技术创新"，"提高劳动生产率"和"减少疲劳"等都是提供更加舒适公共交通运输的效益而统称为"改善公共交通舒适性"，等等，最终共得到 29 个综合效益指标，然后结合相关研究对这些指标进行三个层级分类，得到轨道交通项目综合效益指标结构，如表 1 所示。

表 1　轨道交通项目综合效益指标

效益指标分类			效益指标构成
经济效益	收益	1	轨道交通运营收入
		2	与运营相关的其他收入
		3	运营外收入
	建设成本	4	勘察设计成本
		5	征地拆迁成本
		6	建安工程成本
		7	车辆设备购置成本
		8	财务费用成本

续表

效益指标分类		效益指标构成	
	运营成本	9	工资福利成本
		10	能源使用成本
		11	运营管理成本
		12	设施设备维护成本
		13	折旧摊销成本
社会效益	促进经济发展效益	14	带动相关产业投资
		15	促进沿线不动产升值
		16	节约城市土地资源
		17	优化城市结构布局
	改善民生效益	18	缓解城市交通拥堵
		19	提升居民出行安全性
		20	节约居民出行时间
		21	改善公共交通舒适性
		22	降低居民出行成本
		23	增加就业机会
	节能环保效益	24	减少噪声污染
		25	减少空气污染
		26	节约能源效益
	推动技术进步效益	27	培养技术人才
		28	推动技术创新
		29	推动管理创新

指标结构的建立为项目综合效益评价提供了一种细分方法，也为分析融资模式对效益影响的内部机理提供了可能。

二、项目融资模式对效益的影响评估

（一）问卷调研的设计与实施

融资模式本身概念较为抽象，直接对不同融资模式进行评估对实践的指导意义十分有限，数据也较难获取。因此，可将项目的融资模式细分为投资主体、运营主体、资金来源、政府支持方式四个要素[2]，从而实现任何一种融资模式都可通过这四要素进行描述的标准化分类，也提高了评估结论在实践中的可操作性。而评估融资模式对项目效益的影响可体现为投资主体不同、运营主体不同、资金来源不同和政府支持方式不同对 29 个项目综合效益指标的影响。为了分析这一问题，本研究通过问卷调研收集城市轨道交通行业内不同专家对这一问题的看法。

为均衡受访者所在立场，本研究邀请了包括政府部门、学术机构、地铁运营企业等不同机构的 172 位轨道交通经验丰富的专家参与调研，共收回有效问卷 65 份，有效问卷受访专家构成如图 1 所示。所有专家被邀请评估轨道交通项目投资主体不同、运营主体不同、资金来源不同、政府支持方式不同分别对 29 个效益指标影响程度的大小，影响程度采用 Likert 六级量表进行度量，0 到 5 表示从"完全没有影响"到"有极强的影响"。问卷还专门列出融资模式四要素和综合效益 29 个指标的解释，以避免理解上的偏差。

经计算，本次问卷中投资主体不同、运营主体不同、资金来源不同、政府支持方式不同各项对各个指标影响评估的 Cronbach's Alpha 系数分别是 0.602、0.682、0839、0.866，数据具有良好的信度[19]，可以进行进一步的讨论分析。

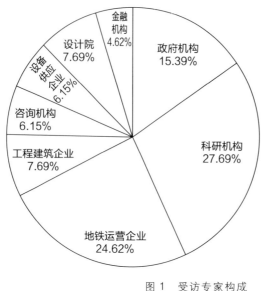

政府机构 10人
科研机构 18人
地铁运营企业 16人
工程建筑企业 5人
咨询机构 4人
设备供应企业 4人
设计院 5人
金融机构 3人

图 1　受访专家构成

（二）评估结果分析

整理专家评估结果，得到融资模式各要素对效益指标影响大小的均值及排名，如表2所示，表中还计算出了各项评估中不小于2.5（即显著影响）和小于1（即微弱影响）的数量。在表格底部，指标不小于2.5的评估数量越多，小于1的数量越少，说明该融资模式要素对项目综合效益的影响越显著；在表格右侧，融资模式要素对指标评估不小于2.5的越多，少于1的越少，说明该综合效益指标越容易受到融资模式变化带来的影响。

从整体上看，融资模式会对项目综合效益产生较大影响，决策者进行融资方案比选时需综合考虑，以下从三个视角对调研结果进行分析。

从融资模式要素的视角看，运营主体可对10个指标产生显著影响，为四要素中最多，而资金来源仅有2个，为最少。而运营主体有微弱影响的指标有6个是四要素中最少，而资金来源有多达17个。因此，在轨道交通项目实践中，运营主体的改变最容易影响项目综合效益，运营者的比选与变更决策须更慎重进行，而资金来源在四要素中对项目效益影响最小。

从项目综合效益指标上看，运营外收入（3）和财务费用（8）两项指标都会受到 3 个融资模式要素的显著影响，表明这两方面效益更容易通过融资模式途径得到改善。另外，发现有 5 项指标受融资模式四个要素的影响都很微弱，说明这 5 方面效益很难通过融资模式的比选和变更而得到改善。进一步观察发现这 5 项指标都是基于经验或技术的指标，提高这些方面效益也确实更适宜采取专业技术措施而非融资措施。

表 2　项目融资模式对综合效益影响的评估结果

效益指标	投资主体		运营主体		资金来源		政府支持		≥2.5	<1
	均值	排名	均值	排名	均值	排名	均值	排名		
经济效益										
收益										
1	1.13	18	3.58	2	2.34	3	3.60	4	2	0
2	1.71	15	3.67	1	1.11	12	3.69	3	2	0
3	2.27	8	2.65	7	2.95	2	4.60	1	3	0
建设成本										
4	0.56	26	0.45	27	0.11	27	0.51	23	0	4
5	0.42	27	0.35	29	0.55	17	0.91	20	0	4
6	3.89	2	0.44	28	2.19	4	1.84	11	1	1
7	4.11	1	1.95	17	2.01	5	0.55	22	1	1
8	3.07	3	1.55	20	3.78	1	2.71	6	3	0
运营成本										
9	0.75	24	2.53	9	0.89	13	0.11	29	1	3
10	0.95	20	2.73	6	1.31	8	1.33	17	1	1
11	0.15	29	3.58	3	1.52	6	1.05	18	1	1

效益指标	投资主体		运营主体		资金来源		政府支持		≥2.5	<1
	均值	排名	均值	排名	均值	排名	均值	排名		
12	2.00	10	2.76	5	0.33	23	1.67	14	1	1
13	0.91	21	0.98	24	0.38	22	0.29	28	0	4
社会效益										
促进经济发展效益										
14	2.82	5	2.25	15	1.22	9	2.78	5	2	0
15	1.75	14	2.56	8	0.09	28	4.04	2	2	1
16	0.22	28	1.16	23	0.42	20	1.64	15	0	2
17	1.20	17	1.56	19	0.07	29	2.51	8	1	1
改善民生效益										
18	0.85	22	2.29	13	0.44	19	1.93	10	0	2
19	2.24	9	2.27	14	1.21	10	1.71	13	0	0
20	0.65	25	0.87	25	0.31	24	0.95	19	0	4
21	2.85	4	2.51	10	0.69	15	1.76	12	2	1
22	2.00	11	2.31	12	0.75	14	2.60	7	1	1
23	2.38	7	2.07	16	0.56	16	0.80	21	0	2
节能环保效益										
24	1.53	16	1.25	22	0.42	21	0.49	24	0	2
25	0.85	23	0.80	26	0.22	26	0.42	26	0	4
26	0.98	19	2.44	11	1.36	7	1.36	16	0	1
推动技术进步效益										
27	2.44	6	1.75	18	0.29	25	0.45	25	0	2
28	1.89	12	1.38	21	0.45	18	0.36	27	0	2
29	1.87	13	2.91	4	1.18	11	2.18	9	1	0
≥2.5	5		10		2		8			
<1	11		6		17		11			

表3　不同机构专家评估结果的差异

	指标序号	总平均	政府	学术	企业	其他
投资主体的影响	7	4.11	3.63*	3.93	4.59*	4.00
	6	3.89	3.75	3.93	3.75	4.06
	8	3.07	3.13	3.13	3.06	3.00
	21	2.85	2.88	2.37*	3.19*	3.25*
	14	2.82	3.00	2.60	2.75	3.00
运营主体的影响	2	3.67	4.13*	3.60	3.50	3.69
	1	3.58	3.88*	3.27*	3.69	3.63
	11	3.58	4.00*	3.53	3.50	3.50
	29	2.91	2.63	2.87	3.06	2.94
	12	2.76	2.75	2.87	3.06*	2.38*
	10	2.73	2.88	2.60	2.69	2.81
	3	2.65	3.00*	2.67	2.38	2.75
	15	2.56	2.75	2.80	2.50	2.31
	9	2.53	3.50**	2.53	2.25	2.31
	21	2.51	2.13*	2.73	2.44	2.56
资金来源的影响	8	3.78	4.13	3.87	3.50	3.81
	3	2.95	4.00**	2.40**	3.31*	2.56*
政府支持方式的影响	3	4.60	4.50	4.60	4.63	4.63
	15	4.04	4.00	4.07	4.19	3.88
	2	3.69	3.75	3.67	3.69	3.69
	1	3.60	3.63	3.53	3.50	3.75
	14	2.78	2.88	2.73	2.50	3.06
	8	2.71	3.18*	2.60	2.81	2.38*
	22	2.60	3.08*	2.87	2.38	2.19*
	17	2.51	2.38	2.33	2.44	2.81*
*			8	2	4	
**			2	1	0	

注：* 表示与总平均差异在0.3以上，** 表示与总平均差异在0.5以上。

从受访者所在不同立场上看，绝大多数专家来自政府、学术机构或地铁运营公司，相比其他机构，他们也更有机会全面地接触城市轨道交通项目。表3列出了这三类专家评估得分均值不小于2.5（即影响显著）的所有指标。整体上看，来自学术机构和地铁运营公司的专家与平均评估结果更接近，而政府部门的专家与平均评估结果差异较多，且大部分都高于平均值，尤其是运营主体要素。这说明政府在一定程度上高估了融资模式的影响与作用。

通过表2和表3还可详细地分析出每种融资模式要素与每个效益指标的一一对应关系，可作为决策者比选的参考，由于篇幅关系在此不做逐一赘述。

三、结语

本文通过文献资料总结、问卷调研等方法，系统地评估了城市轨道交通项目中投资主体、运营主体、资金来源、政府支持方式这四个融资模式要素对29项综合效益指标的影响程度大小，所得结论明确衡量了不同融资模式要素的作用大小，还指出了容易受到不同融资模式影响的具体指标。城市轨道交通项目融资模式对综合效益整体上呈显著影响，在此结论基础上，对融资要素的不同选择在不同效益指标方面的表现进行评价，进而建立融资比选模型是进一步研究的方向。

参考文献：

〔1〕王啸宇：《城市轨道交通市场化投融资机理及模式研究》，河海大学硕士学位论文，2007年。

〔2〕梁伟：《城市轨道交通项目投融资模式选择决策研究》，清华大学博士学位论文，2012年。

〔3〕D. Wu，et al.，"Negotiation Scheme for a High-Speed Railway Station Redevelopment Project"，in *Proceedings of the 17th International Symposium on Advancement of Construction Management and Real Estate*，Berlin：Springer Berlin Heidelberg，2014.

〔4〕李明阳等：《现代有轨电车项目投融资模式研究》，《都市快轨交通》2013年第6期。

〔5〕史文富：《北京市基础设施建设投资效果评价体系研究》，清华大学硕士学位论文，2005年。

〔6〕戚玉超：《城市轨道交通建设项目经济效益评价研究》，北京交通大学硕士学位论文，2007年。

〔7〕徐科：《交通基础设施项目后评价研究》，重庆大学硕士学位论文，2007年。

〔8〕李雪芹：《城市轨道交通经济效益分析及其评价》，西南交通大学硕士学位论文，2004年。

〔9〕刘西西：《基础设施项目投资效果评价方法研究》，长安大学硕士学位论文，2008年。

〔10〕孙健：《基础设施建设项目综合评价指标体系和应用研究》，清华大学硕士学位论文，2004年。

〔11〕毛继苓：《财政支出高速公路项目绩效评价指标体系研究》，昆明理工大学硕士学位论文，2006年。

〔12〕郭云霞：《运输基础设施投资项目经济评价方法研究》，长安大学硕士学位论文，2006年。

〔13〕李志：《城市轨道交通的综合效益评价》，西南交通大学硕士学位论文，2006年。

〔14〕谢逢杰：《城市轨道交通项目经济效益评价方法初探》，《工业技术经济》2004年第3期。

〔15〕郝成：《城市轨道交通项目效益分析与应用研究》，北京交通大学博士学位论文，2008年。

〔16〕李燕：《城市轨道交通项目综合评价体系与方法研究》，山东大学硕士学位论文，2010年。

〔17〕郭其伟、朱瑜葱：《城市轨道交通综合效益评价体系》，《长安大学学报

（建筑与环境科学版)》2003 年第 3 期。

〔18〕孙梅花：《轨道交通项目的国民经济评价研究》，大连理工大学硕士学位论文，2008 年。

〔19〕M. J. Norusis, *SPSS for Windows：Professional Statistics*, *Release* 6.0, Chicago：Statistical Package for Social Sciences（SPSS）Inc., 1993.

（载《都市快轨交通》2016 年第 1 期

执笔：伍迪　王守清　梁伟)

中国交通运输业"走出去"面临的问题与建议

实施"走出去"战略，鼓励和支持有条件的企业对外投资和跨国经营，主动参与各种形式的国际经济技术合作，是中国对外开放的重大举措。从 20 世纪 90 年代末中国提出实施"走出去"战略至今，中国对外投资得到了快速发展，中国企业逐渐成为全球直接投资领域的一支新生力量。近年来，中国企业在交通运输建设领域的工程承揽能力得到了国际市场的认可，为促进中国劳务、技术、设备出口和缓解国内就业压力，支持项目所在国经济发展，改善双边关系，执行中国经济和外交战略起到了重要作用。"一带一路"倡议提出后，随着中国与周边国家陆路交通基础设施规划的有效对接，以及网络布局和结构的不断优化，交通运输企业"走出去"将带动相关产业实现转型升级。但中国交通运输业"走出去"面临的压力和挑战也越来越大，必须引起政府和企业的重视。

一、中国交通运输业"走出去"现状

目前，中国交通运输业"走出去"仍然以工程承包和对外投资为主，主要涉及公路、港口、机场、铁路、管道等方面。2003 年，中国交通运输业工程承包额占对外工程承包总额的 24.7%，2013 年交通业的占比为 22.76%。虽然所占的百分比没有明显提高，但合同金额增长显著，从 2003 年的 43.65 亿美元增长到 2013 年的 312.04 亿美元，10 年增幅达

614.86%，年均增长 19.94%。2014 年，中国对外承包工程新签合同金额 1917.6 亿美元，同比增长 11.7%；完成营业额 1424.1 亿美元，同比增长 3.8%，如表 1 所示。轨道交通等基础设施建设领域大项目增多，积极带动了国产设备和材料的出口。

中国铁路"走出去"正逐步从初期的设备供货向设计引领、技术带动、施工建设、运营维护的全产业链输出转变，成为外贸出口新的增长点。自 2011 年加入世界贸易组织以来，中国铁路设备出口实现快速增长，机车车辆出口由 2001 年的不到 8000 万美元增长到 2014 年的 37.4 亿美元，年均增速达 34.7%，高于同期全国外贸出口增速 16.5 个百分点。2014 年，机车车辆出口增长 19.3%，是同期中国外贸出口增速的 3 倍。2014 年，中国企业参与的境外铁路建设项目 348 个，比 2013 年增加 113 个；累计签订合同金额 247 亿美元，同比增长 3 倍多，完成营业额 76 亿美元，同比增长 31.3%。

表 1　2011—2015 年中国对外承包工程情况

年份	营业额 （亿美元）	同比 （%）	签订合同金额 （亿美元）	同比 （%）	交通业贡献率 （%）
2015	1540.7	8.2	2100.7	9.5	16.2
2014	1424.1	3.8	1917.6	11.7	30.0
2013	1371.4	17.6	1716.3	9.6	22.8
2012	1166.0	12.7	1565.0	10.0	31.6

数据来源：商务部网站数据。

作为交通业"走出去"的另一个主要方式，对外直接投资在近几年也取得了一定的进展。以海外港口投资为例，中资企业在欧美成熟市场、非洲新兴市场，以及亚洲市场特别是东南亚、南亚市场，谋求更多优质海外港口资源。以中远集团、招商局集团、上港集团等为首的中资企业在海外港口投资中走在前列。以招商局国际为例，目前企业港口投资涉及 4 大洲、13 个国家、28 个港口，海外投资逾 100 亿元人民币。中国投资海外港口取得了很好的经济效益。从相关数据可以看出，即使在航运市场不景气、航运企业大面积亏损的 2012 年，中国海外港口企业依然能够保持较为稳定的收益。比如，中远太平洋实现净利润 3.42 亿美元，其中码头业务实现净利润 1.89 亿美元；招商局国际实现净利润 38.2 亿港元，其中码头业务实现净利润 35.18 亿港元；上港集团实现净利润 49.69 亿元人民币。

但相对于服务业、金融业、采矿业、制造业等其他对外直接投资重点行业，交通业"走出去"的存量占比较小，2012 年的存量仅占 5.49%。不仅如此，由于项目数量少、单个项目合同额高、受国际金融市场影响大等特点，2007—2012 年中国交通运输行业对外投资金额波动较大。

目前，中国交通运输企业的对外直接投资仍有较大上升空间，但是考虑到中国企业的国际竞争力、行业内龙头企业的内部经营环境等因素，中国企业对交通运输、仓储业的对外直接投资何时能够以稳健的速度逐步增长尚未可知。

二、中国交通运输业"走出去"面临的问题

（一）受国际政治环境及地缘政治影响大

近年来，中国企业积极进入其他国家和地区的交通基础设施工程承包和投资领域，如表 2 所示，包括铁路、公路、港口、机场、管道等行业。很多国家对交通领域的工程承包持支持和积极态度，但是对具有战略意义的交通基础设施建设和投资比较敏感，在项目立项审批阶段就设置一些障碍，项目上马后也极易受到两国政治形势的影响及其他大国的左右，使得很多中国企业在"走出去"过程中面临阻碍或者在项目实施中遇到困难。

例如，在斯里兰卡某港口，中国企业已与斯里兰卡政府签订投资开发协议，但2015年年底斯里兰卡重新选举更换总统，对中国企业投资该港造成影响。

表2 2014年中国对主要经济体交通及相关领域投资情况

经济体名称	流量		存量	
	金额（亿美元）	比重（%）	金额（亿美元）	比重（%）
中国香港	26.1	3.7	256.1	5.0
欧盟	0.45	0.5	12.5	2.3
东盟	0.11	1.4	14.7	3.1
美国	0.22	0.3	6.6	1.7
澳大利亚	0.043	0.1	0.7	0.3
俄罗斯联邦	0.002	—	0.2	

数据来源：商务部：《2015年中国对外投资合作发展报告》。

（二）境外交通基础设施项目面临融资困难

很多重大交通基础设施项目投资大、回收慢，甚至没有效益，但项目还必须按照商业化方式运营和融资，结果影响了企业的经营效益和积极性。例如，国外很多港口投资、铁路投资对中国及所在国发展和改善民生意义重大，但短期内由于没有足够的市场需求，很难进行商业化运作。针对这类项目，政府并没有提出明确的政策和措施给予支持或者扶持，使得很多项目推进缓慢，尤其是给企业造成融资困难。还有一些项目虽然给予扶持，但也需要一事一议，这种做法容易让企业错失项目时机。

（三）中国与周边国家互联互通的软环境营造比较滞后

与中国周边国家的互联互通是中国交通行业"走出去"的重要内容。交通的互联互通不仅包括硬件上的联通，软环境的营造也很重要。如果软环境营造不理想，硬件连通的效率就会大打折扣。软环境的营造不仅涉及途经国家国内法律法规的修改，还包括相互之间的规制合作和协调，不仅包括双边，还包括多边。哪一方面没做好，都会直接影响到项目运作效率。例如，中国与中亚国家签订的运输协定多为双边协定，缺乏管理整个区域的多边交通运输便利化措施，使得中国与中亚国家间经第三国运输十分不便。另外，一些国家的海关监管政策变化频繁，检验检疫的标准透明度低，程序复杂，这些都影响了中国交通运输业的"走出去"。

（四）缺少支持交通运输业"走出去"的专项政策和举措

尽管中国已经出台许多支持"走出去"的政策和制度，但还缺乏针对交通行业"走出去"的专门政策和举措。一些对中方有重要战略价值的交通业"走出去"项目，由于缺少政策支持，往往难以落地。

（五）缺乏总体规划而出现企业倒逼现象

目前，中国还没有真正形成系统的"走出去"战略，并缺乏对中国"走出去"企业的引导和监督。同时，中国大多数企业战略意识淡薄，短期目的性强。由于缺乏长期的投资目标，投资决策的盲目性和随意性很大。一部分"走出去"的中国企业在对外投资时从自身利益出发，将海外投资作为转移旧设备、获取投资补贴或享受优惠政策的短期行为。为获得援助或优惠性质资金，有的企业还利用所在国政府发展需求或者项目开发的需要，与所在国政府合作向中国政府申请资金支持，形成倒逼的现象，以争取中方的援助资金和优惠性质贷款。

（六）部分企业缺乏社会责任

中国正逐步成为重要的对外直接投资来源地。然而，中国的海外投资却被一些人指责为"掠夺性发展"，被批评对环境问题没有显示出足够的关注，"中国环境新殖民主义""中国环境威胁论"和"中国生态倾销论"甚嚣尘上。这些与中国"走出去"部分企业缺乏社会责任感有一定联系。随着越来越多的中国企业通过海外投资和工程承包等方式进入海外市场，一些国外媒体和国际非政府组织批评中资企业在环境保护、劳工保障等问题上缺乏社会责任，认为中资企业在当地污染环境、忽视员工权利、违反劳工标准、侵犯人权，引发当地政府和民众的不满和抗议。企业在海外的社会责任是社会风险管控的一部分。中国企业在对外直接投资过程中面临企业社会责任缺失时，由于经验不足等原因，处理不及时不到位，使得一些外国媒体在政治动机的驱使下刻意夸大中资企业的不道德行为，使企业在投资经营中承受着巨大压力。例如，2011 年 9 月 30 日，缅甸政府宣布搁置中国投资建设的伊洛瓦底江上最大的水电项目——密松水电站，就是一个综合了环境、政治和文化问题的复杂事件。

三、政策建议

（一）为交通业"走出去"提供融资支持

为促进国家"走出去"战略的实施，建议从以下几方面为企业提供融资支持。

首先，建议在国家丝路基金项下设立交通业"走出去"分基金。"一带一路"倡议的重点之一就是道路连通，这不仅是基础，也是前提条件之一。只有道路相通，才能更好地带动中国的产业"走出去"。道路若不通，产业不可能"走出去"，形成经济带也将无从谈起。

其次，建议进一步加大对交通业对外投资信贷支持力度。为配合国家"一带一路"倡议的实施，国家政策性金融机构及商业银行应继续加大对交通业"走出去",实施境外重大交通基础设施投资和建设项目的信贷支持力度,并加强银行、保险机构与中国企业之间的协作,扩大对中国企业投资境外交通行业的规模。

再次,建议设立交通业对外投资促进专项资金。通过国家专项基金的模式,国家可直接参与投资或提供融资,在帮助企业启动投资项目,鼓励和帮助中国企业在境外开展与交通基础设施相关的对外投资业务的同时,推动中国资本"走出去",为中国的国家战略服务。

最后,建议设立交通对外投资专项担保资金。为缓解中国企业在对外投资过程中的融资担保问题,引导企业的业务发展方向和发展方式,维护好市场竞争秩序,为企业提供信用增级,克服部分企业遇到的授信额度不足、融资成本过高等问题,建议主要按"国家为主、企业辅助"的原则,设立不以赢利为目的的交通对外投资专项担保资金。

(二)扩大对外技术援助范围,引领交通业"走出去"

为加强对外援助对中国交通"走出去"的引领作用,建议继续加大中国对外技术援助的范围,特别是开展规划和设计咨询领域的技术合作。如可以对境外的一些重大交通基础设施项目,先由援外资金介入,以援助的方式为受援国提供规划和前期可行性研究等技术合作,为后续的境外投资和工程承包铺路。

(三)充分利用现有优贷政策

在中国的对外援助资金中,优惠贷款的规模越来越大,目前已达到对外援助总额的55.7%。但由于对外援助的国别多、领域广,很难集中力量办大事。另外,因为与优惠贷款结合的混合贷款程序复杂,涉及部门多,操作困难,因此现在已很少采用。

为放大优惠贷款的规模和效果,建议进一步研究优惠贷款的审批政策，促进优惠贷款与其他信贷模式的联合融资，不仅可解决优惠贷款的金额和国别额度等限制，也可降低项目的融资成本，扩大优惠贷款的影响，用优惠贷款增强商业贷款的竞争力。

同时，建议有关部门研究优惠贷款的差别化政策，提高优惠贷款的吸引力。对部分对中国有重要地缘政治意义的国别，建议进一步降低优惠贷款的利率或采用比国际金融机构更优惠的利率，以提高优惠贷款的竞争力，维护中国在这些地区的投资利益。

（四）推动中国的交通设计等标准国际化

目前，中国在境外的部分工程承包项目中，有使用中国标准的成功案例，不仅扩大了中国设计和施工技术的声誉和影响，而且间接带动了中国的建筑材料和设备的出口，收到了较好的效果，也符合国家"走出去"战略的实施要求。

但是，推动中国交通标准"走出去"仍然存在许多困难，其中之一是中国交通标准的国际化还存在很多问题。建议有关主管部门、金融机构和相关行业企业联合起来，继续加大推动中国设计标准和规范"走出去"的力度，利用各种方式和方法，有效引导国外业主尽可能采用中国的设计标准和规范。

（五）推动境外交通投资项目的风险评估

伴随着中国"走出去"战略的实施，中国在境外的投资也越来越受到国际社会的关注。为应对国际社会对中国境外投资的关注和质疑，不给"走出去"战略带来负面影响，建议推动建立境外交通投资项目的风险评估机制，在了解民情、反映民意的基础上，对潜在风险进行先期预测、先期介入、先期化解，以维护中国负责任大国形象。

（六）鼓励国内中介机构参与交通业"走出去"的咨询

建议国家制定专门的措施，提供专门的资金支持，鼓励国内中介机构积极参与中国企业在境外的投资项目，为中国企业提供专业的境外投资政策及制度变化、经济发展、市场环境、融资环境、行业发展、技术方案及相应风险等方面的咨询服务。同时，通过促进中介机构参与"走出去"的投资咨询，使之不断总结经验，提升专业素养，针对中国企业的需求，提供更有针对性的服务与支持。

（载《国际经济合作》2016 年第 6 期

执笔：吴迪　许豫东）

能 源 化 工

下一代电网发展设想和弹性电网概念的提出

电网是关系国民经济命脉的重要能源基础设施，不仅需要满足正常状态下的可靠运行，更需要在事故和小概率极端事件发生时维持必要的功能。传统电网发展面临诸多挑战，构建弹性电网（resilient power system）成为各国政府在推动智能电网发展战略中的目标之一。

一、电网发展面临的主要挑战

自三峡输变电工程 2007 年建成，我国开始了全国联网不断快速发展的进程。目前，已构成华北—华中、华东、东北、西北、南方、云南、西南（西藏、川渝）7 个交流同步电网，形成交流 110 千伏、220 千伏、330 千伏、500 千伏、750 千伏、1000 千伏，以及直流 ±100 千伏、±400 千伏、±500 千伏、±660 千伏、±800 千伏、±1100 千伏的电压等级序列。

当今中国乃至世界各国电网，是第二次世界大战后至 20 世纪末发展的大机组、超高电压、大规模互联电网，存在严重依赖化石能源难以消纳风电光伏、难以消除安全风险等问题，可持续发展面临挑战。展望未来，我国下一代电网发展需要重点解决安全可靠性要求提高和风电光伏充分消纳两方面问题。

（一）电网规模不断增大，必须提高可靠性

从发达国家人均用电量趋势看，日本、韩国和经济合作与发展组织（Organization for Economic Cooperation and Developoment，OECD）国家1990年人均用电量分别为6877千瓦时、2368千瓦时和6696千瓦时，2010年分别约为8646千瓦时、9808千瓦时和8299千瓦时，2015年分别约为7660千瓦时、10547千瓦时和7945千瓦时。从发达国家人均用电量历年发展情况来看，其人均用电量随经济发展和结构优化逐步趋于稳定。

我国2018年人均用电量约4900千瓦时，还有较大增长空间，随之电网规模也将持续增大。大范围资源优化配置带动的大规模交直流互联电网，虽然具有减少总装机容量（时空差异的互补）、减少备用容量、提高供电可靠性和电能质量等好处，但同时也带来系统规模大而复杂、运行难度大、局部故障危及整个互联系统安全、事故波及范围大所引起的风险多维化（经济、社会、政治）等诸多问题。作为安全可靠能源供应系统的重要组成部分，未来电网必须具有极高的供电可靠性，能够确保基本排除大面积停电风险。

（二）可再生能源成为发展主力，必须充分消纳

近30年来，以风力发电和光伏发电为代表的间歇式可再生能源发电技术持续快速发展。截至2018年年底，我国并网风电和光伏装机容量分别达到18426万千瓦和17463万千瓦（占全国19亿千瓦发电装机约18.9%），年发电量超过5400亿千瓦时（占全国7万亿千瓦时发电量约7.8%）。随着间歇式电源装机规模的不断攀升，解决间歇式电源的装机浪费和消纳困难，促进其科学发展，是电网发展的关注热点。

未来电网必须具备接收大规模风电、光伏、分布式可再生能源电力能力，形成新能源电力的输送和分配网络。

二、下一代电网发展方向

解决传统电网发展问题，必须依靠创新驱动，下一代电网发展主流是开放、智能、融合。

开放：社会各方广泛深入参与电力生产、传输、消费等各个环节，协同促进能源电力的安全高效、绿色低碳发展。

智能：电网与现代信息技术相结合，在发电、电网和用户处安装智能传感器，让电力系统的各个环节展示出来，形成"物联基础"，充分感知电力系统运行状态和外部环境变化，并实现电力系统运行管理的智能化。在电网智能化发展中，寻求极高的供电可靠性和事故恢复能力。确保弹性或者具有恢复力是未来电网智能化发展的一个目标。

融合：电网与信息网、交通网和其他城市基础设施广泛融合，与分布式电源、储能装置、能源综合高效利用系统有机融合、双向互动，提高终端能源利用效率，成为综合能源服务体系的有力支撑，推动产生能源新模式新业态。

开放、智能、融合是未来电网发展方向，有弹性（或有恢复力）是电网智能化目标之一。

三、弹性电网概念和研究现状

弹性电网（resilient power system，or power system resilience）概念源于智能电网，最早由美国提出。美国能源部（U. S. Department of Energy）在 2009 年第一版《智能电网系统报告》（2009 *Smart Grid System Report*）中，描述智能电网特征的时候提出了弹性（或恢复力）的要求，指电网对各类事故的抵御和恢复到初始状态的能力。此后，学术界开始将这个概念用于电网相关研究中。英文 resilience 源自拉丁文 resilio，意思是弹性、回弹、恢复，中文里常被译为"恢复力"。

别朝红等（2015）中国学者在《弹性电网及其恢复力的基本概念与研究展望》中，详细介绍了弹性（恢复力）的概念和研究现状，提出：（1）相对于传统电力系统，"弹性电网"不仅增强系统抵御事故风险能力，更强调具有应对无法预料的小概率极端事件（日益频发的各类自然灾害和人为袭击）的能力。在面临无法避免的故障时，系统能有效利用各种资源灵活应对风险，适应变化的环境，维持尽可能高的运行功能，并能迅速、高效恢复系统性能；（2）近些年电网智能化技术的快速发展，尤其是分布式电源、微电网、主动配电网等技术赋予了电网更多灵活有效的故障应对策略，使电力系统在灵活性、安全性、电能质量、自愈能力等方面进一步提高成为可能，使得弹性电网恢复力的主动提升成为可能；（3）美国、欧盟、日本等国家和经济体，均十分重视弹性电网方面的研究。根据《复苏与再投资法案》，在智能电网研究项目中，美国能源部与电力企业联合投资超过 79 亿美元用于提高电网现代化、收集数据、研究弹性电网、研发恢复力提升技术。日本、欧盟也已成立相应的政府机构与科研部门，进行灾害恢复力方面的研究。2015 年 3 月在日本举行的第三次联合国世界减灾大会中，提高灾害恢复力作为重要议题多次出现在大会讨论中，大会通过的《2015—2030 年仙台减灾框架》也将灾害恢复力列为全球减灾方面四大优先行动之一。

目前研究认为，电网有弹性或者有恢复力，主要体现在三个方面：（1）在电力系统遭遇扰动事件前，有能力针对其作出相应的准备与预防；（2）遭遇扰动事件过程中，有能力充分抵御、吸收、响应以及适应；（3）遭遇扰动事件后，有能力快速恢复到电力系统正常状态。

弹性（或有恢复力）电网的研究方向主要包括：（1）明确弹性电网需要应对的扰动事件；（2）构建弹性电网评价指标体系与评估模型；（3）

电网恢复力提升策略；（4）电网恢复力提升手段。

参考文献：

〔1〕别朝红等：《弹性电网及其恢复力的基本概念与研究展望》，《电力系统自动化》2015 年第 22 期。

（执笔：朱宁　梁双）

综合能源发展脉络与技术特点及未来趋势

进入新时代的中国，随着京津冀协同发展和长江经济带发展的持续推进以及粤港澳大湾区建设的加快，多项国家战略全面实施，产业转型升级、经济高质量发展的一系列政策不断发布。能源是国家战略实施的基础。我国能源领域的高强度建设时代已经过去，为构建绿色低碳、安全高效的能源供给体系，为实现生态良好、美丽中国战略目标，中国能源行业从能源生产、能源基础设施、能源消费，到能源技术和产业导入，都亟须找准能源高质量发展的新动力源。中咨公司在承担雄安新区能源规划的编制研究中，提出综合能源系统新业态模式，因理念先进而被认可，并在雄安新区能源规划和实施方案中得到全面推行，将成为能源高质量发展的重要着力点。

一、我国能源发展的主要方向

清洁、低碳、高效已经成为世界能源发展大势，新一轮科技革命和产业变革均聚焦能源领域，主要体现在三个方面：一是发达国家在高度重视能源安全的前提下，纷纷制定能源转型战略和低碳政策，发布更高的能源发展指标，不断提高可再生能源占比，逐步降低煤炭占比，持续提升电气化水平；二是能源科技创新进入高度活跃期，重点集中在氢能及新一代核能技术研发，大规模储能和智慧能源技术示范，先进分布式能源与智能微电网技术广泛应用等领域；三是能源供应和服务方式加快转变，综合能源系统逐步普及，先进能源设备及关键材料不断涌现。

改革开放以来，我国能源生产和消费总量持续增长，一次能源生产总量从 6.3 亿吨标准煤增长到 2018 年的 37.7 亿吨标准煤，能源消费总量从 5.7 亿吨标准煤增长到 2018 年的 46.4 亿吨标准煤。与能源发展同步，进入 21 世纪以来，我国全社会用电量快速增长，2018 年全社会用电量达到 68449 亿千瓦时。为满足电力需求高增长，我国电力装机规模不断扩大。截至 2018 年年底，发电装机规模达到 19 亿千瓦，其中火电 11.44 亿千瓦、水电 3.52 亿千瓦、核电 4466 万千瓦、风电 1.84 亿千瓦、太阳能发电 1.75 亿千瓦，实现人均装机规模 1.36 千瓦。我国已形成覆盖华北、华中、华东、东北、西北、西南、南方等区域的 500 千伏和 750 千伏交流主网架，我国大陆地区已实现全部省级电网交直流互联。截至 2018 年年底，全国 220 千伏及以上输电线路总长度达到 73.3 万 km，220 千伏及以上公用变设备容量 402255 万千伏安[1]。中国无论是能源生产和消费总量，还是发电装机规模、电网规模，均居世界首位。

经历了大电网大电源大煤矿等的高强度建设后，我国能源结构和布局正在深度调整。今后较长一段时期内，虽然一次能源禀赋造成的"煤炭依赖"现象难以消除，但我国能源结构必将持续优化，煤炭占比将逐步下降，可再生能源消费比重将逐步上升。伴随城镇化和数字化城市建设，新一代信息技术、现代生命科学、生物医药和先进电子材料等战略性新型产业对供电强度和质量的更高要求，以及今后轨道和公路交通、居民生活的高度电气化特征，我国电能占终端能源消费比重将大幅提高。

当前我国能源领域存在产业链条不长、层次不高，能源生产性服务等配套产业发展滞后，产业体系全但短板较多等问题。在新发展理念指引下，为深入推进能源供给侧结构性改革，我国能源发展正在由主要依靠资源投入向创新驱动转变，能源政策注重节约高效、结构优化、清洁替代、创新动能、安全可靠。推动能源向清洁化和智能化方向发展，积极发展和培育能源新技术、新业态和新模式，创新能源体制机制，已经成为能源行业共识。

二、综合能源的发展脉络、概念和特点

（一）综合能源的发展脉络

欧美及日本等发达国家早期以及我国 20 世纪 80 年代以来，在城市和开发区逐步普及热电联产，20 世纪 90 年代进一步兴起分布式发电供热，这些能源加工转换和供应形式基本上是利用单一能源生产热能向用户供应。20 世纪 90 年代初，北欧及日本开始采用海水源热泵技术，将低品位的海水能源与高品位的电能结合，向点用户供热供冷。2003 年，广州大学城开始进行热泵技术应用尝试，开展了区域集中制冷，但未实现能源来源多元化和能源供应多样化。

在完善的电网、天然气管网有力支撑下，以能源来源从单一转向多元化、能源供应（供热）从高温转向中低温为两个主要技术特征，国际上城市能源供应开始向多元多样方向发展。21 世纪以来，我国能源行业跟踪世界能源发展，把握绿色低碳转型大势，开始了综合能源（系统）的尝试。2008 年，我国哈尔滨、江苏等地出现了采用热泵技术，利用多种能源实现区域供热供冷的综合能源站。在国家推进能源革命大背景下，北京、上海、江苏、浙江、贵州、青岛、雄安新区等许多省、市实施了综合能源工程和开展相关规划，综合能源这一能源新业态新模式开始受到各地重视。

（二）综合能源的基本概念

2015 年，联合国环境规划署提出了区域能源概念，即通过整合能源

生产、公共卫生、污水处理、运输和废弃物处理等市政服务设施，建设现代区域能源系统，协同生产供应热量、冷量、热水和供电[2]。

中咨公司雄安新区规划编制团队提出的综合能源概念与联合国环境规划署提出的区域能源概念基本契合。综合能源充分利用属地低品位能源，以电力、天然气、氢能等为主供高品位能源，采用智慧能源技术，通过建立综合能源站工程+智慧能源微网工程（包括源网荷储智能微电网和智能微热网），实现多能互补，实现能源的梯级利用循环利用，实现冷热电气水一站式服务，如图1所示。其整体能源利用效率和供能可靠率得以大幅度提高，用户可享受多种能源套餐式服务，政府可创新能源管理方式，是一种安全先进的城市供能模式。

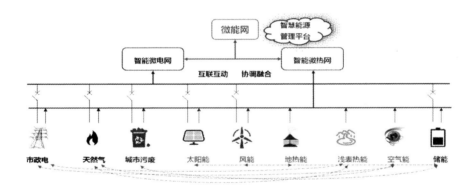

图 1　综合能源系统架构示意图

（三）综合能源的主要特点

相较于联合国提出的区域能源概念，综合能源更强调能源与城市融合发展，强调能源供应和环境治理相结合，强调多能互补、梯级利用、循环利用，强调源网荷储协同联动，强调能源一站式服务，具有四个鲜明特点。

1. 实现环境优先的可持续发展

综合能源通过智能微电网、智能微热网和储能技术的应用，最大限度地使用可再生能源。通过统筹规划和建设处理城市污废（包括污水、生活垃圾、餐厨垃圾、污泥等）的市政基础设施，使能源供应与城市基础设施相融合、与环境治理相结合，将城市污废、余热等原本废弃的资源转变为可以利用的能源。

2. 实现能源供应的可靠安全经济

综合能源重视可靠安全经济的用能策略，改变以往过分依赖或强调某一种能源的做法，根据不同能源的禀赋，按照多能互补、冷热电气水一体化的思路，优先利用当地可再生能源（城市污废能源、太阳能、浅层地热能、中深层地热能等），尽量减少化石能源使用量。"综合能源站工程+智慧能源微网"系统采用供热、供冷、供电、供气、供水的一体化设计，相较于冷热电气水分别建设一套系统，不仅可有效降低设施投资和运维成本，而且可大幅提高能源利用效率。对同一个供能系统，根据不同能源的禀赋、数量和价格，利用智慧能源微网系统，灵活调整用能策略，实现较高的运行效率，做到安全运行和经济运行的动态平衡。

3. 实现能源基础设施的分布网格化布局

综合能源改变以往能源基础设施大集中的做法，根据城市功能和布局以及冷热负荷分布特点，分区规划和建设能源供应基础设施，形成以综合能源站为节点的网格化布局，最大程度地接近用能负荷中心，缩短供能距离。网格化的综合能源系统，既可以单网运行，也能够多网并行，不仅提高了整个供能系统安全性，减少冗余，而且可以根据城市建设布局和进度分块建设分步运行，降低投资强度。

4. 实现多种能源在源、网、荷、储的紧密互动

为提高能源系统的环境可持续性和安全可靠性，并降低能源价格，综

合能源系统的生产、传输、存储和使用，充分利用不断进步的智慧能源技术，达到规划、设计、运行和管理的系统化、集成化和精细化。

三、综合能源以智慧能源技术为支撑

综合能源是一种能源加工转换方式，是一种新型基础设施，是一种全新服务模式。综合能源发展与智慧能源技术发展紧密相关。目前智慧能源技术研究和应用还处于起步阶段，如表 1 所示，国内外学者将智慧能源技术的机理理解为：多类负荷关联、耦合元件互补、能源网络互动、新型商业模式、人为干扰因素，完成多种能流耦合互动。

表 1 智慧能源技术的国内外研究计划不完全统计

国家	研究内容	研究重点
美国	能源互联网计划	研究重点是能源生产民主化、能源分配分享互联网化，即组建以可再生能源+互联网为基础的能源共享网络，在能源通过分散的途径被生产出来之后，利用互联网创造新的能源分配模式[3]
德国	E-Energy 技术创新促进计划	研究重点提出创建一种以 ICT（信息、通信和技术）为基础的新型能源网络，核心在于构建未来能源互联网的 ICT 平台，支撑配电系统的智能化，并开拓新的创新服务[4]
瑞士	Vision of Future Energy Networks 研究计划	研究重点是多能源传输系统的利用和分布式能源的转换和存储，开发相应的系统仿真分析模型和软件工具[5]
中国	"互联网+" 行动计划 "互联网+" 智慧能源指导意见	研究重点是区域能源互联网内部多能耦合互联的实现形式、多能流的耦合机理和优化调度方式

从目前国内外研究成果看，智慧能源技术应用，需要建立多种能源信

息采集和传输设施、智能能源管理系统（适应各类能源调度系统需求的支撑平台）。整个系统软件由商用数据库软件、系统综合平台、应用子系统等部分组成，采用开放式分布应用环境，通过数据采集和监控、实时建模与状态感知、优化调度控制、安全分析和预警等软硬件，实现供能安全保障、多种能源数据监测、多种能源耦合管理、综合能源优化调度、经济效益分配和合同能源管理的目标。

能源信息采集、传输和数据处理设施，采用互联网、高速宽带移动通信网络、物联网等技术，建设冷热电气水等多种能源信息采集装置和通讯传感网络，构成综合能源系统运行的中枢神经，为智慧能源管理系统提供数据支持。同时，建设综合能源数据中心，协同处理多能流数据。

相对于单一电力调度管理系统，智慧能源管理系统为多种能源系统的耦合提供一套完整的智能运行管理解决方案，主要特点体现在综合、智能、安全和创新四个方面。其中，"综合"体现在从原来的单一电力能量管理升级为冷、热、电、气、水等能源的综合管理，从电源电网能量管理升级为源—网—荷—储协同管理。"智能"体现在从人工到自动控制、从离线到在线管理、从粗放到精细的发展模式，通过提供能源数据服务，提高政府决策的科学性，提升用户用能体验和节能水平。"安全"体现在各类能源统一生产调度和供应，能源数据统一采集、研判、预测、共享，统筹节能和优化供能，实现更高水平、更高效率的安全供能。"创新"体现在紧密结合信息化前沿技术（比如云计算平台、大数据、"互联网+"等），以技术创新为基础实现服务模式创新。可以看出，智慧能源技术与综合能源高度相关，是综合能源实现智能化（或智慧化）的关键所在，是能源服务和能源管理现代化的关键所在。

四、综合能源的基本构成和规划示例

一般来讲，综合能源充分利用属地污水和中水能、垃圾焚烧处理余热、数据中心和变电站排热、太阳能、地热能、空气能、河水海水能等低品位能源，以电力、天然气、氢能等为主供高品位能源，主要通过建设"综合能源站工程+智慧能源微网工程"，利用先进热泵、微型燃机等技术对能源进行加工转换，实现城市冷热电气水的综合供给。

以国内某智慧生态小镇的综合能源规划为例，基于"绿色、节能、循环、智慧"的小镇规划定位，能源供给考虑能源与城市融合发展，充分挖掘城市自身潜藏能量，耦合城镇环境治理、水环境及海绵城市建设，消纳城市污废，打造未来城市新型基础设施的样板，在满足小镇能源需求的同时实现生态和谐，如表 2 所示。

表 2　生态智慧小镇用能策略规划

能源种类	能源形式	能源分布	可利用量
可再生能源	再生水源	再生水厂	全部
	空气能	空气	按需配置
	太阳能	建筑屋顶	全部
	风能	可利用区域	协调配置
	浅层地热	可利用区域	按需配置
	浅表水能	可利用区域	按需配置
	蓄能	海绵城市	按需配置
城市污废	沼气	餐厨垃圾	全部
		污泥	全部
常规能源	市政电	市政电网	按需配置
	天然气	市政气网	按需配置
新型能源	氢能	制氢站和加氢站	示范

系统构成从需求侧出发，按照多能互补、梯级利用形式，建设以能源中心（综合能源站）、智能微电网、智能微热网为核心，以智慧能源管理为纽带的多源协调、多网融合的综合能源系统，如图2所示。

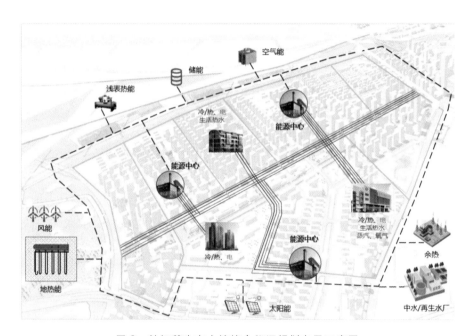

图 2　某智慧生态小镇综合能源规划布局示意图

与冷热电气水分开供应的城市传统供能模式相比较，智慧生态小镇综合能源的规划能源消耗总量减少 10%，人均二氧化碳排放量减少 30%，规划的整体能源利用效率可提高 70% 以上（达 80% 左右）；规划的投资、成本和电力消耗可节约 10% 以上，并大量节约耗水量和用地量；由于采用多能互补方式，可提高小镇能源供应可靠度，实现城市供能不中断，规划供电可靠率大于 99.99%；政府依托综合能源系统创新管理方式，推动能源体制机制创新，用户享受多种能源套餐式服务、冷热电气水一站式服务。

规划设计的商业模式是采用使用者付费 PPP 模式，通过政府授予特许经营权，向用户收取配套费及能源使用费的方式获得收益。

五、综合能源是能源高质量发展的有力抓手

纵观世界能源发展趋势，得益于智慧能源技术发展的助力，能源生产与消费的边界将逐渐模糊，能源消费侧和供给侧趋近"见面"。为重点解决我国能源产业链条不长层次不高、能源生产性服务等配套产业发展滞后、能源与城市融合发展方面基本空白的问题，未来应以推广能源新技术新业态新模式为主要抓手。

为推动质量变革、效率变革、动力变革[6]，为大力开发可再生能源、打好安全高效利用可再生能源的基础条件，能源行业的转型升级和创新发展必须注入新活力。从目前的研究和规划成果看，在城市和开发区广泛布局综合能源这一新型能源基础设施，推广综合能源利用服务体系和运管系统，制订和不断完善各种类、各区域、各层级的综合能源系统数字化标准体系，配套出台综合能源管理办法和体制机制创新措施，将助力提升我国能源与城市融合发展水平，大幅提高能源利用效率和服务水平，有利于在能源生产、输送、存储、应用和服务等全产业链上实现绿色、安全、高效，引领中国能源进入高质量发展阶段。

参考文献：

〔1〕根据国家统计局、国家能源局、中国电力企业联合会公布的统计数据整理。

〔2〕联合国环境规划署编：《城市区域能源：充分激发能源效率和可再生能源的潜力》研究报告中文版，生态文明贵阳国际论坛 2015 年会，2015 年 6 月。

〔3〕潘明明：《基于非合作博弈的能源互联网多元主体行为分析方法》，华北

电力大学博士学位论文，2017 年。

〔4〕李炳森、吴凡：《能源互联网的发展现状与趋势研究》，《智能计算机与应用》2017 年第 2 期。

〔5〕高晗等：《全球能源互联网下输电走廊规划分析研究》，《四川电力技术》2017 年第 3 期。

〔6〕中国国际工程咨询有限公司编：《基础设施高质量发展研究报告》，2019 年。

（执笔：朱宁）

从中美贸易摩擦看我国乙烯工业发展方向

随着中美贸易摩擦不断升温，能源及化工产品已经成为中美贸易摩擦的主要制裁对象。据中国石油和化工工业联合会统计，美国对我国拟加征关税产品中，第一批 340 亿美元清单中化工相关产品很少，仅包括部分轮胎及橡胶制品（应用于飞机），其余多为间接涉及，如汽车、半导体、电池等；第二批 160 亿美元清单中，涉及化工产品有所增加，主要包括润滑油及添加剂、聚乙烯、聚丙烯、聚异丁烯、聚苯乙烯、SAN、ABS 共聚物、聚氯乙烯、POM、PMMA、PTFE、含氟聚合物、PVA、聚酯、树脂等。美国 2018 年 7 月 10 日公布的 2000 亿美元拟加征关税清单，更是覆盖了化工上下游全产业链产品。

我国公布的关税清单中，第二批约 160 亿美元产品基本上全为石油化工相关产品，包括煤炭、原油、芳烃、酚类、油品等基础能源产品，C3产业链的丙烷、丙烯腈、丙烯酸聚合物，聚乙烯、聚碳酸酯、聚氯乙烯、聚酰胺 66、聚酰胺 6、环氧树脂、聚醚等塑料及聚酯产品，黏合剂、有机硅、润滑剂、活性剂、贵金属催化剂、部分杀虫剂等专用化学品。

一、中美贸易摩擦对我国石化行业的影响

（一）2017 年中美石化贸易概况

2017 年我国石油和化学工业净进口 1974 亿美元，但对美贸易净出

口 26 亿美元，是我国对美贸易顺差总额的 1%，位列贸易顺差行业第八位，并不是构成中美贸易顺差的主要行业。宏观层面上，我国化工行业对美国的依赖度更高。美国从我国进出口化工品占美国进出口化工品总额的 7% 和 7.67%，而我国从美国进出口化工品金额占我国化工品进出口总额的 17% 和 26%。从中美石化贸易额来看，2017 年为 476 亿美元，占我国石化进出口总额的 8.1%。2017 年美国出口至我国的化工商品金额为 111.89 亿美元，占化工商品总出口额的 7%，在全球排名第三位，仅次于加拿大（13.9%）和墨西哥（9.8%），我国是美国化工商品的重要出口国。2017 年，我国进口的石化产品中，从美国进口的比重超过 10% 的石化产品有 14 种，其中石油焦 354 万吨，占总进口量的 49%，对美国的进口依赖度最高。我国石化产品的出口结构中，聚合 MDI、石蜡、涤纶短纤等出口到美国的比重占各自产品出口总量的 10% 以上。

（二）中美贸易摩擦对我国石化行业近期影响有限、远期影响尚难定论

从目前对石油和化工行业的征税清单看，涉及的化工品大部分都是化工产品的细分领域，对于石化行业整体影响较为温和。其中影响较大的石化产品包括 1,2-二氯乙烷（ISO）、丙烷、丙烯腈、聚酰胺 66 切片、环氧树脂，2017 年这些产品从美国进口的比例分别为 69.4%、25.3%、22.2%、17.4% 和 11.7%。

从短期看，中美贸易摩擦对我国石化行业影响不明显，直接影响不大；中远期来看，若清单产品加征关税如期实施，对我国石化行业的间接影响不容忽视，对液化天然气、丙烷以及部分上游能源产品和家具、机械、通信、轻工、纺织等下游产业有可能造成影响。

改革开放以来，我国石化工业取得了长足发展，2017 年国内炼油和

乙烯生产规模已达到 8.3 亿吨/年和 2315 万吨/年，装置规模较 2000 年翻了一倍以上。乙烯当量消费 4324 万吨，仅次于美国，位居世界第二位。但是，我国石化产品人均消费远低于发达国家，2017 年人均乙烯当量消费仅 31 千克，相当于日本 20 世纪 80 年代的水平。国内石化产品仍有巨大发展空间。

实际上，美国丰富的石油、天然气、轻烃、乙烷等资源正是我国紧缺的能源和基础化工原料。从中美两国贸易平衡的角度看，两国拥有广泛共同利益和巨大合作空间，合作是中美唯一正确选择，共赢才能通向美好未来，健康稳定的中美经贸关系符合两国和全世界共同利益。

二、推进炼化一体化，将石油主要用于生产高附加值的化工材料

（一）石油作为交通运输燃料将被替代

石油被替代将主要来自交通运输领域的用油，即作为燃料的石油产品将被更清洁的能源替代，从而导致石油消费量大规模减少。特别是新技术、新材料以及人工智能、大数据等的发展日新月异，可能带来人类出行行为的革命，燃油车会加快退出历史舞台。

同时，国际上为应对气候变化与环境问题，继 2015 年、2016 年荷兰、挪威、德国之后，又有多国在 2017 年将禁售传统燃油汽车提上日程。2017 年 6 月，印度的能源部门表示，计划在 2030 年禁售燃油汽车。2017 年 7 月 6 日，法国团结与生态转型部长尼古拉·霍洛宣布，法国计划 2040 年将全面禁止销售燃油汽车，2050 年实现碳中和。2017 年 7 月 27 日，英国环境大臣迈克尔·戈夫表示，英国将自 2040 年起停止销售燃油汽车；到 2050 年，行驶在英国道路上的汽车将全部实现零排

放。我国也启动了相关研究，制订停止生产和销售传统能源汽车的时间表，北京、上海、武汉等城市均已出台相关政策，推进城市货运车辆电动化进程。

短期内石油作为全球第一大消费能源的地位难以撼动，但随着新能源与技术创新的发展，以及人类生态环境保护意识的提高，石油作为交通运输燃料被替代的可能性与日俱增。在交通运输领域的能源消费中，石油一直维持在 94% 以上，但天然气、燃料乙醇和电动汽车等替代能源发展迅速。

从全球来看，2016 年全球电动汽车、天然气、生物质燃料替代量约 1.47 亿吨，占全球汽柴油消费总量的 8%；预计 2020 年全球替代能源（天然气、电和生物质）总量将达到 2.7 亿吨。

根据《2018 年能源替代燃料专题研究报告》，我国 2016 年电动汽车、天然气、生物质燃料替代总量超过 3000 万吨，占汽柴油消费总量的 15.6%。预计到 2020 年，我国电动汽车的保有量将达到 500 万辆，替代汽柴油量约 750 万吨，年均增速接近 50%；天然气汽车的保有量达到 1050 万辆，替代汽柴油量约 2957 万吨。如果按照规划 2020 年在全国范围内推广乙醇汽油，预测燃料乙醇的消费量将增加 4 倍，达到 1480 万吨。因此，预计 2020 年我国替代能源总量将达到 5187 万吨。

可以预计，2025—2030 年，我国交通运输用油需求将达到峰值水平；之后因电动汽车、电气化铁路、燃油效率提升，以及替代能源等因素，油品需求将逐步下降。

（二）炼化一体化从根本上提高资源综合利用水平和基础化工原料的自主保障程度

长期来看，即使燃油车被替代，将减少原油在交通领域的消费量，但不影响其在化工材料等领域的继续使用，石油消费需求不会消失。我国炼油和化工协同发展水平低，一体化率仅约为 10%，远低于世界先进水平，导致资源浪费、物料能耗高、市场竞争力弱。目前，225 家企业中仅有 9 家实现了炼油、乙烯、芳烃联合生产。乙烯、芳烃是与工业生产和人民生活息息相关的重要基础原料，过度依赖进口危及行业安全。近年来，由于生产能力不足，我国乙烯消费一半以上依赖进口，芳烃中的主要产品对二甲苯自给率近年更是持续下滑，2016 年已跌至 43%。炼化一体化在满足油品需求的同时，增加乙烯、芳烃的原料供应，不仅是提高资源综合利用水平的有效途径，也是构建合理完整的石化产业体系、维护国家产业安全的重要手段。

从实现途径来看，现有炼油企业需要通过改造进一步减少成品油产量、加大化工轻油的生产比例；新建炼油能力需要配套乙烯、芳烃等化工装置，少产或不产成品油，多产化工产品。只有这样，才能在优化我国炼油能力结构的同时，结合石化行业布局进行优化调整，加快形成一批先进产能，将我国炼油和成品油有效供应能力控制在合理水平。

以 2015 年国内成品油消费量 3.16 亿吨为计算基数，综合考虑经济增长率、汽车保有量及限行措施、天然气及电力替代等因素，按照"十三五"规划期间年均增长率 3.8% 计算，2020 年全国成品油需求量约 3.81 亿吨。考虑化工轻油因素，按成品油产率 60%、开工率 80% 计算，预计 2020 年须加工原油 6.35 亿吨，须相应配套加工能力 7.94 亿吨/年；若进一步加大化工轻油产率、成品油产率按照 50% 计算，预计到 2020 年须配套加工能力 9.53 亿吨/年。

我们认为，应大力推进炼化一体化，最大程度实现原料、产品、能源的互供互用，上下游协同发展，尽量将稀缺的石油资源"吃干榨净"，重点保障我国日益增长的基础化工原料需求，增强石化行业整体竞争力，力争 2020 年一体化率提高到 15%，2025 年达到 25%。

三、多元化、自主化、国际化将成为未来乙烯发展趋势

（一）乙烯原料多元化、产品多元化和投资主体多元化，将成为未来我国乙烯工业发展趋势

1. 原料多元化

乙烯是石油作为工业生产原料的主要消费领域。近些年，我国乙烯原料多元化步伐有所加快，除采用石脑油为原料外，以煤、甲醇、乙烷及以其他轻烃为原料生产乙烯的装置增多。2015年国内蒸汽裂解制乙烯原料结构大致为：轻柴油7.5%、石脑油56.6%、抽余油2.2%、加氢尾油15.0%、轻烃及其他18.7%，我国乙烯裂解原料结构偏重，石脑油所占比重较高。

以石脑油为原料生产乙烯仍具有一定的相对优势，在生产乙烯的同时，可产生丙烯、丁二烯和苯等高附加值化工原料，其经济性在炼化一体化乙烯装置中体现尤为明显。以煤、甲醇、乙烷及其他轻烃为原料的乙烯装置，只能生产乙烯单一产品链产品。不但如此，新原料路线存在一定的产业安全风险。大型煤制烯烃的盲目建设、无序发展将会对区域水资源平衡和生态环境保护造成难以估量的后果；在对国际甲醇、丙烷供应稳定性和成本控制风险缺乏理性认识的情况下，进口甲醇制烯烃也会带来较大的投资风险；进口乙烷制烯烃同样受国外乙烷资源和运输渠道限制的多重风险。

总体而言，在石油作为能源消费日渐减少的情况下，石油作为乙烯原料消费应逐渐增长，且将逐渐发展成为石油消费的主要领域。预计到2035年，来自石油的石脑油将占乙烯原料的60%左右，与其他原料生产乙烯呈现多元化共同发展的格局。

2. 产品多元化

乙烯联合装置产品方案设计对经济效益的影响是直接的。过去一段时间我国石化产品市场短缺矛盾突出，我国乙烯工业重在提高总量供应，使得大宗通用产品生产得到大幅度提高，但结构性短缺矛盾仍十分突出。

据调查，我国引进聚乙烯、聚丙烯等技术，尽管引进牌号较多，但单装置生产产品牌号一般不超过 10 种，常年生产的牌号仅 4—5 种。可以认为，我国目前在解决大宗初级产品供应方面取得了显著成绩，但远没有实现产品升级的要求，产品差异化程度较低。

总体来看，我国高档工程塑料生产以国外公司独资或合资为主；通用合成树脂生产也存在专用料产量少、档次低、共聚产品少的问题，不能满足汽车、电子、家电等行业要求；乙烯下游产品缺少具有国际竞争力的知名品牌和高档系列产品。未来一段时期，产品多元化将成为提升乙烯行业竞争力的关键举措。

3. 投资主体多元化

经过多年发展，我国乙烯生产企业规模效益、质量管理水平不断增强，形成了以中国石化、中国石油为主，中国海油、中国兵器、神华集团、中国化工，以及外资企业广泛参与、共同发展的现状。近年来，随着民营企业加快项目建设、外资迅猛进入石化领域，未来乙烯工业的投资主体将进一步多元化。

（二）乙烯自主化技术装备水平将带动行业进一步转型升级

乙烯技术的发展水平对乙烯工业有着至关重要的影响。我国乙烯装置裂解技术在半个多世纪发展中，经历了从无到有、从引进到自主研发的发展历程，实现了长足发展，为我国石化产业发展提供了有力支撑。

中韩（武汉）石油化工有限公司 80 万吨/年乙烯装置（武汉乙烯）是我国第一套完全采用自主知识产权技术的乙烯装置。该装置工艺技术、裂解炉和"三机"（裂解气压缩机、丙烯制冷及乙烯制冷压缩机）大型装备、仪表自控、催化剂均为自主技术，代表了国内乙烯工业国产化的最高水平。

我国乙烯自主技术打破了发达国家对大型乙烯技术的垄断，填补了国内大型乙烯专有技术的空白，真正实现了乙烯成套技术的全面国产化，在我国乙烯工业发展史上具有重要的里程碑意义。未来我国乙烯发展将以自主装备技术推广应用为主流，进一步带动行业转型升级。

（三）乙烯企业国际化经营将成为发展热点

乙烯是国民经济的支柱产业，也是国民收入的重要来源。随着世界经济全球化的速度日益加快，中国市场与外国市场的互通程度逐步加大。乙烯企业也面临着全新的发展环境和更为复杂的竞争环境。企业如何走出国门、在国际化进程中提升自身的能力水平，在激烈的国际竞争中立于不败之地，须格外引起关注。

20 世纪末至 21 世纪以来，全球经济经历亚洲金融危机、世界石化产品市场的萎靡、国际油价的大幅下跌等影响，各国石油化工企业为此也在不断调整自身的国际发展战略和产品结构，选择了不同的国际化发展路线，最终也呈现了不同的结果。经验表明，走好国际化发展道路对行业发展具有举足轻重的作用。

在国际化进程中，我国乙烯企业一方面要认清自身的优势和不足，另一方面也要了解国外公司的状况，以及它们的国际化历程和战略，吸取它们好的经验和做法。需要进一步明确企业自身战略任务和目标，并根据国际环境变化拟定行动方针或实施方案，对在国际环境中长期生存和发展进行长远谋划。

（载《当代石油石化》2018 年第 12 期

执笔：齐景丽　杨东浩）

关于我国可再生能源发展的政策思考

我国可再生能源资源丰富,近年来发展成效显著,已成为全球可再生能源利用规模最大的国家,截至 2015 年年底,可再生能源发电装机规模已突破 5 亿千瓦,发电量近 1.4 万亿千瓦时。考虑到 2015 年我国一次能源消费总量已达到 43 亿吨标准煤当量,非化石能源消费占比为 12%,为实现 2020 年能源消费总量控制在 50 亿吨标准煤当量以内的目标(暂按48.5 亿吨标准煤当量),"十三五"规划期间我国还需新增非化石能源2.1 亿吨标准煤当量左右,除已开工并预计"十三五"规划期间投产的大型核电和水电项目外,风能、太阳能等可再生能源发展前景依然广阔。

一、我国可再生能源发展存在的主要问题及原因

(一)可再生能源发展存在的主要问题

1. 可再生能源消纳能力不足

"十二五"规划时期,我国出现了严重的弃风和弃光问题,风电和太阳能发电平均利用小时数大幅下降,特别是 2015 年,风电利用小时数下降至 1728 小时,全国弃风电量达到 339 亿千瓦时,比 2014 年增加 213 亿千瓦时,平均弃风率达 15%,太阳能发电利用小时数下降至 1133 小时,全国弃光电量近 47 亿千瓦时,平均弃光率近 11%,而且弃风、弃光现象

在 2016 年以后有愈演愈烈的趋势。

2. 可再生能源开发模式及布局不尽合理

我国风电和太阳能发电长期以来一直以大基地集中开发模式为主，"十二五"规划期间，规划了九大风电基地，装机容量达到 7900 万千瓦以上，在青海、新疆、甘肃、内蒙古等地规划了大型光伏电站 1000 万千瓦，大规模可再生能源电力集中并网超出了当地电网承载能力和电力市场消纳能力；在布局上，风电主要分布在"三北"地区，太阳能发电分布在西部省区或高原地区，发电基地与东部电力负荷中心相距甚远。

3. 可再生能源补贴资金缺口巨大

可再生能源电价附加征收标准由先前的 0.8 分/千瓦时，到 2013 年提高到 1.5 分/千瓦时，到 2016 年提高到 1.9 分/千瓦时。但征收标准调整速度仍然滞后于可再生能源发展速度，补贴资金一直存在较大缺口，"寅吃卯粮"现象突出。截至 2015 年年底，资金缺口达 410 亿元。

4. 可再生能源市场化步伐缓慢

可再生能源从规模下达、项目审批、上网电价、资金补贴到电力消纳均由政府主导，市场作用得不到充分发挥。这种做法虽然有利于国家总量控制和集中管理，但容易导致可再生能源发电企业过度依赖于国家的扶持政策。

（二）主要原因剖析

1. 电力消费增速和可再生能源装机增速此消彼长

"十二五"规划期间，我国全社会用电量由 4.2 万亿千瓦时增长到 5.55 万亿千瓦时，年均增长 5.7%（其中 2015 年仅同比增长 0.5%），比"十一五"规划时期回落 5.4 个百分点，低于"十二五"规划时期电力装机年均增速 9.3%，更远低于风电和太阳能发电装机的年均增速 34.3% 和 178%。问题产生的主要原因，一方面是由于我国经济发展进入新常态，经济增速由高速转为中高速，带动电力消费增长减速换挡，电力供需形势由偏紧转向宽松；另一方面是由于我国对可再生能源的扶持政策促进了风电和太阳能发电的快速发展。

2. 电力系统调峰能力严重不足

我国风能和太阳能资源富集的北方地区电源结构以煤电为主，抽水蓄能、气电等调峰电源不足，调峰能力不强。部分地区热电联产机组和自备电厂比例较高，如黑龙江省热电机组占煤电机组比重达到 65%，冬季供暖期实际运行的热电机组达到 80%，自备电厂装机比重超过 10%。由于热电机组供热期调峰能力一般仅为 10%—20%，自备电厂中相当一部分机组不参与调峰，电力系统灵活调节电源比例偏低，导致系统调峰困难。此外，调峰等辅助服务的补偿和分摊机制尚不健全，电力辅助服务市场尚未建立，调峰机组因调峰成本无法获得足够补偿而缺乏参与调峰动力，很大程度上削弱了电力系统的消纳能力。

3. 可再生能源战略不清晰助推发展不理性

我国风能和太阳能等可再生能源开发往往坚持资源地优先，在布局上倾向于选择资源条件好、规模优势强、开发成本低的地区，而具备规模的资源地往往与电力负荷中心呈逆向分布，无法发挥远距离资源和成本优势。部分资源地区可再生能源电力与煤电打捆外送，客观上推动了这些地区煤电发展，不仅偏离了资源地区发展可再生能源的初衷，而且在受端省、区、市有优先发展和调度本地可再生能源的诉求，因而对打捆后以煤电为主的外来电积极性不高，其进一步抑制了可再生能源发展。可再生能源在布局和发展模式上的不理性，归根结底在于发展战略不清晰，以及规划和政策与市场脱节。

4. 市场化建设尚不成熟

我国市场经济体系已经基本建立，但总体市场化程度仍有待提高，特别是电力市场化建设正处于起步阶段，尚不具备完全放开可再生能源发电管理的市场条件。对于当前的可再生能源发电项目，在审批程序方面，由国家根据总量控制确定各省、区、市年度开发指导规模，在开发权获得上未形成充分竞争，在资源配置中市场作用缺失；在电价方面，尚不能反映实际电力供需情况，加之电力需求侧响应机制也未建立，电力用户缺乏使用高价低谷可再生能源电力的积极性；在补贴方面，未形成有效的市场化补贴方式，可再生能源对气候、环境的正外部性未得到充分补偿；在消纳方面，可再生能源配额制尚未实施，地方政府在可再生能源发展上的责任和义务不明确，缺乏保障可再生能源优先消纳的动力。

二、促进可再生能源健康有序发展的对策建议

我国正处于调整优化结构、加快转型升级的战略机遇期，随着 2020 年煤炭消费量达到峰值，可再生能源将逐渐成为我国能源增量的主体。因此，化解当前弃风弃光难题、实现可再生能源可持续快速发展是当务之急。

（一）强化规划的指导作用

在国家转变职能、进一步简政放权的大背景下，传统的项目审批和规模控制方式已经不能适应可再生能源市场化发展要求，而规划是重要的宏观调控手段，切实强化规划的指导作用，充分发挥规划的约束性、统筹性和导向性，对明确可再生能源发展方向、减少项目无序建设具有重要意义。建议采取"中长期战略+五年规划+滚动实施方案"的规划体系，明确可再生能源发展的战略方向和近期目标，及时对滚动实施方案进行调整，从规划源头做好电力平衡，全面推动从项目审批管理向规划调控管理转变。同时，在规划指导下加强项目建设引导，合理确定建设时序，使用补贴、价格手段倒逼项目单位承担一定的市场风险，避免"重开发轻消

纳"的短视行为。

(二) 调整优化开发模式和布局

我国可再生能源开发模式和布局应坚持市场导向,逐步弱化可再生能源大基地的集中开发模式,大力发展分散式风电和分布式太阳能发电,推动可再生能源的"民间储备",有条件的地区可积极发展风、光、水、储多能互补,提高系统出力稳定性。在布局上要摒弃传统资源地优先的思路,转以需求侧电力市场空间和综合落地成本为考量,风电开发可结合负荷近、电价高的市场优势逐渐向东南、沿海地区转移,太阳能发电以分布式开发为主,并与新型城镇化建设、农村扶贫工作有机结合,建设上应充分利用建筑物屋顶、鱼塘、大棚、滩涂等,最大程度减少占用土地资源。

(三) 推动清洁电能替代实现就近消纳

在智能电网进一步发展成熟前,为实现可再生能源电力多发满发,充分发挥本地电网容量和调峰资源优势,避免远距离输电带来的电网安全和输电成本问题,以及推动本地产业发展,风电和太阳能发电等可再生能源电力应优先实现就近消纳。考虑到我国当前电力供应普遍过剩,电力就近消纳空间不足,扩大消纳范围的能力有限,积极推动电能替代尤其是清洁电能替代,不仅有利于促进电力消费快速增长、减少化石能源消费以及提高可再生能源电力就近消纳能力,而且对提升我国整体电气化水平,推动能源消费革命具有重要意义。清洁电能替代应坚持因地制宜原则,通过推广电采暖、电锅炉、风电制氢、电动汽车等电力工程和设施,实现电代煤、电代气、电代油。

(四) 切实提高电力消纳保障能力

在现有条件下,要切实加强政策和措施保障,最大程度提高可再生能源消纳能力：一是加快对纯凝机组和热电机组进行调峰能力改造，进一步挖掘火电机组的调峰潜力，增强系统灵活性；二是严格控制新增煤电规模，在弃风弃光地区暂时限制风电和太阳能发电发展规模，释放可再生能源电力消纳空间；三是加强区域电网建设，完善网架结构，积极发展智能电网和微电网，提高电网调度运行对消纳可再生能源电力的适应性；四是在保证电网安全前提下，全力落实可再生能源优先上网和全额保障性收购政策，并加强监管和考核。

（五）促进电力市场化改革

随着我国电力体制改革的不断深化，在积极推动可再生能源电力中长期交易和大用户直购电工作基础上，对于弃风弃光严重地区，要探索建立电力现货交易市场，通过电力实际供需情况实时确定上网电价。按照"谁受益、谁承担"的原则，加快建立用户参与的辅助服务分担共享机制，全面调动调峰电源积极性，研究制定电力需求侧响应机制，引导用户侧错峰使用低谷廉价电力。逐步建立和完善可再生能源电力配额制度和绿色电力证书制度，使火电企业对可再生能源企业的正外部性进行补偿，减轻国家直接补贴资金压力，将有限的资金向分布式可再生能源倾斜。

参考文献：

〔1〕《中华人民共和国国民经济和社会发展第十三个五年规划纲要》，人民出版社 2016 年版。

〔2〕国家统计局：《中华人民共和国 2015 年国民经济和社会发展统计公报》，2016 年 2 月 29 日，见 http：//www. stats. gov. cn/tjsj/zxfb/201602/t20160229 _ 1323991. html。

〔3〕《国务院关于印发能源发展"十二五"规划的通知》，2013 年 1 月 1 日，见 http：//www. gov. cn/zwgk/2013-01/23/content_2318554. htm。

〔4〕中国电力企业联合会规划发展部编：《2016—2017 年度全国电力供需形

势分析预测报告》,《电器工业》2017 年第 2 期。

〔5〕国家可再生能源中心编:《中国可再生能源产业发展报告 2015》,中国经济出版社 2016 年版。

〔6〕国家统计局能源统计司编:《中国能源统计年鉴 2015》,中国统计出版社 2016 年版。

〔7〕《国家新型城镇化规划(2014—2020 年)》,人民出版社 2014 年版。

〔8〕《中共中央　国务院关于进一步深化电力体制改革的若干意见》节录,《大众用电》2016 年第 2 期。

〔9〕《国家发展改革委关于印发〈可再生能源发电全额保障性收购管理办法〉的通知》,2016 年 3 月 24 日,见 http://www.ndrc.gov.cn/xxgk/zcfb/tz/201603/t20160328_963621.html。

〔10〕《国家发展改革委　国家能源局关于促进我国煤电有序发展的通知》,2016 年 4 月 25 日,见 http://www.nea.gov.cn/2016-04/25/c_135309112.htm。

(载《中国能源》2016 年第 9 期

执笔:伍勇旭　杨光)

PPP 模式创新

政府和社会资本合作（PPP 模式）概念辨析

PPP 不是中国的本土产品，是从国外引入的概念。我国近年来将 PPP 模式统称为"政府和社会资本合作"。在我国，第一个"P"主要指政府，第二个"P"是包含国有企业、民营企业、外商投资企业和混合所有制在内的广义的社会资本方，"政府和社会资本合作"的称谓与国际上通行的将 PPP 理解为"公私伙伴关系"存在明显差异，凸显出中国实践中的 PPP 模式与国际社会对 PPP 内涵的普遍认知存在较大差异。为全面理解 PPP 模式的真正内涵，有必要从概念本身进行梳理和辨析。

一、有关国际组织对 PPP 模式的定义

PPP 是英文 public-private-partnership 的简称，本义是"公私伙伴"，即公共部门与私营部门建立合作伙伴关系，发挥各自优势，合理分担风险，实现利益共享，提高公共产品供给的质量和效率。

PPP 关注公共部门和私营部门建立合作伙伴关系，但各个国家的公共部门机构设置、运行机制、管理体制、法律制度框架存在差别。因此，当谈及 PPP 概念时，均指特定国家的 PPP 概念，不存在一个"超国家"的 PPP 定义。PPP 模式的选择必须符合具体国家的发展阶段、制度环境及具体需要，符合特定国家的实际情况。

PPP 模式的内涵从不同角度出发有不同的理解。不同国家、不同发

展阶段、不同应用领域，对 PPP 模式的内涵存在不同的理解。从 PPP 字面的含义来看，公共部门（政府部门）和私营部门合作，可追溯到远古时期，涉及各个层面。诸如埃及的金字塔、中国的万里长城、近代中国的洋务运动、改革开放之后中国举办的各类中外合资合作企业等，尤其是一些大型基础设施建设，既离不开政府公共部门的密切配合，也离不开企业等私营部门的大力支持。政企双方密切合作的结晶都可理解为公私合作项目，都可归类为 PPP。但客观上，这种泛化的理解是没有实际意义的，不利于从当代基础设施项目运作的核心内涵等角度正确理解和把握现代 PPP 模式的基本特征及运作规律。目前国际上，对 PPP 模式没有统一的定义。从有关国际组织的政策文件中，可以看出不同机构从各自角度对 PPP 模式的理解。

（一）联合国

1. 联合国开发计划署（UNDP）

联合国开发计划署认为，PPP 是指政府、营利性企业和非营利性企业基于某个项目而形成的相互合作关系，通过这种合作形式，合作各方可以达到比预期单独行动更有利的结果。合作各方参与某个项目时，政府不是把项目的责任全部转移给私营部门，而是由参与合作的各方共同承担责任和融资风险。

UNDP 的概念强调 PPP 项目需要构建合作关系，追求更好绩效、责任和风险的合理分担，没有强调由谁承担工程实施的具体任务。

2. 联合国培训研究院

联合国培训研究院认为，PPP 涵盖了不同社会体系倡导者之间的所有制度化合作方式，目的是解决当地或区域内某些复杂问题。包含两层含义：一是为满足公共产品需要而建立的公共和私营倡导者之间的各种合作关系；二是为满足公共产品需要，公共部门和私营部门建立伙伴关系进行的大型公共项目的实施。此处所提出的是一个内涵广泛的 PPP 模式，涵盖各种形式的合作伙伴关系，强调 PPP 需要建立制度化合作关系、解决特定问题、满足公共服务需要、主要用于完成大型基础设施项目。

3. 联合国欧洲经济委员会

简称联合国欧经会（UNECE），提出不同于传统 PPP 模式的"以人为本 PPP"（people-first PPP）概念，要求在各类利益相关者中，确保"人"放在首位。以人为本 PPP 模式聚焦于提升各类社区的生活品质，特别是那些通过创造本地和可持续的工作机会，与贫困抗争的社区；与饥饿抗争改善生活，提升性别平等，为所有人提供水、能源、交通和教育的社区；以及那些提升社会凝聚力、公正性并反对所有形式的与人种、种族、信仰和文化相关的歧视的社区。以人为本的 PPP 模式，必须提高规模、速度并让更多的人可以用付得起的价格得到更好的服务。以人为本的 PPP 模式标准反映 PPP 项目中的国际最佳实践，目的是构建一套政策性文件，指导政府通过透明性程序选择实施模式，旨在实现更方便地获得必要服务，提升公平性，提高效率，即使在最有挑战性的法律架构下也可以运用。政府只有通过全球合作，与私营部门、公民社会和国际组织携手合作，才能实现可持续发展目标。

4. 联合国亚太经社委员会

简称联合国亚经会，提出在研究是否实施 PPP 模式时，应考虑 PPP 模式的主要局限性：（1）并非所有项目都适用（基于各种原因：政治的、法律的、商业生存能力等）；（2）由于预估的高风险，或者缺乏实施特定项目的技术、金融和管理能力，私营部门可能对某项目缺乏兴趣；（3）PPP 项目的成本可能过高，除非额外成本（较高的交易和融资成本）可以通过效率提升来抵消；（4）通过 PPP 模式改变特定基础设施资产的运营和管控方式，可能还不足以提高其经济绩效，除非还满足其他必要条件。这些条件可能包括适当的行业与市场改革，以及改变基础设施的运营与管理实践；（5）PPP 模式的成功通常取决于规制效率。

（二）欧盟

1. 欧洲 PPP 专业知识中心

欧洲 PPP 专业知识中心认为，与传统的公共采购方式不同，PPP 模式强调公共机构与私营部门合作提供公共基础设施项目（如公路、铁路、医院），具有以下典型特征：（1）公共采购机构（"行政当局"）与私营部门（"PPP 项目公司"）签订长期合同，着眼于服务采购，而非资产；（2）将项目的设计、建设、运营与/或融资等特定风险转移给私营部门；（3）重点是明确项目的产出而非投入，关注项目全生命周期的表现；（4）使用私营融资（经常是"项目融资"）来支持转移给私营部门的各类风险；（5）使用 PPP 模式代替传统的政府采购的合理性基于以下假定：与私营部门优化风险分担，为公共部门及最终使用者提供更好的"物有所值"。

2. 欧盟委员会

欧盟委员会认为，PPP 模式是指公共部门和私营部门之间的一种目的为提供传统上应由公共部门提供的公共项目或服务的合作关系。它承认双方均存在优势，且通过双方从事所擅长的工作，来使得公共服务和基础设施可以被最有效率地提供。该定义强调 PPP 公私双方要建立合作关系、发挥各自优势、共担风险和责任。

（三）世界银行

世界银行认为，PPP 模式是私营部门与政府机构签署的一份长期合同，目的是提供公共资产或服务，其中私营部门承担重大风险和管理责任并按绩效获得回报。大多数 PPP 项目的合同期限为 20—30 年，有一些期限较短，也有少数超过 30 年。各类 PPP 模式的区别体现为三个方面：一是涉及的资产类型；二是私营部门承担的责任；三是私营部门的投资回收方式。

政府与私营部门可能会订立各种合同，有些合同也具有 PPP 的部分特征，如合同期限长、基于产出或绩效付费，如管理合同、租赁合同、设计一建设或交钥匙合同、金融租赁合同等，但是根据上述定义这些合同并不属于 PPP 模式。

世界银行强调 PPP 是私营部门和政府部门之间在公共产品或服务供给方面达成的长期合同，私营部门承担重要的风险和管理的责任并且其报酬与业绩相关。PPP 模式构建的支付机制应使私营部门获得的实际收益与绩效挂钩，私营部门有正向激励去实现由政府采购机构设定的各项绩效指标，当达到有关业绩标准时，私营部门应能获得扣除成本后的盈余。同时，持续性显著偏离设定的绩效标准应当取消合同，设计的终止补偿机制应当让私营部门难以将退出项目作为轻松的解决方案。

世界银行建议 PPP 项目的合同期限应该足够长，以便能够有效激励私营部门从包括项目设计、运营在内的整个项目寿命周期整合各类成本因素，实现初始投资成本与未来维护和运行成本的统筹权衡优化。从项目"全生命周期"考虑项目成本和收益，实现服务提供效率优化，是使用PPP 模式提供公共服务的核心理念。

（四）亚洲开发银行

亚洲开发银行认为，PPP 是为开展基础设施建设和提供其他服务而在公共部门和私营部门之间建立的一系列合作伙伴关系。其特征有：政府授权、规制和监管，私营部门出资、运营提供服务，公私长期合作、共担风险，提高效率和服务水平。该定义强调 PPP 模式的合作可以采用多种模式，政府必须介入并承担相应职责，私营部门进行投资并提供运营服务，应建立长期合作关系，风险应共同分担，要有利于提高公共服务供给的效率和质量。

（五）经济合作与发展组织

经济合作与发展组织认为，公私伙伴关系（PPP）是政府与私营合作方之间的长期协议，私营部门使用某项资本性资产提供公共服务并负责筹集资金，同时分担相关风险。PPP 模式可以提供的公共服务包括基础设施资产（如桥梁、道路）和社会资产（如医院、公用事业、监狱）。经济合作与发展组织认为，PPP 模式的公共治理涉及三个方面的 12 项原则。

首先，建立清晰的、可预测的且合法的制度框架，政府主管部门应具有较强的能力及足够的资源。具体包括三项原则：（1）政府部门领导应当确保公众知晓 PPP 模式和传统采购方式的成本、收益和风险。PPP 模式需要包括最终使用者在内的利益相关者的积极磋商和参与，来界定相关项目并随后监控服务质量；（2）明确关键制度和责任。要求采购主管部门、PPP 执行机构、中央预算主管部门、最高审计机构和行业规制机构等，得到明确授权并拥有充分资源，确保有审慎的采购过程和清晰的问责路径；（3）确保影响 PPP 运行的所有重要规制是清晰的、透明的、可执行的。

其次，选择 PPP 模式的基础是物有所值，应遵循六项原则：（1）所有投资项目应在高级政治层面进行轻重缓急排序。由于存在诸多竞争性的优先投资项目，明确并追求战略性目标属于政府责任。投资决定应当基于政府整体视角，独立于如何采购及为具体项目融资。不应当存在制度、流程或会计上的偏见，用于支持或反对 PPP 模式；（2）仔细考察哪种投资方式可能实现最佳的物有所值。特定项目的核心风险因素和特征，应当通过对采购选项的事先测试来进行评估。采购选项的事先测试应当让政府有能力决策是否进一步考察 PPP 选项；（3）将各类风险转移给最佳主体。特定风险应当被定义、识别、测量，承担特定风险的主体应当有能力以最低成本防止特定风险的发生或以最低成本管理已出现的风险；（4）采购主管部门应当为 PPP 项目的运营阶段做好准备。为确保实现物有所值，在进入运营阶段之前，也需要有同样强度的警觉和努力。当转向 PPP 项目的运营阶段时，应当特别谨慎，因为政府方的主体容易改变；（5）再谈判时应当维持物有所值。只有因为政府裁定的政策性行为所造成的条件改变，政府才应当考虑补偿私营部门。任何再谈判都应当透明并服从 PPP 模式审批的法定程序。应当有清晰的、可预测的、透明的争议解决机制；（6）政府应当通过竞争性招标程序和可能有的结构化 PPP 程序，确保存在充分的市场竞争，要有一个能持续发挥作用的市场。当市场运营商很少时，政府应当确保招标流程的公平竞争环境，让潜在运营商可以进入市场。

最后，确保预算流程执行透明，降低财政风险并确保采购流程公正，应遵循三项原则：（1）遵循政府的财政政策，中央预算主管机构应当确保项目可支付及全部投资可持续；（2）应当在预算流程中透明地处理具体项目。预算文件应当披露所有成本或有负债。应当特别重视，确保整体公共部门 PPP 预算透明；（3）政府应当防止浪费和腐败，确保采购流程的公正性。相关主管机构应当具备必要的采购技巧和能力。

二、有关国家对 PPP 模式的定义

（一）美国

美国 PPP 国家委员会认为，PPP 模式是介于外包和私有化之间并结合两者特点的公共产品的提供方式。它充分利用既有资源进行设计、建设、投资、经营和维护公共基础设施，提供相关服务用以满足公共需要。这个定义强调：（1）已经建成的基础设施通过签订委托运营合作等方式

进行服务外包不属于 PPP；（2）将基础设施项目进行私有化完全推向市场不属于 PPP；（3）强调发挥私营部门的作用，强调目标应聚焦于满足公共服务需求。

（二）澳大利亚

澳大利亚政府基础设施和地区发展部认为，PPP 模式指政府与私营部门之间的一项服务合同，政府向长时间提供基础设施和相关服务的私营机构（通常是联合体）付费。私营提供商将建设有关设施并在很长时期内按照特定标准运营或维护该设施。私营提供商通常提供项目资金。政府部门通常希望私营机构在项目设计、建设和运营阶段能够提供全生命周期的创新和效率。

澳大利亚政府基础设施和地区发展部认为，应用 PPP 模式应坚持如下核心原则：（1）value for money（VfM），物有所值；（2）public interest，公共利益；（3）optimal risk allocation，风险优化配置；（4）output oriented，以产出为导向；（5）transparency，透明；（6）accountability，责权明晰；（7）engaging the market，利用市场机制；（8）modified funding and financing，改进筹资和融资方式；（9）sustainable long-term contracting，可持续的长期合同。

澳大利亚所指的 PPP 项目属于政府付费的 PFI 项目，强调政府购买服务，属于基本公共服务领域。上述定义强调 PPP 应建立长期合作伙伴关系，政府付费，满足公共服务需求，保证基础设施的可用性及公共服务的质量和效率。

（三）加拿大

加拿大国家 PPP 中心认为，公私合作关系（PPP）是一种长期的以绩效为基础的采购公共基础设施的方式，其中私营部门承担融资与建设方面的主要风险，并确保实现特定基础设施从设计、规划到长期维护方面的有效执行。PPP 模式可以通过约束私营机构在公共资产预期生命周期内所承担的责任，使得政府的能力得以提升。PPP 模式能够发挥作用的原因在于，PPP 利用私营部门的专业经验和创新能力以及资本市场的市场规则和激励机制来提供公共基础设施项目。

加拿大 PPP 国家委员会认为，PPP 模式是公共部门和私营部门之间的一种合作经营关系，它建立在双方各自经验的基础上，通过适当的资源分配、风险分配和利益共享机制，最好地满足事先清晰界定的公共需求。PPP 模式将基础设施实施有关的各类风险（诸如项目超支、工程延迟、意外维护与/或资产隐含瑕疵等相关的工程成本）的主要部分转移给私营部门。实现这一目标的手段是让私营部门接受一份适用于该资产存续期的合同的约束。该合同将持续性的运营与/或维护付费与最初的项目建设整合起来。

在实际操作层面强调：（1）在项目建成并投入运营之前，政府不付费；（2）合同涉及政府付费主要部分是在很长时期内支付，并且前提是资产维护适当并运行良好；（3）事先明确资产的全寿命成本，意味着纳税人在合同期内不会冒成本非预期上升的风险；（4）PPP 模式并不适用于所有类型项目，但是如果应用到合适的项目，PPP 模式能够提供很多收益。

加拿大对 PPP 模式的定义强调要发挥公共部门和私营部门各自的优势，建立合作伙伴关系，强调风险分担，关注利益共享，聚焦公共服务，采用多种方式。

（四）英国

英国基础设施项目管理局（IPA）认为，PPP 模式如 PFI（私营融资计划）和 PF2，是公共部门与私营部门签署的一种长期合同，用于基础设施项目的设计、建设、融资和运营。具体包括新建学校、医院、道路、住房、监狱、军事装备与营房等项目。PPP模式应将工程完工、工程造价、项目运营绩效等风险转移给私营部门，使得公共部门免受项目工程进度延迟、造价失控和运营不佳等风险。

英国财政部认为，PPP模式是一种以公共部门和私营部门相互合作为特点的项目实施合同结构安排，广义的PPP模式包括从公共部门独立运作到私营部门独立运作之间的各种可能的合作执行政策、提供服务和建造基础设施的方式。

（五）法国

法国对PPP模式的理解有广义和狭义之分。广义的PPP模式包括特许经营（concession）、合作合同（contrat de patenariat，CP），以及适用于特定领域的"行政长期租赁""医疗长期租赁"等合同。其中，特许经营和合作合同是法国两种最为主要的PPP合同模式。狭义的PPP模式仅指合作合同。

法国PPP中心认为，PPP合同包括特许经营合同和合作合同（类似于英国的PFI合同）。二者的区别如表1所示。

表1 PPP模式合同与传统公共工程合同的区别

	public works contracts 公共工程合同	partnership contracts and equivalents 合作类合同	concessions 特许经营合同
scope 范围	design，construction 设计、施工	design，construction，maintenance，operation 设计、施工、维护、运营	design，construction，maintenance，commercial exploitation 设计、施工、维护、商业开发
term 期限	short 短期	long 长期	long 长期

	public works contracts 公共工程合同	partnership contracts and equivalents 合作类合同	concessions 特许经营合同
payment 支付方式	public 政府付费	public or mixed 政府付费或混合形式	users（with possibility of subsidies） 使用者付费（可能有政府补贴）
risk transfer 风险转移	limited to construction 限于施工方面	yes 是	yes 是

（六）印度

印度政府财政部经济事务司认为，PPP模式是公共部门与私营伙伴关于基础设施建设或服务提供的一种安排。在传统的建设合同中，私营部门仅承担设计和建设风险。但在PPP模式下，根据公共部门和私营伙伴之间的风险分担机制，私营部门可能还要承担融资、需求、运营等风险。

综合上述PPP定义，可以得出如下结论：（1）国际上对PPP没有形成一个统一定义。与PPP相关的各种术语，在不同的国家有着不同的含义，而在同一个国家也因为环境和语境的不同而具有不同的含义；（2）PPP强调公共部门（政府）和私营部门（社会资本方）构建合作伙伴关系的理念，但具体实施可以采用多种模式；（3）PPP针对的是提供公共产品和公共服务的项目，因涉及公共利益，要求政府必须直接介入项目的实施结构安排。但是，政府的介入可采用多种方式，不一定要求政府出资；（4）PPP项目属于私营融资模式，因此，必须有私营资本（社会资本）投资。没有私营资本参与投资的项目不属于PPP项目；（5）PPP项目强调建立政府和私营资本之间利益共享、风险共担的长期合作伙伴关系，发挥公共部门和私营部门各自优势，开展长期（全生命周期）合作，根本目的是要提高公共服务的质量和效率，分担项目风险，完善公共治理体系。

三、PPP 相关概念解析

（一）PPP 与 BOT 的关系

1. BOT 是 PPP 模式的具体实现方式

PPP 强调公共部门和私营部门之间建立"可持续伙伴关系"的理念，可以通过多种模式来实现。从逻辑上，BOT 和 PPP 是不同层次的概念，不能将 BOT 和 PPP 两个概念等同起来。BOT 是 PPP 模式总体框架下的项目运作具体方式。无论是使用者付费类 PPP 模式，还是政府付费类 PPP 模式，都可以采用 BOT 的方式进行运作，BOT 强调项目必须经过建设、运营和移交等具体实施环节。不能将 BOT 等同于特许经营，也不能将 BOT 等同于政府付费类 PPP 模式。BOT 强调的是项目实施不同阶段的具体活动。在实际操作层面，BOT 又细分为很多具体的衍生演变形式，如 BOOT、ROT、BOO、BLOT 等，可根据项目交易结构特点选择灵活的具体实现方式。PPP 则强调项目参与各方建立合作伙伴关系的理念。

2. PPP 与 BOT 的关注重点不同

PPP 和 BOT 的具体操作都没有固定模式。从合作模式、交易环节、权利义务及风险效益配置等角度，难以解读二者的区别和联系。二者的区别主要体现在理念层次上的差异。就字面含义而言，BOT 主要强调项目能否建成（B）、运营（O）和移交（T），强调的是项目周期各阶段的具体活动。PPP 主要强调能否构建一个可持续性的"合作伙伴关系"这种理念。如果 BOT 项目运作结构设计中充分考虑了有关各方的权利义务关系、风险和利益分担机制、构建具有可持续性的合作伙伴关系，那么这样的 BOT 就是 PPP。如果 BOT 仅考虑项目运作各阶段的具体活动，而不考虑这些活动背后蕴藏的风险及伙伴关系构建，这类项目虽然属于 BOT 项目，但不属于 PPP 项目。因此，不能将 PPP 与 BOT 视为同一层次的概念。

（二）PPP 与 PFI 的关系

"PFI"是一种狭义的 PPP，是 PPP 模式的一种类型，PPP 模式的范畴大于 PFI。PFI（private financing initiative）术语的中文表述，如私营主动融资、私营发起融资、私营融资计划等，其基本含义就是强调要由私营部门出资进行项目建设，由政府购买服务。PFI 概念起源于英国，这种项目的运作属于政府付费型 PPP 模式，应纳入政府财政资金采购公共服务的程序。

PFI 的含义本身是指"私营融资"，私营部门负责项目实施，但需要与公共部门建立伙伴关系，由政府部门根据私营部门提供公共产品的绩效进行付费。在英国，也将这种公共产品提供模式称为 PPP，即公私合作伙伴模式。因此，在英国，PPP 和 PFI 属于同一个概念，但是在国际上，PFI 被称为狭义的 PPP，或者纯 PPP，以体现与 PPP 其他模式的差别。国际上普遍所称的 PPP，是指广义的 PPP，即包括以使用者付费为基本特征的特许经营模式和政府采购公共服务为基本特征的 PFI 模式，不能将 PFI 模式与广义的 PPP 模式等同起来。

由于 PFI 模式本身强调由私营部门对基础设施项目进行融资，因此，部分专家认为 PFI 模式属于"私有化"的 PPP 模式。这种解释并不准确。基础设施投资建设的完全"私有化"和"服务外包"都不应纳入 PPP 模式的范畴。将"私有化"和服务外包排除在 PPP 的范畴之外，是因为这两种公共产品提供模式不是基于公共部门和私营部门之间建立长期合作伙伴关系的框架原则进行的。因此，将 PPP 等同于"私有化"，不利于理清 PPP 的概念及内在逻辑。

（三）PPP 与特许经营的关系

特许经营有两种基本类型：一是商业活动的特许经营（franchise），如各种商业品牌加盟店连锁经营；二是基础设施和社会事业领域的特许经营（concession），主要采取 BOT 及其演变的模式。PPP 概念下的特许经营，专指第二类特许经营。从 PPP 概念的演进过程看，先有特许经营的概念，后有 PPP 概念。PPP 概念的出现，源于英国的 PFI，专指前期建设由私营部门出资，政府付费购买服务，因此需要和私营部门建立合作伙伴关系的社会事业项目运作模式。随后，政府和私营部门建立合作伙伴关系的理念得到大家普遍认可，并将以使用者付费为基础，通过特许经营模式提供公共服务的各种项目运作模式纳入广义 PPP 模式范畴，将特许经营模式视为 PPP 模式的重要组成部分。在实际应用环节，不应将特许经营概念的外延进行扩大理解，认为特许经营与 PPP 属于同一个概念，而应该将特许经营模式视为 PPP 模式的一个重要组成部分。

（四）PPP 与政府采购的关系

政府购买服务类 PPP 模式，在英国称为 PFI，在法国称为 CP。英国由于基础设施和社会事业投资建设领域的私有化程度很高，使得使用者付费类特许经营 PPP 模式很少使用，绝大部分 PPP 项目都是 PFI 项目，因此，英国习惯上将 PPP 和 PFI 两个概念等同使用，即英国所讲的 PPP，就是指政府付费类购买公共服务 PFI 模式，都应纳入政府采购公共服务的范畴进行管理。我国将所有类型的 PPP 项目都视为政府购买服务，源自我国制定的很多 PPP 政策文件，主要借鉴英国基础设施局推广应用 PFI 模式的相关经验。英国是采用政府付费型 PPP 模式（即 PFI 模式）最充分的国家。但据英国基础设施局（IUK）提供的数据，PFI 占英国整体公共部门投资的比例也仅有 11%，即 PFI 仅是政府采购公共服务的方式之一，而不是全部。将 PPP 与政府采购公共服务等同起来，是对 PPP 概念的误解。

（执笔：李开孟）

PPP 模式推动市场化改革的实践及成效

从 2014 年开始，在财政部、国家发展改革委等有关部门的积极推动下，我国掀起了新一轮引入现代 PPP 理念及推广应用 PPP 模式的热潮，全国各地掀起推广应用 PPP 模式的热潮，国务院及中央各部委、各级地方政府纷纷出台各种激励性政策，鼓励 PPP 模式的推广应用。在具体实践层面，对于推广应用 PPP 模式的操作理念、目标导向、功能定位等，社会各界存在各种不同的理解，例如，将 PPP 模式作为化解地方政府债务风险的工具，或将 PPP 模式作为开辟地方政府基础设施项目融资新渠道的重要工具，或者通过引入 PPP 模式来构建一种区别于传统模式的基础设施项目审批管理新流程。我国有关部门曾一度将推广应用 PPP 模式的目标定位上升到国家战略层面，作为推动国家治理体系及治理能力现代化的重要工具。对于我国引入 PPP 模式的具体理念及实践层面的推动路径，均没有达成共识，并在具体操作层面造成混乱，若不采取有力措施进行纠偏，极有可能形成系统性的潜在风险。

一、第一代 PPP 模式在我国的引入、成效及问题

（一）第一代 PPP 模式在我国的引入

20 世纪 90 年代后期，国际上逐步流行 PPP 的概念。国际上最早出

现的 PPP 概念，专指英国的 PFI 模式，后来人们将特许经营也视为 PPP 模式的组成部分，于是出现了广义 PPP 的概念。大约从 2003 年开始，PPP 概念传入我国，但并没有正式进入官方的政策文件中。在社会层面的相关领域，学术界及实务界开始将 BOT 等特许经营模式称为 PPP 模式，但在项目的具体运作层面，基本上仍然是按照特许经营项目的思路框架进行管理，在实践上将特许经营项目和 PPP 项目视为同等概念。在学术界，对特许经营模式和 PPP 模式的区别和联系，PPP 的核心理念及在项目实践中如何进行体现等基本问题均缺乏系统深入的研究。

现代 PPP 概念在我国政府文件中的正式出现，始于 2014 年。财政部出于推动地方政府融资平台转型、解决地方政府债务问题、推动财政体制改革的需要，开始学习借鉴英国 PFI/PPP 的运作模式，陆续发布多个 PPP 相关政策文件，以政府文件的方式首次要求在我国推广应用 PPP 模式。

《国务院关于创新重点领域投融资机制鼓励社会投资的指导意见》（国发〔2014〕60 号），是国务院层面的政府文件首次提出推广政府和社会资本合作（PPP）模式。随后，中央各部委及地方各级政府陆续推出 PPP 相关政策文件，在我国掀起了推广应用 PPP 模式的热潮。

我国财政部门从 2014 年开始引入的 PPP 概念，从强调财政主体地位的角度出发，强调 PPP 的本质是政府购买服务，要进行物有所值评价和财政承受能力论证。物有所值评价，本质上是要分析传统政府采购公共服务模式所付出的采购成本（即公共部门比较值 PSC）与采用 PFI/PPP 模式公共部门负担的采购成本进行比较，对采购方案进行比选。我国社会各界对 PPP 模式的认知，包括很多知名专家学者所谈论的 PPP，以及政府有关部门出台的大量文件所提及的 PPP，本质上均属于第一代 PPP 的范畴。第一代 PPP 起源于英国的 PFI 模式，实际上引入的是狭义的政府采

购型 PPP 模式的概念，认为 PPP 就是政府采购的一种创新模式，应纳入
政府采购的范畴，均按照政府购买服务的逻辑进行操作。

（二）我国引入第一代 PPP 模式的主要成效

我国从 2014 年开始引入第一代 PPP 的理念，建立了基于政府购买服
务框架的 PPP 制度体系，对于创新财政资金投入机制，推动财政体制改
革，建立公开透明的财政资金采购机制，发挥财政资金投入项目建设的使
用效率，具有重要的促进作用。第一代 PPP 模式的引入，使得我国从政
府制度建设层面首次引入了现代 PPP 的核心理念，对于引入并推广现代
PPP 价值体系发挥了重要的促进作用。在现代 PPP 理念的启发下，使得
相关人员对过去实施特许经营 BOT 模式所取得的成效及问题进行反思和
总结，认识到传统的特许经营 BOT 模式存在的不足，对于推动转向第二
代 PPP 打下了坚实的基础。

（三）第一代 PPP 模式正成为我国 PPP 模式健康发展的制约因素

第一代 PPP 模式被称为纯 PPP 模式或者狭义的 PPP 模式，其核心理
念在世界各国得到大力推广，并获得广泛认知，但第一代 PPP 模式在世
界任何国家都没有得到大规模推广应用，我国也不例外。我国现代 PPP
模式的引入和发展仍然处于起步阶段。如果寄希望于第一代 PPP 模式引
领我国整个 PPP 模式的发展，将对我国 PPP 模式的健康发展形成严重障
碍。我国学习借鉴英国 PFI/PPP 模式的经验，推广应用第一代 PPP 模式
的初衷是为了剥离地方平台公司的政府融资功能，化解地方政府的债务风
险，带有明显的短期功利性特征。在实际操作层面，对 PFI 模式所体现的
PPP 核心理念缺乏系统的研究和引入。因此，现代 PPP 理念的引入并不
成功。

第一代 PPP 模式的应用范围非常狭窄，但在我国却被赋予更广泛的

职能。我国将所有类型的 PPP 模式都被视为第一代 PPP 模式，尤其在实际操作中将以使用者付费为主要特征的特许经营模式纳入其制度体系，要求所有类型的 PPP 模式都必须按照 PFI 的操作流程进行运作，核心问题是混淆了第一代 PPP 模式和第二代 PPP 模式的基本特征，在制度设计上出现了严重的逻辑混乱。在第一代 PPP 模式的制度框架指引下，我国财政部门发布了 PPP 模式制度设计的相关文件，要求 PPP 模式应按照 5 个阶段 19 个步骤进行操作，进行物有所值评价和财政承受能力论证。这些要求并不符合项目运作的实际情况，导致项目操作层面的相关论证只能流于形式。

由于制度建设方面的错误导向，导致在 PPP 项目运作实践方面穷于应付，"可批性研究"盛行，尤其是物有所值评价和财政承受能力论证演变成数字游戏，流于形式。基于 PSC 分析的物有所值评价，是对公共服务采购成本的比较，并不能对 PPP 项目的可行性进行全面论证，不适于全部 PPP 项目。

在财政承受能力论证方面，不仅在政府理财、预算体系、法律制度等方面存在矛盾，而且在发展阶段方面，中国尚处于经济起飞期，不同于经济发展已经处于平稳期的发达国家。大型基础设施往往属于百年工程，其价值培育往往需要 30 年以上，对其前期阶段 20—30 年进行财政承受能力论证，不符合项目自身投资回报的内在规律，极有可能阻碍大量优质项目的上马，阻碍了欠发达地区的追赶式跨越性发展。

二、第二代 PPP 模式在我国的实践及问题

（一）中国开启了第二代 PPP 模式的重要实践

第二代 PPP 模式，是主要基于第一代 PPP 模式所形成的现代 PPP 核

心理念、借鉴特许经营 BOT 模式在推动基础设施市场化改革中积累的经验、结合发展中国家谋求经济发展的需要而出现的新一代 PPP 模式。中国国家投资主管部门近年来积极推动采用 PPP 模式促进基础设施项目的投融资建设，以推动深化投融资体制改革为目标，通过实施市场化改革路径，完善公共服务收费及价格形成机制，构建基于市场化运作的项目投资回报机制，开启了第二代 PPP 模式的重要实践。

（二）第二代 PPP 模式在中国尚处于探索阶段

中国过去 30 年来借鉴法国特许经营模式推动实施的基础设施和社会事业项目 BOT 模式，与现代 PPP 模式存在差异。因此，今后不应采用过去 20 多年推动特许经营 BOT 模式的思路来推动实施现代 PPP 模式。

目前对特许经营和政府购买服务均存在广义和狭义的解读，国际上对 PPP 的概念也有广义和狭义的不同理解，使得特许经营 BOT 在我国引入 30 多年后，对相关概念的理解出现混乱。政府相关部门出于部门利益的考虑，在出台相关文件上往往采取有利于部门利益的角度进行解读，使得 PPP 概念在我国的引入及对其内涵的理解出现很大差异，在推广应用中难免出现矛盾和冲突。

第二代 PPP 模式由中咨公司研究团队首次提出，并在联合国 PPP 国际论坛及国内相关专业论坛与业内同行进行了交流，引起了国际国内业界人士的关注。以中国为代表的广大发展中国家，对第二代 PPP 项目的具体实践已经开展多年，但目前理论界还缺乏对第二代 PPP 理念的系统梳理和实践经验总结，未认真研究第一代 PPP 模式和第二代 PPP 模式之间的逻辑关系，以及如何推动从目前的第一代 PPP 模式向第二代 PPP 模式转换。目前仍然处于无意识的"摸着石头过河"的阶段，相应的制度体系建设仍然十分滞后。

（三）第二代 PPP 模式具有远大发展前景

以中国为代表的广大发展中国家，具有谋求经济社会跨越式发展的巨大动力，迫切需要通过引入和发展第二代 PPP 模式，整合各种优势资源，建立合作伙伴关系，推动当地经济实现跨越式发展。随着中国经济总量的扩大，中国经济发展速度趋缓，财政资金应对各种社会发展需要面临的压力日益扩大，依靠财政资金发展第一代 PPP 模式的空间日益缩减，必须将财政资金用在刀刃上，将 PPP 模式的推广应用聚焦于第二代。

第二代 PPP 模式的引入，更加重视 PPP 项目自身经济价值的挖掘，使得 PPP 模式的应用范围大大提升，减弱了对财政资金支付能力的限制，发展前景十分广阔。实际上，我国财政部门推出的 PPP 项目，大部分都是使用者付费类项目。完全使用者付费项目数和投资额占比分别为47.7%和42.3%；政府付费项目数和投资额分别占28.6%和21.9%；可行性缺口补助项目数和投资额分别占 23.7% 和 35.8%。目前我国推出的PPP 项目中，超过70%属于使用者付费类项目。将使用者付费的特许经营类 PPP 项目视为政府采购类 PPP 项目进行管理，这种状况必须彻底改变。

三、第三代 PPP 模式在我国的引入及主要障碍

（一）第三代 PPP 模式在我国的引入

由联合国欧经会（UNECE）提出的以人为本 PPP（People-first, PPP），被联合国欧经会称为新一代 PPP 模式，本文将其归类为第三代PPP 模式。该模式由联合国欧经会牵头，利用联合国得天独厚的平台优势，在全球范围内推广应用。第三代 PPP 模式推动实施的主要路径是制

定符合以人为本要求的 PPP 国际标准，总结提炼和推广应用 PPP 典型案例，开展相关专题的研究和总结推广。

国家发展改革委与联合国欧经委员会于 2016 年年初签署战略协议谅解备忘录（MOU），联合推动联合国 2030 年发展议程所提出的以人为本及可持续发展目标，并希望采用 PPP 模式来实现这些目标，从而开启了第三代 PPP 模式在中国的正式引入和探索。

（二）我国推动实施第三代 PPP 模式的困难及前景

第三代 PPP 模式目前在我国仍然处于概念形成阶段，社会各界对第三代 PPP 模式的基本内涵、发展逻辑、主要特征、存在风险等还缺乏认识，相关问题的研究还很缺乏，更缺乏理论体系的系统性研究和实践经验的总结。因此，第三代 PPP 模式在中国的推广应用还面临各种困难和挑战。

中咨公司专家团队积极参加联合国欧经会的相关活动，承担联合国欧经会 PPP 国际标准的研究制定工作。在联合国欧经会秘书处的支持下，每月组织召开一次联合国欧经会城市轨道交通 PPP 标准研究国际视频会议；总结符合以人为本要求的 PPP 典型案例；参加联合国相关专题论坛，对推动我国实践第三代 PPP 模式发挥着独特作用。

（执笔：李开孟）

PPP 模式的层次划分、基本特征及中国实践

PPP 模式是推动公共服务领域市场化改革的重要工具。从 2014 年开始我国掀起大力推广应用 PPP 模式的热潮，但对 PPP 的目标及功能定位缺乏系统研究，并引起政策制定及实际应用层面的混乱。近年来我国推广应用 PPP 模式的主要目标，包括实现新型城镇化发展战略、推动国家治理体系及治理能力现代化、推动全面深化投融资体制改革、推动财政体制改革创新等。目标的多元性，造成 PPP 模式在制度层面顶层设计的复杂性。在不同的目标定位下，政府部门推广应用 PPP 模式所遵循的理念及其对应的制度体系设计会表现出明显的不同特点。因而，应基于国内外理论与实践，从 PPP 模式作为政府实现特定目标工具的视角，对 PPP 模式进行总体的层次划分，分析不同类型 PPP 模式的具体理念、相互关系及项目操作层面的具体差异，并结合实践提出我国推广应用 PPP 模式的功能定位和相关建议。

一、我国 PPP 模式应用情况评述

改革开放以来，我国引入社会资本尤其是民营资本参与基础设施及公用事业领域投资建设已有 30 多年历史。从 2014 年开始我国掀起大力推广应用 PPP 模式的热潮，但对 PPP 模式的目标及功能定位缺乏系统研究，并引起政策制定及实际应用层面的混乱。PPP 模式所关注的核心问题是

如何更有效地提供公共产品和公共服务。这项命题一直是过去 100 多年来经济学研究和探讨的热点问题。PPP 模式强调通过公共部门和私营部门建立利益共享、风险共担的合作伙伴关系，整合各种优势资源，完成基础设施及公用事业领域的项目融资、建设、运营、维护等各个环节的具体任务，发挥各自优势确保公共服务提供的质量和效率，是推动公共服务领域市场化改革的重要工具。

传统的经济学理论认为，应由公共部门主导公共服务的提供，强调应该全部由政府来承担相应的责任，按照公共经济学所倡导的公共理财及追求公共利益最大化的原则配置公共资源，实现公共服务的有效供给，而不应该由追求商业利益的私营部门介入。对于私人产品，强调要发挥市场配置资源的核心作用，由私营部门进行提供。二者各自分工明确，按照不同的逻辑进行产品生产和服务提供。

实践证明，由公共部门提供公共服务，存在诸如信息不对称、贪污腐败、成本高企、效率低下等诸多问题。100 多年来，世界各国理论界和实践界一直探讨如何借用市场化的专业力量，发挥私营部门在专业技能、管理经验、专家人才等方面的优势，积极推动公共服务领域的市场化改革，以提高公共服务供给的质量和效率。

随着产权理论、委托代理理论等现代经济学理论体系的不断发展，越来越多的人认识到 PPP 模式通过引入市场机制可以提高基础设施项目运作的效率，缓解政府财政压力，通过激励相容原则进行交易制度的合理设计，可以将 PPP 模式应用到很多行业领域，从而推动基础设施领域投融资体制的市场化改革。PPP 模式在西方市场经济体制比较完善的发达国家首先提出，并在联合国和世界银行等国际组织的大力推动下，在众多发展中国家得到越来越普遍地推广应用，目前已经成为世界各国政府及国际组织提供公共服务的一种重要方式。

我国在 20 世纪 80 年代以前，基础设施及公共事业投资一般都由政府或其授权的公共机构负责，处于政府或公共部门垄断的状态，投融资体制机制非常单一和僵化。随着中国推动改革开放，全国各地开始探索如何打破原有公共部门垄断格局，学习引进借鉴国际上基础设施市场化运作的成熟经验，推动投融资体制改革的破题。

当时，广东省等沿海地区走在全国的前列。广东沙角 B 电厂是我国第一个成功兴建、成功完成移交的 BOT（特许经营）项目，总投资约 40 亿港元。1985 年 7 月 1 日正式开工，两台机组分别于 1987 年 4 月、7 月并网发电，1999 年 8 月 1 日正式移交，该项目对于通过引入私人资本（外资）提供公共产品进行了大胆探索，具有重要的标志性示范意义，但这种探索当时仅局限于地方层面，不属于中央政府直接推动实施的有计划的改革行动。

国家计划委员会、电力部、交通部于 1995 年 8 月首次联合发文，以中央政府正式文件的方式提出推动实施特许经营模式①，将我国基础设施和社会事业领域的投融资体制改革推进到一个崭新的阶段。从 1995 年开始，我国政府积极推动对交通运输、能源建设、市政工程等领域采用 BOT 方式引进外资。

原国家计划委员会审批试行广西来宾 B 电厂、成都第六水厂、广东电白高速公路、武汉军山长江大桥和长沙望城电厂五个 BOT 试点项目，使得全国掀起通过特许经营引进外资的高潮。但是，有关特许经营 BOT 模式的制度建设、目标定位、BOT 项目评价理念及理论方法体系的建立均缺乏系统深入研究，相关领域的立法也没有提到议事日程。相关探索根植于我国当时的投融资制度环境，与国际通行的 PPP 模式存在较大差异。

从 2014 年开始，在财政部、国家发展改革委等有关部门积极推动下，我国掀起了新一轮引入现代 PPP 理念及推广应用 PPP 模式的热潮，国务院及中央各部委、各级地方政府纷纷出台各种激励性政策，鼓励 PPP 模式的大力推广应用。但在具体实践层面，对于推广应用 PPP 模式的操作理念、目标导向、功能定位等，社会各界存在各种不同的理解，如将 PPP 模式作为化解地方政府债务风险的工具，或将 PPP 模式作为开辟地方政府基础设施项目融资新渠道的重要工具，或者通过引入 PPP 模式来构建一种区别于传统模式的基础设施项目审批管理新流程。

还有观点认为，应将推广应用 PPP 模式上升到国家战略层面，作为推动国家治理体系及治理能力现代化的重要工具。但是，对于我国引入 PPP 模式的具体理念及实践层面的推动路径，均没有达成共识，并在具体操作层面造成混乱，有可能形成系统性的潜在风险。

推广应用 PPP 模式，必须做到理念先行，首先应明确"目标"和"工具"之间的关系。PPP 模式是提高公共产品和公共服务供给质量和效率的一种工具。在 PPP 制度体系的顶层设计中，不能将工具当成目标，不能为 PPP 而 PPP。如果将 PPP 作为目标，那么地方政府就会为了实现这个目标，不惜代价地大力推广应用 PPP 模式，并包装出名目繁多的"伪 PPP"项目。如果将 PPP 模式作为实现特定目标的一种手段或工具，强调必须遵循特定的理念，地方政府在实践层面就会慎重地选择推广应用 PPP 模式，以便为特定目标服务，从而实现发挥 PPP 模式在公共产品提供方面的效率优势。

我国近年来推广应用 PPP 模式的主要目标，包括实现新型城镇化发展战略、推动国家治理体系及治理能力现代化、推动全面深化投融资体制改革、推动财政体制改革创新等。事实上，为了实现这些目标，可以采取多种手段或路径，PPP 模式仅是其中的工具之一。目标的多元性，造成 PPP 模式在制度层面顶层设计的复杂性。

在不同的目标定位下，政府部门推广应用 PPP 模式所遵循的理念及其所对应的制度体系设计会表现出明显的不同特点。本文基于国内外理论与实践，从 PPP 模式作为政府实现特定目标的工具的视角，即从 PPP 理念所折射的功能定位的差异性角度，总结提出 PPP 模式三代层次划分的总体构想，分析三种类型 PPP 模式的具体理念、相互关系及项目操作层面的具体差异，并结合中国实践提出我国推广应用 PPP 模式的目标导向和相关建议。

二、PPP 模式的三代层次划分

(一) 英国提出的 PFI 模式催生出第一代 PPP 模式

作为基础设施项目的现代运作方式，PPP 理念被世界各国公认起源于英国提出的 PFI (private finance initiative) 模式。

英国是典型的现代市场经济国家，但直到 20 世纪中后期，基础设施与公用事业领域仍然由政府财政投资并由国有企业负责项目的建设及运营。在撒切尔夫人执政期间 (1979—1990)，随着公共项目的投资需求和政府财政压力的不断增加，许多重要基础设施的投资与建设遇到了困难，英国政府在这样的大环境下，开始放松私人资本进入公共项目的管制，但政府对私人资本所能进入领域的范围限定得非常明确，即将能够采用使用者付费的项目进行了彻底的民营化改革，而不是采用特许经营模式。但是，对于涉及公共利益及基本公共服务的核心领域，仍然强调必须由政府财政资金负担，在运作机制上没有推动民营化改革。

PFI 概念的正式提出，起源于 1992 年的英国梅杰政府 (1990—1997)，并逐渐完善于布莱尔政府 (1997—2007)。虽然这一时期的英国政府面临巨大的财政压力和基础设施与公用事业的投资建设需求压力，但政府仍然非常明确坚持认为很多公共项目并不可以进行彻底的民营化改革，因为这些项目涉及公共利益的核心领域，一旦完全放开市场化，将会使得公众的最根本利益受损。

但政府为了推进项目的投资建设，对使用私营部门的资金产生了巨大需求。因此，英国政府在总结特福德桥（Dartford Bridge）、塞文桥（Severn Bridge）和英法海底隧道（Eurotunnel）等大型项目中使用私营部门进行融资经验的基础上，开始制定相关政策，以便更规范地管理参与公共项目中的私人资本并充分发挥私人资本的优势，PFI 模式在此背景下应运而生。

PFI 一词对应的中文尚无统一的翻译，如分别翻译为"私人融资活动""私人发起融资""私人融资计划""私人主动融资"等，其基本含义是指私人资本负责公共项目的建设融资，并通过运营期提供公共服务，民营部门通过收取政府支付的公共服务费用获得初始投资回报，其本质是政府的延期付费。

PFI 的推广应用，使得传统上必须由政府财政资金负担的基础设施及公共服务领域也可利用私人资本进行市场化运作，从而使得基础设施市场化运作的领域扩展到必须由政府财政资金付费的公共服务领域。这种模式强调公共部门与私营部门之间建立利益共享、风险共担的合作伙伴关系，强调充分发挥私营部门的专业优势，提高公共服务供给的质量和效率，后来被总结为 PPP 模式。因此，世界各国公认现代 PPP 理念起源于英国，基本框架就是英国的 PFI 项目运作模式。

对于采用 PPP 模式（即英国 PFI 模式）所具有的降低成本、提高效率等作用，实际上一直存在争议。英国众议院财政委员会 2010—2012 年度专题报告就曾明确提出：（1）PFI 模式采购程序复杂，耗时较长，融资成本相对较高，最终通过政府付费实质上会增加财政负担，难以实现"财务价值"（VfM）最大化；（2）PFI 项目融资属于政府资产负债表之外的融资，其负债不直接计入政府财政预算，从而使得 PFI 成为政府规避预算约束的一种方式，短期内能够刺激政府的非理性投资，长期内将加大政府未来财政负担；（3）PFI 项目提供的是公共服务，项目失败的风险最终依旧会由政府承担，因此风险并没有真正转移出去；（4）PFI 项目合同期长，难以根据未来实际情况与需求变化对合同条款进行调整，缺乏灵活性。英国在总结经验教训基础上，于 2012 年对 PFI 模式进行了改进，并正式提出 PFI 的升级版即 PF2 模式，主要改进内容包括政府须持有少数公共权益资本、引入更标准化的采购程序以简化采购流程、规范信息披露程序以增加透明度、公共部门承担更多的管理风险以更好地实现"物有所值"等。

英国在过去 20 多年实施 PFI/PF2 项目共 700 多个，总投资 700 多亿英镑，范围涉及医疗健康、国防设施、教育、交通、环境、文体设施等多个领域。PFI/PF2 模式使英国中央和地方政府较好地利用了市场的专业能力，提升了基础设施和公共服务的品质，改变了政府治理的理念和方式，充分体现了公共部门与私营部门的合作伙伴关系，在项目运作过程中充分实现了双方的优势互补。

基于英国 PFI/PF2 实践而催生的"PPP 模式"，是人们对 PPP 模式的最初理解，因此也被称为狭义 PPP 或纯 PPP，英国也被认为是全球最先提出并实践 PPP 模式的国家。因此，基于英国 PFI/PF2 概念所提出的 PPP 模式运作框架，可以认为是第一代 PPP 模式。

在经济学概念中，"基础设施"（infrastructure）包括公路、铁路、机场、通信、水电煤气等公共设施，以及教育、科技、医疗卫生、体育、文化等社会事业，前者称之为"经济性基础设施"（economic infrastructure），后者称之为"社会性基础设施"（social infrastructure）。通过对英国 PFI/PF2 模式所催生出的第一代 PPP 模式的回顾与分析，可以发现，英国所实践的第一代 PPP 模式主要应用于社会性基础设施。

由于这些项目往往不能让公众承担"二次付费"的负担，纳税人有权要求政府提供相应的基本公共服务，这些领域的建设项目虽然通过私营部门融资进行建设，但私人资本需要通过向政府收费来实现投资回报，本质上仍然属于政府付费，是政府采购公共服务的具体实现方式。

由于第一代 PPP 模式是一种政府采购公共服务的工具，因此政府在推广应用过程中，最关心的即是 PPP 模式能否降低公共服务的采购成本，是否比传统政府采购公共服务方式的效率更高，英国政府出台的相关政策正是基于这种考虑制定的。许多人指出引入私人资本后，项目的融资成本提高、项目运作更加复杂等问题，并可能导致项目失败。

著名的英法海底隧道（Eurotunnel）就是一个典型的失败案例。因此，英国制定了在项目可行性研究阶段将传统政府采购模式与 PPP 模式采购成本进行比较的方法与流程，以保证 PPP 模式能够实现物有所值（value for money，VfM），并明确界定 PPP 项目的产出要求（output specification）以规范项目的实施和交付。通过计算假设采用传统政府采购模式下政府的成本，即公共部门比较值（public sector comparator，PSC），将 PSC 值与采用 PPP 模式下政府负担的成本进行比较，来决定是否引入私人资本。澳大利亚、加拿大等国政府都纷纷借鉴英国的 PFI 理念建立本国 VfM 评估体系和 PSC 决策流程和方法，完善了 PPP 的制度体系。

由此可见，第一代 PPP 模式在作为政府采购公共服务工具的这种理念及目标定位下，PPP 模式的制度设计，主要关注政府采购公共服务和公共产品的采购标准或产出规定、政府购买公共服务的流程、采购的价格以及财政资金的支付能力等，在这种功能定位影响下，政府重点开展财政支付的 PSC 分析和财政承受能力论证。以英国为范本，澳大利亚、加拿大等英联邦国家以及亚洲的日本等国都在"政府采购工具"的功能定位下推广本国的 PPP 模式，这种功能定位的 PPP 模式在世界各国的推广应用相对比较普遍，并已形成较为完善的制度体系。

（二）法国特许经营的理念创新催生出第二代 PPP 模式

基础设施及社会事业投资项目特许经营概念的提出，远早于 PPP。但传统的特许经营理念与英国 PFI 项目运作所形成的 PPP 理念存在差异。

根据现代 PPP 理念对传统的特许经营项目运作理念进行创新，丰富了现代意义上的 PPP 概念内涵，并催生出第二代 PPP 模式。

法国是特许经营模式的故乡。早在法国拿破仑三世（1808—1873）时期就出现了基础设施特许经营项目运作模式。这个时期是法国相对繁荣时期，法国进入了大规模基础设施建设阶段，现代巴黎大都市的建设格局也形成于这个时期。在此期间，法国政府提出将能够向使用者收费的基础设施项目的建设及运营权让渡（concession）给私营部门，私营部门通过"使用者付费"获取投资回报，于是出现了"特许经营"项目的运作模式。

经过 100 多年的探索和实践，人们总结出以 BOT 为代表的特许经营多种具体运作模式，特许经营项目习惯上又称为 BOT 项目。直到 21 世纪初，法国已通过特许经营模式推动了大量基础设施项目的建设。这种模式签署的特许经营协议，强调用户是支付主体，以使用者付费为主，政府补贴为辅，其本质上是自上而下的行政授权，特许经营协议被认为属于行政合同性质，项目运作容易形成垄断。政府为了保证私营部门获得合理回报，可以采用排他性条款等特别的制度安排。

由私营部门承担市场需求及经营风险，没有投资回报的财政资金保底条款。因此，产生于 19 世纪法国，且运作了 100 多年的传统特许经营模式，并不完全符合公共部门与私营部门之间建立"利益共享、风险共担"长期合作伙伴关系的特征，不能简单地将其视为 1992 年之后基于英国 PFI 模式而总结的现代 PPP 模式范畴。

2004 年法国合作合同（contrat de partenariat）法案的通过，标志着法国长期推行的特许经营模式的理念开始出现转型。法国政府开始认识到，在基础设施领域推动特许经营模式之前，项目的投资建设资金全部由政府财政提供，风险也全部由政府承担，通过吸收私人资本引入特许经营模式后，政府实现了风险的转移，但此时并不能将风险全部转嫁于私营部门，公共部门与私营部门之间应该形成一个平衡关系才能保证各方实现利益共享。

虽然法国特许经营项目签订的协议仍被认定为属于行政合同，强调通过国家行政法律来规范各方行为，但人们开始认识到，这种以 BOT 等模式运营的特许经营模式，应该强调公共部门与私人部门之间的平等伙伴关系，也应该符合基于英国 PFI 项目运作模式所提出的 PPP 理念的各项特征。

进入 21 世纪以来，人们根据新出现的 PPP 概念对法国已经运用 100多年的特许经营模式创新而形成的项目运作框架，被称作 PPP 模式的重要组成部分，政府也开始从 PPP 的角度理解和优化特许经营模式。法国在基础设施特许经营领域根据 PFI 理念所进行的理念创新，实际上促使了PPP 的内涵扩展，并形成第二代 PPP 模式，这是在第一代 PPP 模式基础上对特许经营模式的创新和拓展。

法国政府近几年所推动的 PPP 模式，我们将其归类为第二代 PPP 模式，虽然起步相对较晚，但中央政府和地方政府都积极参与，并专门成立了 MAPPP（missiond' appuiaux partenariats public-privé，中央 PPP 管理机构)，从机构框架上保证了 PPP 项目的实施。从 2004 年开始，法国的PPP 事业飞速发展，PPP 合同数量不断增加，近年来法国签订的 PPP 协议数量在欧洲位列第一。

据统计，截至 2015 年 2 月，法国已经签订了 548 项 PPP 合同，合同金额超过 120 亿欧元，甚至已经超过了英国。法国 PPP 项目具体采用BOT、BOOT 等多种运作模式，虽然可能需要政府补贴，但其核心理念仍然是特许经营模式中所要求的使用者付费，对于无法实现使用者付费的领域，法国仍然采用传统的政府投资建设项目运作模式，或者通过 CP 合同由私营部门融资。

根据项目回报机制的不同，可以将 PPP 项目分为政府付费 PPP 项目和使用者付费 PPP 项目两大类，而法国所推广的 PPP 项目则以后者为主，即项目最终由使用者即用户来付费，社会资本负责项目的特许经营。与英国的 PFI 项目不同，这类项目多为经济性基础设施。

在这种模式下，社会资本所获得的回报，不再受到政府财政资金支付能力的硬约束，政府转而更关注应给予项目的优惠政策等支持、合同实施整体的严格控制、项目短期与长期目标的协同、项目建设承包市场的专业性和成熟度等更宏观层面的问题。

因此，法国在推广 PPP 模式并实现公共产品与服务供给，即实现政府采购的同时，政府的视野开始不断扩大，着眼于区域经济发展，通过不断完善 PPP 项目的收费及价格形成机制，规范相关产业的市场化运行机制，提高了市场成熟度，也为社会资本提供了参与基础设施项目的平台。

以承包市场为例，在世界著名的十二大承包商中，法国占据了三席，分别是万喜（Vinci）、埃法日（Eiffage）和布依格（Bouygues），这三家公司获得了法国大部分的 PPP 项目合同，在项目运作过程中积累了丰富的 PPP 项目技术与管理经验。法国推广应用 PPP 模式的目标与理念，在吸收英国 PFI/PF2 模式经验基础上所进行的创新，其表现的鲜明特点是英国 PFI 模式所不具备的。

因此，法国以及其他一些大陆法系国家在特许经营模式上的创新，丰富了 PPP 模式的内涵，客观上形成了第二代 PPP 模式的理念框架，即将 PPP 的功能定位为撬动区域经济发展的一种工具。第二代 PPP 模式强调通过公共部门和私营部门之间建立合作伙伴关系，激发社会资本参与基础设施、公用事业项目建设与投资的积极性，通过推动市场化改革，完善收费及价格形成机制，构建基于市场化运作的项目投资回报机制。

社会资本所获得的回报，不再受到政府财政资金支付能力的硬约束，政府更关注宏观层面上特定 PPP 项目对区域经济发展及市场机制成熟度的带动作用，其制度设计目前在各国已经逐步成型，相较于作为政府购买公共服务工具的第一代 PPP 模式的制度体系存在显著差别。在这种框架体系下，基于政府采购理念的物有所值评价和财政承受能力论证就显得不太重要了。

英国目前开始对 PFI 及 PF2 存在的问题进行反思，重新认识和改进以公共部门比较值（PSC）为主要分析框架的物有所值评价方法，强调从战略、项目和采购三个层面进行项目评价，并强调对项目本身进行经济费用效益流量分析（CBA），本质上也应属于向第二代 PPP 模式转变。

（三）联合国推动实施可持续发展目标呼唤第三代 PPP 模式诞生

联合国欧经会近年来积极推动的以人为本 PPP 模式，属于新一代 PPP 模式，即不同于前述第一代 PPP 模式和第二代 PPP 模式的第三代 PPP 模式。

2016 年是联合国推进人类千年发展目标（millennium development goals，MDGs）第二个 15 年议程的开启之年。该议程提出了实现人类可持续发展的新目标，具体包括消除贫困、建设有复原力的基础设施等在内的以"以人为本"作为核心理念的 17 项具体目标，具体内容包括：（1）在全世界消除各种形式的贫困；（2）消除饥饿，实现粮食安全，改善营养状况和促进农业可持续发展；（3）确保健康的生活方式，促进各年龄段人群的福祉；（4）实现包容和公平的优质教育，为全民提供终身学习机会；（5）实现性别平等，提高全体女性和女童的权利；（6）为所有人提供清洁饮水和卫生设施，并进行可持续管理；（7）确保人人获取价格合理、可靠和可持续的现代能源；（8）促进持久、包容和可持续的经济增长，实现充分的生产性就业，确保人人获得体面的工作；（9）建造具备抵御灾害能力的基础设施，促进具有包容性的可持续工业化，推动创新；（10）减少国家内部和国家之间的不平等；（11）建设包容、安全、有抵御灾害能力和可持续的城市和人类居住区；（12）确保可持续的消费和生产模式；（13）采取紧急措施应对气候变化及其影响；（14）保护海洋并以可持续方式利用海洋资源，以促进可持续发展；（15）保护、恢复和促进以可持续方式利用陆地生态系统，以可持续方式管理森林，防治荒漠化，制止和扭转土地退化，遏制生物多样性的丧失；（16）创造和平、包容的社会以促进可持续发展，为所有人提供诉诸司法的机会，在各层级建立有效、负责和包容的机构；（17）加强贯彻落实手段，重振可持续发展全球伙伴关系。

与此同时，联合国欧洲经济委员会提出把起源于欧洲的 PPP 模式作为推进各国实现可持续发展目标的重要机制和有效工具向全世界推荐，并通过研究制定与 17 个可持续发展目标相对应和匹配的 30 多个 PPP 国际标准，推动实现全球可持续发展。联合国系统目前正在推动的以可持续发展理念指导下的 PPP 模式，是 PPP 模式的一种新的形态，代表未来的 PPP 模式发展方向，因此称之为第三代 PPP 模式。

PPP 模式之所以能够成为一种实现人类可持续发展目标的工具，其原因在于：一方面，人类可持续发展的一系列目标，涉及教育、医疗、养老等多个行业的基础设施投资建设和高效优质公共产品或服务的供给，政府财政的压力和专业技术管理水平的限制决定了实现这些目标不可能仅仅依靠政府部门。而这些领域的投资建设项目往往具有公共产品或准公共产品的特征，也不宜于采用单纯的私有化或充分的市场化模式运作，PPP 模式则可以较好地平衡两方面的矛盾。通过引入民营资本，充分吸收民营资本专业化的投资、建设、运营等能力，从而实现人类可持续发展目标。另一方面，促进可持续发展的动力在于源源不断的创新，在基础设施和公用事业项目中，传统模式很难形成对公共部门产生创新的有效激励，因为无论是技术上的创新，还是管理上的创新，都需要对实施者提供巨大的经济激励。

因此，PPP 模式引入社会资本的同时，通过满足激励相容条件制度的设计，可以激发社会资本进行创新，发挥社会资本专业化的投资、建设、运营的主动创新能力，从而实现可持续发展目标。

联合国有五大区域委员会，包括非洲经济委员会、欧洲经济委员会、拉丁美洲和加勒比经济委员会、亚洲及太平洋经济社会委员会和西亚经济社会委员会。其中，欧洲经济委员会于 1947 年 3 月在日内瓦设立，目前共有 56 个成员，除欧洲大部分国家外，还包括加拿大和美国等域外国家。由于欧洲拥有可持续发展示范区与 PPP 源产地的优势，所以联合国欧洲经济委员会对可持续发展与 PPP 都表现出极高的热情。

中国国家发展改革委与联合国欧洲经济委员会于 2016 年年初签署了合作协议，联合推动联合国 2030 年发展议程所提出的以人为本及可持续发展目标，并希望采用 PPP 模式来实现这些目标，具体操作则通过制定 PPP 标准来实现。这些 PPP 标准是结合联合国 17 个可持续发展目标有针对性的建立的，内容则参考了世界各国 PPP 最佳实践与规则，相关报告表明这些 PPP 国际标准能够对 17 个可持续发展目标中的 14 个目标产生深远的影响。

因此，在 PPP 模式作为实现以人为本和可持续发展工具的这种理念及目标定位下，PPP 模式不再仅仅作为政府采购或促进经济发展的工具，而是更加强调发展的最终目的必须围绕人的需求，把人放在第一位，这就将 PPP 模式的运作理念和目标定位提升到一种新的高度，代表未来 PPP 模式的发展方向。

三、三种类型 PPP 模式的关联性

（一）三种类型 PPP 模式的共同特点

前面阐释了三种类型 PPP 理念的形成过程和发展状况，具体包括以

英国 1992 年提出的 PFI 模式为代表的目的在于改善政府采购公共服务质量和效率的第一代 PPP 模式，以法国为代表的以 PPP 的核心理念对特许经营模式进行理念创新催生出的以提升经济发展质量和效率为目标的第二代 PPP 模式，以及联合国相关机构目前正致力于推动实施的以促进可持续发展为目的的第三代 PPP 模式。虽然三种类型的 PPP 模式功能定位不同、发展路径不同，但表现出如下共同特征。

1. 聚焦公共产品和公共服务的提供

对于商业性私人产品项目，不采用 PPP 模式。将 PPP 模式定位为改善公共产品和公共服务供给质量和效率的工具，是公共部门（政府）职能必须承担的责任。

2. 对项目运作进行市场化改造

对于自身能够进行市场化运作的项目，不采用 PPP 模式。由于投融资体制改革不到位、公共产品服务价格不合理、项目自身投资回报机制不完善或不具备等原因，项目本身不具备市场化运作条件，通过 PPP 交易结构的设计，使其能够市场化运作。

3. 强调整合和发挥各方面的专业优势

要求发挥政府部门、专业机构、私营部门各自的优势，关注 SPV 对项目整体开发和资源整合的系统性能力，以及项目运作载体各组成部分的整体专业能力，把项目公司是否具备应对项目全生命周期内各阶段风险的能力作为判别其是否合格的核心要素。

4. 强调项目周期全过程的要素整合

不仅是项目建设阶段的合作，也不仅是项目运营阶段的合作，而且是项目周期全过程的合作及全生命周期的要素整合，有明确且一致的目标定位，要求各参与主体形成合力，共同追求项目周期全生命周期的成本降低、效率提高、持续提供公共服务及降低风险。

5. 强调建立长期合作伙伴关系

要求建立公共部门与私人部门之间长期的、可持续的伙伴关系，反对急功近利，强调长期合作及项目运作的可持续性。强调以最少的资源投入，实现尽可能多的产品和服务，通过建立长期合作伙伴关系，实现项目资源最优配置。

6. 强调建立合理的利益共享机制

在交易结构设计中，公共部门和私人部门的利益诉求不同，公共部门必须维护公共利益，私人部门则追求商业利益，二者可能出现冲突，但必须兼顾各方利益诉求。公共部门一般不与私人资本争夺商业利润，应重点关注保障公共利益，提高公共服务的质量和效率。私人部门承担的 PPP 公益性项目，不应追求商业利润最大化，应强调取得相对稳定的投资回报。政府通过核定经营收费价格，或者以购买服务的方式使私人部门获得收入，实现项目建设运营的财务可持续性，避免企业出现暴利和亏损，实现"盈利但不暴利"，对私人部门可能获得的高额利润进行调控。

7. 强调建立平等的风险共担机制

PPP 项目各参与主体应依据对风险的控制力，承担相应的责任，不过度将风险转移至合作方。私人部门主要承担投融资、建设、运营和技术风险，应努力规避因自身经营管理能力不足引发项目风险，并承担大部分甚至全部管理职责。公共部门主要承担政策法规、标准调整变化的风险，尽可能地承担自己有优势的伴生风险。禁止政府为项目固定回报及市场风险提供担保，防范将项目风险转换为政府债务风险。双方共同承担不可抗力风险。通过建立和完善正常、规范的风险管控和退出机制，发挥各自优势，加强风险管理，降低项目整体风险，确保项目成功。

8. 以平等合同为基本架构

PPP 项目必须以平等合同为基础进行运作，不需要公共部门和私人部门直接签订合同的项目运作模式，不属于 PPP 模式。需要在项目合同中明确界定公共部门和私人部门之间的职能和责任，并以合理的方式确保利益共享、风险共担。强调公共部门和私人部门之间要平等参与、诚实守信，按照合同办事。一切权利和义务均需要以合同或协议的方式予以呈现，使得合同的谈判及签署显得尤为重要。

9. 强调以 PPP 促进公共治理体制机制改革

PPP 项目的推广应用，往往涉及公共部门治理机制的改革，涉及盘活存量公共资产，创新项目运作模式，是推动公共部门改革的重要手段。PPP 模式的引入和推广应用，要求政府处理好与市场主体之间的关系，由传统的公共服务提供模式中的直接"经营者"，转变为"监管者"和"合作者"。PPP 模式强调发挥私人部门的专业优势，让专业人做专业事，必然涉及原有利益格局的调整，权利义务关系的重新划分，以及公共治理体系的重建，政府治理能力的提升，对政府部门提高 PPP 项目的专业运作能力提出要求。

10. 重视运行监管和绩效评价

PPP 项目无论是使用者付费还是政府付费，都强调加强绩效管理，按绩效付费，确保公共产品和公共服务提供的质量和效率。公共部门要对 PPP 项目运作、公共服务质量和公共资源使用效率等进行全过程监管和综合考核评价，认真把握和确定服务价格和项目收益指标，加强成本监审、考核评估、价格调整审核。对未能如约、按量、保质提供公共产品和服务的项目，应按约要求私人部门退出并赔偿，私人部门必须按合约规定及时退出并依法赔偿，并严格责任追究。私人部门取得事先规定的绩效后应获得相应的投资回报。项目绩效的监管和评价，可以考虑引入第三方专业机构进行。

（二）各种类型 PPP 模式的关注重点

由于三种类型 PPP 模式的功能定位存在显著差异，其制度体系设计与项目评价机制必然存在明显不同。

1. 第一代 PPP 模式着力于改善政府采购公共服务质量和效率

以英国 PFI 模式为基本制度框架的第一代 PPP 模式，重点关注以下问题：（1）聚焦于社会基础设施领域，目的是提高社会基本公共服务供给的质量和效率；（2）属于私营融资的政府付费项目，要求由私营部门负责项目建设的融资，政府根据私营部门提供公共服务的绩效进行付费，私营部门通过政府付费取得初始投资的合理回报；（3）政府付费的依据主要是社会基础设施的可用性，根据运营期的关键绩效指标（KPI）进行付费，私营部门不承担市场需求风险；（4）关键绩效指标应能全面明确其产出要求（outputs specification），应根据不同行业特点和项目特征合理制定出量化清晰、正向激励且具可操作性的绩效指标；（5）项目运作的本质是政府购买服务，应纳入政府采购的框架流程，强调政府采购的公开透明，合法有效；（6）特别强调如何节省政府采购公共服务的财政资金，强调对 PPP 模式采购方式与传统的政府采购方式的采购费用进行比较，开展以公共部门比较值 PSC 为基础的物有所值 VfM 评价；（7）重视财政资金用于 PPP 项目的资金约束及财政承受能力论证；（8）对于拟建项目是否应该采用 PPP 模式，强调 VfM 的评价和"以金钱为本"，强调财政资金使用的质量和效率。

2. 第二代 PPP 模式着力于提升经济发展质量和效率

在英国 PFI 模式基础上发展起来的以特许经营为基本框架的第二代 PPP 模式，重点关注以下问题：（1）主要聚焦经济基础设施，目的是提高经济性公共服务供给的质量和效率；（2）属于私营融资的使用者付费项目，要求由私营部门负责项目建设的融资，通过使用者付费及必要的政府财政补贴取得投资回报；（3）通过特许经营协议建立公共部门与私营部门之间的平等合作伙伴关系；（4）强调通过 PPP 模式撬动各种社会资源，促进当地经济发展。PPP 模式成为引入专业性力量促进当地经济跨越式发展的重要工具;(5)强调通过价格及收费制度的改革,完善公共产品及公共服务的价格形成机制,挖掘项目自身的经济价值,获得项目的投资回报;(6)对于不具有完全市场生存能力的基础设施项目,需要财政资金予以补贴,但 SPV 必须承担公共服务的市场需求风险;(7)PPP 项目的评价,首要关注的是项目自身的可行性研究及经济费用效益分析(CBA)或费用效果分析(CEA),而不是基于采购成本比选的以公共部门比较值 PSC 为基础的物有所值 VfM 评价。对于需要财政补贴的项目,应在项目经济可行的基础上,需要进一步评价其财政承受能力;(8)项目评价强调"以经济发展为本",强调 value for economy 的评价,强调拟建项目对当地经济发展作出的贡献。

3. 第三代 PPP 模式着力于实现以人为本的可持续发展目标

实现以人为本及可持续发展目标为导向的第三代 PPP 模式,重点关注以下问题:(1)既聚焦于经济基础设施,又关注于社会基础设施,目的是提高全部公共服务(包括经济性公共服务和社会性公共服务)供给的质量和效率;(2)既包括使用者付费项目,也包括政府购买服务项目,要求由私营部门负责项目建设的融资,通过使用者付费、政府财政补贴及购买服务,取得私营部门融资的投资回报;(3)强调通过特许经营、政府购买服务等多种方式建立公共部门与私营部门之间的平等合作伙伴关系;(4)强调通过 PPP 模式撬动各种社会资源,促进经济、社会、资源、环境的协调发展,为实现联合国倡导的可持续发展目标(SDGs)作出贡献;(5)强调 PPP 项目对社会发展、性别平等、消除贫困、区域协调发展等方面的影响,从代际公平的角度去审视 PPP 模式;(6)关注影响力投资(impact investment),以创造可测量的社会影响为主要目的,以改善社会民生或者通过投资行为实现正面的社会和环境效应;(7)项目的可行性论证,首先要关注社会评价(social assessment),在社会可行的基础上进一步关注经济可行性(进行经济费用效益分析或费用效果分析)以及财政资金的使用效率评价；（8）强调以人为本，重视 value for people 的评价，强调经济发展不得损害人类自身的发展。

（三）三种类型 PPP 模式的演变趋势

PPP 模式的产生是基础设施及公共服务领域市场化改革的产物。法国过去 100 多年持续探索的以使用者付费为基础的特许经营模式，使得对于那些能够锁定特定的公共服务使用者，且使用者愿意并具有能力付费的基础设施领域实现了市场化。这种市场化改革更多的是强调通过特许经营模式，借助行政的手段，实现私人投资的商业利益，但没能从体制机制上关注构建平等互利的合作伙伴关系。

以英国 PFI 模式为基础所产生的 PPP 模式框架，使得通过政府购买服务的方式，实现不具备使用者付费能力的公益性项目具备了市场化运作的可能，从而在理论上实现了在所有公共服务领域开展市场化运作的可能。

由于 PFI 模式强调平等合作、利益共享、风险共担，使得 PPP 模式的核心理念在推动基础设施和公共服务领域实现市场化改革的同时，更加重视建立可持续的伙伴关系，并分别催生出第一代 PPP 模式和第二代 PPP 模式。第三代 PPP 模式的诞生，产生出影响力投资，强调通过市场化手段，实现以人为本可持续性发展目标。

三种类型 PPP 模式功能定位虽然不同，但其内涵依次逐步丰富，且呈现包含关系。第一代 PPP 模式的目标是实现政府对公共项目产品或服务的采购，其实质是为了提高财政资金的使用效率；第二代 PPP 模式目标是通过建立公共部门和私营部门之间的合作伙伴关系，激发私营资本参与基础设施、公用事业项目建设与投资的积极性，通过推动市场化改革，完善收费及价格形成机制，构建基于市场化运作的项目投资回报机制，并带动当地市场机制的不断完善，促进区域经济跨越式发展；第三代 PPP

模式强调实现以人为本和可持续发展，其实质是在项目交付与区域发展的基础上，通过公共项目的 PPP 模式实现经济社会的和谐发展。

三种类型 PPP 模式的目标导向逐步提升，应用范围逐步扩大，概念的包容性不断增强。传统的特许经营与政府购买服务 PPP 模式，均遵循 PPP 模式的共同理念，运作模式呈现趋同、融合的趋势。

三种类型 PPP 模式的根本目标都是通过在基础设施和公用事业项目中推动 PPP 模式的实践从而实现社会资源的更合理配置。虽然三种类型 PPP 的理念不断趋于现代，但推广三代 PPP 模式的核心价值都在于充分发挥 PPP 模式的效率优势，在各自的理念框架下，制定出不同的制度体系和实施流程。都是通过规则的制定，保证私营资本能够帮助实现其相应的目标诉求，并实现 PPP 参与各方的"共赢"。

PPP 模式在世界各国演变的基本趋势是，通过第一代 PPP 模式的引入，将"利益共享、风险共担、平等合作"的现代 PPP 理念导入当地基础设施及公共服务领域的市场化改革制度体系之中；通过价格和收费制度的改革，推动使用者付费类基础设施市场化改革，引入并不断完善第二代 PPP 模式；在 PPP 制度不断完善的基础上，在以人为本及可持续发展理念的引领下，逐步过渡到推动第三代 PPP 模式的制度体系建设。

四、中国 PPP 模式的发展历程、主要特征及政策建议

（一）中国 PPP 模式的发展历程及主要特征

PPP 模式是推进市场化改革的重要工具。中国 PPP 模式的发展历程与中国推进基础设施及社会事业投资建设领域市场化改革的历程密切相关。从 20 世纪 80 年代开始，随着改革开放的不断推动，我国基础设施和公用事业由政府垄断开始转向放松管制，虽然并没有明确引入 PPP 模式

的概念，但实质上已经开始出现了能够体现 PPP 理念运作的项目。但是，真正体现现代 PPP 理念的制度建设，正式开始于 2014 年。现代 PPP 理念在我国的真正引入和推广应用，总体上仍然处于起步阶段。

2014 年之前，是我国 PPP 事业发展的探索阶段。20 世纪 80 年代以前，我国基础设施和公共事业投资建设领域一直处于政府垄断状态，投融资体制单一。我国最早引入能够体现 PPP 理念的项目运作方式始于引进外资参与基础设施和公用事业项目。

20 世纪 90 年代起，广西来宾 B 电厂、成都第六水厂、广东电白高速公路、武汉军山长江大桥和长沙望城电厂五个 BOT 试点项目的出现正式打破了原有格局，我国开始引进国际上基础设施市场化运作的成熟经验，主要学习借鉴法国的特许经营 BOT 运作模式。广西来宾 B 电厂和成都第六水厂的投资均来自法国，咨询公司也来自法国，将特许经营 BOT 作为引进外资进行项目融资的工具。

到了 2004 年，建设部出台《市政公共事业特许经营管理办法》（中华人民共和国建设部令第 126 号），明确鼓励非公有资本进入市政公用事业的建设、运营和管理，并主导制定了 5 个市政行业的特许经营协议范本，仍然是将特许经营 BOT 作为项目融资和推进市场化改革的重要工具。

从严格的意义上讲，2014 年之前的 20 多年，我国引入并推广应用的特许经营 BOT 模式，并不能算作现代意义的 PPP 模式。主要原因是：（1）我国一直将 BOT 作为项目融资的一种工具，目标定位非常单一；（2）项目的运作没有实现"利益共享、风险共担、长期合作、伙伴关系"等 PPP 的核心原则；（3）从 20 世纪 90 年代开始有计划地引入特许经营 BOT 模式，是在传统的投融资体制下完成的，是镶嵌于传统项目管理框架体系中的项目运作模式，没能发挥改革牵引作用；（4）从国际视野看，PPP 概念形成于 20 世纪 90 年代后期，大约 2003 年传入我国，但仅限于学术界的研究探索，没能纳入政府主管部门的政策制定体系，也没能有意识地按照 PPP 理念谋划、管理及实施特许经营 BOT 项目；（5）PPP 模式虽然从 2003 年开始已经传入我国，社会上随即开始将 BOT 等特许经营模式称为 PPP 模式，但基本上仍然按照传统特许经营项目进行管理，在实践中也将特许经营项目和 PPP 项目视为同等概念。十余年来，虽然我国在实践中也开始推动实施了一些 PPP 项目，如北京地铁 4 号线 PPP 项目，但在政府主管部门的相关文件中没有得到真正的体现。

现代 PPP 理念在我国的正式引入始于 2014 年。财政部出于推动地方政府融资平台转型，解决地方政府债务问题，推动财政体制改革的需要，开始学习借鉴英国 PFI/PPP 的运作模式，陆续发布多个 PPP 相关政策文件，吹响了中国 PPP 模式推广应用的集结号，以政府部门文件的方式首次要求在我国推广应用 PPP 模式。《国务院关于创新重点领域投融资机制鼓励社会投资的指导意见》（国发〔2014〕60 号）是国务院中央政府层面的文件首次提出推广政府和社会资本合作（PPP）模式。国家各部委陆续推出相关政策文件，在我国掀起推广应用 PPP 模式的热潮。

由于现代 PPP 理念在我国的正式引入仍然处于起步阶段，目前存在如下突出问题：（1）我国从 2014 年开始学习借鉴英国 PFI 模式引入的 PPP 模式，本质上属于第一代 PPP 模式，但推广应用 PPP 模式的初衷是为了剥离地方平台公司的政府融资功能，化解地方政府的债务风险，带有明显的短期功利性特征，对 PFI 模式所体现的 PPP 核心理念缺乏系统的研究和引入；（2）我国政府部门引入的是第一代 PPP 模式制度框架体系，但在实际操作中却将以使用者付费为主要特征的特许经营模式纳入其制度体系，要求必须统一按照 PFI 的操作流程进行运作，核心问题是混淆了第一代 PPP 模式和第二代 PPP 模式的基本特征，在制度设计上出现了逻辑混乱；（3）我国过去 30 年来借鉴法国特许经营模式推动实施的基础设施和社会事业项目 BOT 模式，与我们所理解的 PPP 模式仍然存在明显差异。近两年来国家投资主管部门积极推动的 PPP 模式，以推动深化投融资体制改革为目标，通过实施市场化改革，完善公共服务收费及价格形成机制，构建基于市场化运作的项目投资回报机制，实质上属于第二代 PPP 模式的范畴。但是，目前我国缺乏对第二代 PPP 理念的系统梳理和实践经验总结，也没有认真研究第一代 PPP 模式和第二代 PPP 模式之间的逻辑关系，以及如何推动从目前的第一代 PPP 模式向第二代 PPP 模式转换，目前仍然处于无意识的"摸着石头过河"的阶段，相应的制度体系建设仍然十分滞后；（4）我国目前已经进入"十三五"规划时期，我国提出贯彻落实创新、协调、绿色、开放、共享的五大发展理念，这与联合国倡导的以人为本和实现可持续发展目标的要求非常契合，这就要求我国必须高度重视推广应用"可持续发展工具"的第三代 PPP 模式。在第三代 PPP 模式的制度设计中，不能仅仅关注政府购买公共服务制度的完善，以及经济发展目标的实现，还要在更高的层面来理解和完善我国的 PPP 制度体系，从全局的视角完善 PPP 制度的顶层设计，但目前相关的政策研究和制度建设还没有纳入议事日程。

（二）政策建议

本文基于 PPP 功能定位的视角进行了 PPP 模式三代层次的划分，梳理了我国 PPP 模式的发展历程和功能定位。对 PPP 模式推广应用国际经验的总结，可以明显发现，政府无论要推广应用什么类型的 PPP 模式，必须首先考虑其特定发展阶段的特殊要求、当地经济社会发展的实际需要以及投资项目的具体特点。

我国是一个地域辽阔的发展中大国，各个地方的经济社会发展水平差距很大，当前需要解决的突出问题不同，在 PPP 的制度设计中，不能将不同类型的 PPP 模式混淆在一起按照统一标准进行 PPP 制度体系的设计。

对于社会型基础设施，应主要采用第一代 PPP 模式的理念框架。在这类 PPP 项目中，应充分明确政府的责任与职能，通过政府付费的方式保证这类基础设施项目的建设和运营，杜绝可能出现的公众二次付费，并保障公众的最根本权益。在 PPP 项目的运作过程中，充分吸收英国成熟的 PFI 运作经验和制度体系，使用 VfM、PSC 等工具对 PPP 项目进行合理性评价，但应明确这些工具的应用范围和应用标准。

对于经济型基础设施，应主要采用第二代 PPP 模式的理念框架。在这类 PPP 项目中，政府应更充分发挥市场的作用。政府财政的过度介入，不利于推动深化投融资体制改革，建立基于市场化的项目投资回报机制。政府应更加重视价格收费制度的改革，完善市场化回报机制，充分借鉴法国开展特许经营的经验，大力发展市场化的融资手段，完善 SPV 治理结构，由社会资本主要承担市场经营风险。

无论采用第一代还是第二代 PPP 模式理念进行推广 PPP 项目，都应逐步过渡到"以人为本"的第三代 PPP 思路框架，要在国家 PPP 制度设计层面，要求所有类型的 PPP 项目都要满足实现可持续发展目标的要求，PPP 项目的运作应符合可持续发展的规律，并逐步转向推动实施联合国倡导的"以人为本"PPP 制度框架体系。

基于 PPP 模式在我国当前发展的实际情况，我国推广 PPP 模式的总体思路应该是，进一步完善第一代 PPP 模式，大力发展第二代 PPP 模式，并在此基础上，以"创新、协调、绿色、开放、共享"五大发展理念为导向，全面深化与联合国欧洲经济委员会等国际组织的合作，积极推动转向第三代 PPP 模式的实践。

参考文献：

〔1〕The World Bank, *Asian Development Bank*, *and Inter-American Development Bank. Public-Private Partnership Reference Guide*, *version* 2.0, Washington, D. C. : World Bank Publications, 2014.

〔2〕［美］亚当·斯密：《国民财富的性质和原因的研究》，商务印书馆 1979

年版，第118—120页。

〔3〕〔美〕凯恩斯：《就业、利息和货币通论》，商务印书馆1988年版，第60页。

〔4〕O. Hart，J. Moore，"Property Rights and the Nature of the Firm"，*The Journal of Political Economy*，Vol. 98，No. 6（1990）.

〔5〕A. A. Alchian，H. Demsetz，"Production，Information Costs，and Economic Organization"，*The American Economic Review*，Vol. 62，No. 5（1972）.

〔6〕王守清、柯永建：《特许经营项目融资（BOT、PFI和PPP）》，清华大学出版社2008年版。

〔7〕张万宽等：《公私伙伴关系绩效的关键影响因素》，《公共管理学报》2010年第3期。

〔8〕伍迪、王守清：《PPP模式在中国的研究发展与趋势》，《工程管理学报》2014年第6期。

〔9〕秦绍娟等：《我国地方政府融资渠道创新研究》，《经济师》2014年第9期。

〔10〕中国投资咨询网编：《国家对PPP模式赋予极高战略地位》，2015年5月25日，见http：//www. ocn. com. cn/hongguan/201505/zcror25110443. shtml。

〔11〕王天义：《中国PPP，请让理念先行》，《财经》2016年第8期。

〔12〕李明哲：《国外PPP发展动态述评》，《建筑经济》2014年第1期。

〔13〕UK Treasury，*Reform of the Private Finance Initiative*，London：Crown，2011.

〔14〕李明哲：《评英国PFI改革的新成果PF2》，《技术经济》2013年第11期。

〔15〕梁伟：《城市轨道交通项目投融资模式选择决策研究》，清华大学博士学位论文，2012年。

〔16〕柯永建等：《英法海峡隧道的失败对PPP项目风险分担的启示》，《土木工程学报》2008年第12期。

〔17〕HM Treasury，*Value for Money Assessment Guidance*，London：HM Treasury，2006.

〔18〕Greater Vancouver Transportation Authority，*Golden Ears Bridge Value for*

Money Report，Vancouver：Greater Vancouver Transportation Authority，2006.

〔19〕蒋涌：《法国政府和社会资本合作模式的发展及其借鉴意义》,《法国研究》2016 年第 1 期。

〔20〕徐琳：《法国公私合作（PPP 模式）法律问题研究》,《行政法学研究》2016 年第 3 期。

〔21〕D. K. H. Chua，et al. ，"Critical Success Factors for Different-Project Objectives"，*Journal of Construction Engineering and Management*，Vol. 125，No. 3（1999）.

〔22〕王天义：《全球化视野的可持续发展目标与 PPP 标准：中国的选择》,《改革》2016 年第 2 期。

〔23〕United Nations Economic Commission for Europe，"List of PPP Standards in Support of the United Nations Sustainable Development"，2015 年 10 月 26 日，见 http：//www. unece. org/fileadmin/DAM/ceci/documents/2015/PPP/ICoE ＿ Barcelona/List_of_PPP_Standards_ and_SDG. pdf。

（载《北京交通大学学报（社会科学版)》2017 年第 3 期
执笔：李开孟　伍迪）

三代 PPP 模式的发展趋势及创新转换

从 2014 年开始，在财政部、国家发展改革委等有关部门的积极推动下，我国掀起了新一轮引入现代 PPP 理念及推广应用 PPP 模式的热潮。PPP 模式自诞生以来，已在世界范围的基础设施领域中得到了广泛应用，了解 PPP 模式在实践过程中逐渐发展和演进，对于在实践中推广应用 PPP 模式的操作理念、目标导向、功能定位等具有重要意义。

一、三种类型 PPP 模式发展现状及演进趋势

（一）PPP 模式的作用边界

现代 PPP 理念的产生和发展在世界范围内已有 20 多年的历史。PPP 的制度建设、运作模式、操作指南、评价方法一直在不断进行创新，但 PPP 的作用边界并非能够无限扩大。PPP 模式仅作用于出现政府失灵和市场失灵，能够通过模式创新切实提高效率、实现公平的经济社会领域。PPP 模式的交易成本很高，若盲目扩大 PPP 模式的应用范围，整个国家的社会经济系统将为此付出代价。

（二）三代 PPP 模式的发展现状及成熟度评价

1. 均是实现基础设施市场化运作的方式

法国过去 100 多年持续探索的以使用者付费为基础的特许经营模式，

使得对于那些能够锁定特定的公共服务使用者，且使用者愿意并具有能力付费的基础设施领域实现了市场化。以英国 PFI 模式为基础所产生的 PPP 模式框架，使得通过政府购买服务的方式，实现不具备使用者付费能力的公益性项目具备了市场化运作的可能，从而在理论上实现了在所有公共服务领域开展市场化运作的可能。第一、二、三代 PPP 模式均强调通过市场化手段引入私营资本，利用私营部门的专业力量提高公共服务供给的质量和效率。

2. 三代 PPP 模式的发展现状

现代 PPP 的理念起源于 PFI 模式，即第一代 PPP 模式。因此，第一代 PPP 模式是当今世界传播最广、认知度最高的 PPP 模式。世界绝大多数国家及专家所讲的 PPP 模式，本质上都是第一代 PPP 模式。

第二代 PPP 模式是在借鉴法国等西方国家特许经营经验的基础上，逐步形成的一种新型 PPP 模式，目前在以中国为代表的广大发展中国家受到极大重视，但传播程度低于第一代 PPP 模式。

第三代 PPP 模式由联合国欧经会（UNECE）推动，越来越受到世界各国的认可和支持，但仍然处于初期概念的导入阶段。

3. 三代 PPP 模式的成熟度评价

第一代 PPP 模式是现代 PPP 模式的起源，从 PPP 模式的公众认知、理论体系、立法进程、制度建设、合同框架、操作模式、实践经验等不同角度考察，处于最为成熟的阶段。

第二代 PPP 模式目前在广大发展中国家得到了实际的推广应用，同时也总结出很多具体的经验，但在理论体系、法律制度建设等方面仍然非常薄弱，相对成熟程度较低。

第三代 PPP 模式目前仍然处于概念导入阶段，缺乏实践经验的总结，在法律法规和制度建设等层面均比较缺乏。

三种类型的 PPP 模式具体应用于不同的行业部门，第一代 PPP 模式侧重于应用到社会基础设施领域，第二代 PPP 模式侧重用于经济基础设施领域。还可以从行业的市场化程度来观察 PPP 模式在不同行业应用的成熟程度。世界银行在《1994 年世界发展报告》中，对基础设施的性质进行了详细分类，选取竞争潜力、商品或服务的特点，向用户收取补偿费用的可能性、公共服务的责任、环境外部性等五个方面评价指标，对各类基础设施的可销售性进行评估。按 1—3 计分，分值越大越容易销售。按照世界银行提出的对基础设施可销售性评价框架，采用 PPP 模式的可能性可以参照基础设施的可销售性进行判断。可销售性越强，社会资本进入的可能性就越大。

（三）三代 PPP 模式的演进

1. 三种类型 PPP 模式的功能定位差异

第一代 PPP 模式的目标是实现政府对公共项目产品或服务的采购，其实质是为了提高财政资金的使用效率；第二代 PPP 模式的目标是通过建立公共部门和私营部门之间的合作伙伴关系，激发私营资本参与基础设施、公用事业项目建设与投资的积极性，通过推动市场化改革，完善收费及价格形成机制，构建基于市场化运作的项目投资回报机制，并带动当地市场机制的不断完善，促进区域经济跨越式发展；第三代 PPP 模式强调实现以人为本和可持续发展目标，其实质是在项目交付与区域发展的基础上，通过公共项目的 PPP 模式实现经济社会的和谐发展。

2. 三种类型 PPP 模式呈现包含关系

三种类型 PPP 模式的目标导向逐步提升，应用范围逐步扩大，概念的包容性不断增强。三种类型 PPP 模式的根本目标都是通过在基础设施和公用事业项目中推动 PPP 模式的实践从而实现社会资源的更合理配置。都是通过规则的制定，保证私营资本能够帮助实现其相应的目标诉求，并实现 PPP 参与各方的"共赢"。

3. 三种类型 PPP 模式的依次演进

PPP 模式在世界各国演变的基本趋势是，通过第一代 PPP 模式的引入，将"利益共享、风险共担、平等合作"的现代 PPP 理念导入基础设施及公共服务领域的市场化改革制度体系之中；通过价格和收费制度的改革，推动使用者付费类基础设施市场化改革，引入并不断完善第二代 PPP 模式；在 PPP 制度不断完善的基础上，在以人为本及可持续发展理念的引领下，逐步过渡到推动第三代 PPP 的制度体系建设。

二、三种类型 PPP 模式的创新及转换

（一）三代 PPP 模式的产生及发展动力

1. 传统特许经营模式存在局限性

法国过去推动的以特许经营为基础的市场化改革，更多地是强调通过特许经营模式，借助行政的手段，实现私营投资的商业利益，但没能从体制机制上关注构建平等互利的合作伙伴关系。特许经营模式主要应用于经济基础设施领域，难以解决无法应用于使用者付费的社会基础设施领域，难以解决政府关注的财政资金不足的压力，对财政资金的使用效率难以起到促进作用。由于强调是特许经营协议的行政合同性质，特许权的授予易于形成垄断，限制竞争，不利于在基础设施投融资领域推进市场化改革。

2. 采用 PFI 模式的动力

由于 PFI 模式强调平等合作、利益共享、风险共担，使得 PPP 的核心理念在推动基础设施和公共服务领域实现市场化改革的同时，更加重视建立可持续的伙伴关系，并由此催生出第一代 PPP 模式。第一代 PPP 模式的推广应用，提升了财政资金的使用效率，做到通过 PPP 模式降低财政资金支付，推动了财政公共治理体系的改革，解决了公共部门提供公共

服务的体制机制及效率问题。由于第一代 PPP 模式体现出各种优势，对各国政府财政部门产生了很大的吸引力。在各国际组织及各国政府的大力支持下，第一代 PPP 模式的理念及制度体系在世界各国得以广泛传播。

3. 采用第二代 PPP 模式的动力

第二代 PPP 模式极大地扩展了 PPP 模式的应用范畴，在更广泛的领域理解和应用 PPP 模式，极大地突破了对 PPP 理念的认知。第二代 PPP 模式强调从发展的视野看待财政支付能力，强调通过挖掘市场潜力构建项目回报机制，强调不能将项目的运作仅盯在财政资金的支付上，因此受到有发展后劲但目前相对落后的地区及广大发展中国家的积极响应。广大发展中国家迫切希望通过 PPP 模式建立广泛的合作伙伴关系，整合各种优势资源，促进当地经济发展，使得第二代 PPP 模式的推广应用具有强大的内在动力。

4. 第三代 PPP 模式的发展动力

第三代 PPP 模式是现代 PPP 理念的重大创新，与第一代 PPP 模式和第二代 PPP 模式重大的区别就是强调公平问题，包括代内公平和代际公平，其发展动力来自社会责任及可持续发展的关注。对于财政资金比较缺乏的政府部门，或者经济发展相对滞后的地区，可能会更多地关注财政资金的使用效率和地方经济的跨越式发展，对追求以人为本及可持续发展目标的动力可能不足。从长期战略的视野看，以人为本可持续发展与财政资金的使用和促进当地经济发展并不矛盾。各国政府部门应重视通过转变发展理念，不断提升促进第三代 PPP 模式发展的内在动力，协调经济、社会、环境的可持续发展。

（二）三类 PPP 模式发展的局限性

1. 第一代 PPP 模式发展的局限性

对制度环境的要求很高。PFI 模式实现了在传统的政府财政资金投入领域的市场化运作，并要求政府未来按照项目运作的绩效进行付费。因此，需要有完善的公共治理体系、政策法规环境、公众参与机制及信息公开制度。对于许多发展中国家而言，这样的制度环境并不存在。

政府中长期预算体系完善。不是基于收付实现制而是基于责权发生制的政府中长期预算体系，政府公共理财体系完善，社会经济发展相对进入成熟期，对未来财政支付能够形成合理预期。

PPP 项目的适用范围受到严格限制。仅适用于政府付费的社会基础设施及公共服务领域。对于大量使用者付费或以使用者付费为基础进行财政补贴的经济基础设施项目，并不适于采用 PFI 模式。

主要关注的是项目。虽然第一代 PPP 也可以用于盘活存量基础设施，但重点关注的新建基础设施项目，主要关注的是社会基础设施项目的新建问题，主要采用 DBFO 或 DBFOT 等模式。

由于上述原因，第一代 PPP 模式在世界各国的应用非常有限。英国 20 多年仅实施了 700 多个 PFI 项目，已然属于开展 PFI 模式比较多的国家，其他各国 20 多年真正落地的 PFI 项目仅数百项。因此，让第一代 PPP 模式承担促进当地经济社会发展的重任，要求所有类型的 PPP 项目都按照第一代 PPP 模式的要求进行运作，非常不符合实际。

2. 第二代 PPP 模式发展的局限性

第二代 PPP 模式着力于提升当地经济发展的质量和效率，希望摆脱对政府财政资金的依赖，建立基于市场化的私营企业投资回报机制，更加强调拟投资的 PPP 项目自身的投资价值，使得项目回报机制的建立更加复杂，项目运作需要的专业化水平更高。

第二代 PPP 项目的成功落地，依赖于价格及收费制度的改革，依赖于投融资体制的深化改革，依赖于项目的前期论证和科学决策。第二代 PPP 理念下，强调财政资金是为经济发展服务的，财政支付能力论证不应成为限制经济发展的手段。但是，如果项目论证失误，有可能增加政府潜在财政支付风险。因此，对项目论证及管理的专业性要求更高。

3. 第三代 PPP 模式发展的局限性

第三代 PPP 模式强调关注以人为本及资源环境的可持续发展，其目标诉求有可能和经济发展及项目的可融资性存在冲突，使得拟建项目在如何平衡现金流量、经济发展、资源节约、环境保护、社会和谐等方面增加难度。第三代 PPP 理念的提出，需要有一个不断接受的过程。

在拟建项目的前期论证、分析评价及项目决策方面，与第一代 PPP 模式和第二代 PPP 模式分别从财政资金使用效率及经济发展质量等角度进行客观评价不同，第三代 PPP 项目的评价标准存在不确定性，如何判断拟建项目是否符合第三代 PPP 模式关于资源环境可持续性及以人为本的要求，存在一定的不确定性，往往难以进行准确判断。

（三）推动 PPP 模式转换的对策措施

1. 推动第一代 PPP 模式健康发展的对策措施

第一代 PPP 模式能否健康发展，对于一个国家能否顺利导入现代PPP 理念，能否促进 PPP 模式向更高层级转型，具有重要意义。因此，必须重视第一代 PPP 模式的健康发展。由于第一代 PPP 模式对于减轻地方政府财政资金支付压力、化解地方政府债务风险等方面能够产生很好效果，因此，地方政府对于推动第一代 PPP 模式健康发展存在强劲动力。

推动第一代 PPP 模式健康发展的具体措施包括：（1）对第一代 PPP模式的适用范围进行严格限制；（2）推动政府预算体制改革，完善中长期预算管理体制；（3）加强政府采购的公开透明评审及监督管理程序；（4）完善基于可用性付费的公共服务购买支付流程；（5）完善政府采购公共服务和公共产品的采购标准或产出规定、采购价格以及财政资金的支付能力等评估标准，加强财政支付的 PSC 分析和财政承受能力论证；（6）完善第一代 PPP 项目运作的制度及法律体系建设。

2. 第一代 PPP 模式向第二代 PPP 模式转换的对策

由于第一代 PPP 模式的实施存在局限性，第一代 PPP 模式不可能在一个地区大规模发展。如果统一按照第一代 PPP 模式的思路推动整个 PPP 模式的发展，将对 PPP 模式的健康发展造成严重损害。对于广大发展中国家而言，政府部门对通过 PPP 模式动员各种经济资源促进当地经济健康发展寄予高度期待，因此应及时推动第一代 PPP 模式向第二代 PPP 模式转型，为 PPP 模式健康发展打下基础。

从第一代 PPP 模式过渡到第二代 PPP 模式，强调要通过 PPP 模式所建立的合作伙伴关系，推动各地区调动各种经济资源，构建市场化的投资回报机制，推动当地经济跨越式发展，因这种理念契合了广大发展中国家谋求经济快速发展的内在动因，其推广应用往往并不困难。

推动第二代 PPP 模式的健康发展，建立多元化的 PPP 项目融资机制及投资回报机制，应同步推进价格、收费及投融资体制的配套改革，通过资产证券化等多种途径完善私营企业投资的退出机制，强调 PPP 项目论证的核心目的是选择优质的 PPP 项目。

地方政府应转变思路，要牢牢树立财政是为发展服务的这一根本宗旨。对于需要财政资金支付的项目，物有所值评价要纳入项目可行性研究体系进行系统论证。应在建立健全地方政府中长期财政预算管理体制的基础上，基于责权发生制的预算编制及管理思路，加强地方政府的综合性预算管理，不应开展流于形式的 PPP 项目财政承受能力论证。

3. 第二代 PPP 模式向第三代 PPP 模式转换的对策

第三代 PPP 模式追求人的发展，强调社会和谐，关注资源环境的可持续发展及代际公平。从第一代 PPP 模式和第二代 PPP 模式过渡到联合国所倡导的第三代 PPP 模式，是联合国引领未来 PPP 模式发展方向的重大行动。无论是第一代 PPP 模式还是第二代 PPP 模式，都是带有短期功利性特征，都仅具有阶段性存在的必要性。从第一代 PPP 模式和第二代

PPP 模式过渡到联合国所倡导的第三代 PPP 模式，受到发展阶段等复杂因素的限制，整个转换过程非常困难。

联合国欧经会提出把起源于欧洲的 PPP 模式作为推进各国实现可持续发展目标的重要机制和有效工具向全世界推荐，并通过研究制定与 17 个可持续发展目标相对应和匹配的 30 多个 PPP 国际标准，推动实现全球可持续发展。这些 PPP 标准是结合联合国 17 个可持续发展目标有针对性地建立的，内容则参考了世界各国 PPP 最佳实践与规则，相关研究表明这些 PPP 国际标准能够对 17 个可持续发展目标中的 14 个目标产生深远的影响。

4. 转换中的风险及规避对策

路径依赖风险。现代 PPP 理念起源于基于 PFI 模式的第一代 PPP 模式。世界各国在推广应用 PPP 模式的过程中，最大风险在于将所有类型 PPP 项目均纳入第一代 PPP 模式的制度体系，要求统一按照政府采购公共服务的流程及思路对所有 PPP 项目进行筛选和管理，从而对 PPP 模式的健康发展造成危害。

迟疑转换风险。第一代 PPP 模式和第二代 PPP 模式在一定程度上均具有短期功利性质，均受到财政当局及地方政府的青睐，从而失去转换到第三代 PPP 模式的动力，并损害当地经济社会的协调和可持续发展。应采取的基本应对策略，是全面导入和完善第一代 PPP 模式，大力发展第二代 PPP 模式，并在此基础上，积极推动转向第三代 PPP 模式的实践。

（执笔：李开孟）

以 EOD 理念推动城市排水领域 PPP 模式创新

在全国生态环境保护大会上，习近平总书记强调了生态环境建设的可持续发展导向，强调从发展的视角看待环保，强调生态建设对可持续发展的导向作用。以生态为导向的发展模式又称为 EOD（ecology-oriented development）模式，要高度重视以 EOD 理念推动城市排水领域 PPP 模式创新。

一、EOD 理念的核心内涵

EOD 理念强调以特定载体为导向的发展模式，根据其依托发展的载体不同，在不同的行业有不同的称谓，比如在交通运输领域称为 TOD，在医疗卫生领域可以称为 HOD，通过科技基础设施的建设推动相关产业创新发展，可以称为 SOD 等。以生态为导向的发展模式，则简称为 EOD 模式。

"生态导向"的概念最早由美国学者霍纳采夫斯基（Honachefsky）于 1999 年提出。他认为美国城市的无序蔓延及其对生态环境的破坏等问题的出现，是因为将土地的潜在经济价值置于生态过程之前所致，因此强调应将区域生态价值和服务功能与土地开发利用政策相结合，提出"生态优化"的思想，强调从单纯的"环境保护"向利用生态来引导区域开发的"生态导向"方向转变。

EOD 模式强调以生态文明建设为引领，以特色产业发展为支撑，以城市排水系统厂网一体化建设、河道整治及城区综合开发为载体，通过生态优化聚集优势资源，带动城市区域整体价值提升，实现城市可持续发展。城市排水系统是维持城市正常运转的重要基础设施。城市排水项目属于城市生态环境建设项目，涉及污水厂建设、河道治理、雨水排放及自然水体疏浚、厂网河一体化建设等内容。如果仅将其作为污水排放设施，则只能将其视为纯粹的支出性项目，是维持城市运转必须付出的代价，并将精力聚焦于如何争取财政资金的投入方面，以确保达标排放。如果以EOD 的理念看待城市排水系统建设，则强调城市排水基础设施建设的目的在于维持城市的生态环保功能，并带动城市生态品质的提升及优质产业、空间等资源聚集及当地经济社会的高质量发展，从而通过未来的发展来实现城市供水项目的内在价值，构建多元化的投资回报机制。

EOD 模式的应用，应关注三大核心要点：（1）着眼未来。不能仅着眼现状，不能因为现在条件不具备、有各种限制因素就不发展，而要考虑整个工程全生命周期的要素整合。（2）导向发展。工程建设的目的不仅是把工程做好，而且要保证这些基础设施工程发挥作用，带动区域经济发展及要素聚集，强调项目资源要素的优化配置，一切以发展为目的，为发展服务。（3）通过发展获取回报。强调要挖掘城市排水基础设施建设所引发的价值增值，基础设施的投资回报要通过发展所创造的价值来获取回报。项目的价值应由未来的发展结果来体现，而不是由当前的交易条件体现。

二、不符合 EOD 理念的 PPP 模式容易误入歧途

PPP 模式所关注的项目都属于基础设施项目。基础设施建设的目的，就是为经济社会发展提供支撑条件。城市排水 PPP 项目如果忽略生态导

向的发展理念，必将出现各种问题。比如：（1）以"政府采购"的名义套取各种财政资金的支持，不考虑如何通过财政资金的投入来促进当地区域经济社会的可持续发展，忽略城市排水项目经济价值的挖掘。（2）仅关注施工承包业务，使 PPP 成为争夺工程承包等具体业务的工具；通过 PPP 的方式获取各种施工任务，把 PPP 作为躲避公开招标获取承包工程的手段，即仅关注目前的业务争夺，而不关注未来的发展问题。（3）以可用性付费的名义变相实施加长版的城市排水 BT 模式，不关注未来发展方面的具体情况。（4）以可行性缺口补贴的名义套取各种财政资金的补贴，导致大量财政资金以可行性缺口的名义进行无节制的投入，而忽略通过发展来创新回报模式，本质仍然是不关注发展。（5）PPP 模式的无追索或有限追索"项目融资"，在现实中演变为政府融资和国企融资，各种财政兜底及过桥融资操作方式不断翻新。PPP 项目融资的核心属性是无追索或有限追索的项目融资，即其投资回报仅对项目自身未来的资产及运营绩效进行追索，而非对项目发起单位或母公司进行追索。但我国当前的 PPP 项目融资本质上却表现为企业融资、公司融资或政府融资，关注的是交易对象的现状、当地政府的兜底能力、中央企业当前的信用水平和资产抵押担保能力，而非关注项目资产的未来运营绩效，核心问题仍是忽略发展导向。（6）"股权投资"演变为各种形式的明股实债，"长期投资"演变为各种短期融资方式等。PPP 模式引入的社会资本是一种股权投资，其投资回报应该依靠未来发展的绩效予以保证，但实践中的股权融资变成了明股实债、过桥融资、短期融资，仍是缺乏对未来发展的关注。这些情况并不是个别现象，造成这种状况的根本原因是忽视了最根本的"发展"问题。城市排水项目作为基础设施项目，投资目的是为发展服务。如果生态环境建设背离了为发展服务的目标导向，忽略了 EOD 的发展理念，则会导致上述各种问题。今后应努力解决这种普遍存在的问题。

三、核心问题是回归到发展项目的共性轨道

城市供水项目坚持 EOD 的发展理念，并不是 PPP 项目的特殊要求，而是基础设施项目的共性要求。以 EOD 理念推动城市供水领域 PPP 模式创新，首先要让城市供水基础设施项目的运作回归到发展项目的本质轨道。以 EOD 为导向的 PPP 模式，应遵循发展项目运作的一般规律。不能因为城市排水项目采用 PPP 模式，就过度强调城市排水 PPP 项目的特殊性。

当前我国 PPP 模式的应用存在很多问题，一个重要原因是过度强调 PPP 项目的特殊性，并强调按照多项特殊要求推动 PPP 项目的实施，制定了诸多针对 PPP 项目管理的特殊制度安排，并以行政的手段要求所有 PPP 项目都按照这些要求进行操作，导致 PPP 项目的实际操作出现许多混乱现象，这是当前我国 PPP 项目实践层面面临的非常严重的问题。以"两评一案"为例，"两评一案"被反复强调是 PPP 项目所特有的论证，投资项目只有通过"两评一案"论证，才能拥有"PPP 项目"的资格和身份。只有认定某个项目具备"PPP 项目"的资格，才能入库，才能纳入财政预算，才能得到政府部门对该项目的背书和变相行政许可的认定，从而进一步撬动银行贷款等更大份额的蛋糕。

这种做法极其错误。姑且不评价中国特色的"两评一案"的论证内容是否正确，但针对"'两评一案'是 PPP 项目论证所特有的项目论证内容"这一观点，须作必要澄清。

首先，实施方案是从英文 business case（BC）翻译过来，其内涵是拟建项目若进行商业化运作，需要制订一个商务运作方案，本质上是可行性研究的一个组成部分。不能仅将可行性研究工作理解为编写一本可行性研究报告，甚至是可批性报告。投资项目的可行性研究是一个项目论证由浅

入深不断深化的过程，包括投资机会研究、初步可行性研究和详细可行性研究。

根据可行性研究工作的成果，需要编写各种专项工作计划方案，除项目商务运作实施方案（BC）外，还有征地移民拆迁安置方案、社会风险管理行动计划方案等。这是针对所有类型项目的通行要求，不应将实施方案看作 PPP 项目所特有的工作要求，也不应强调用 PPP 项目的实施方案代替可行性研究，应对投资项目的前期论证工作给予正确的引导。

PPP 项目的实施方案（BC），我国主要的学习对象是英国的 PFI（private financing initiative）模式，但这种学习非常片面。英国针对 PFI 的实施方案包括三个层次：一是 SOBC（strategic outline business case），即规划层面的实施大纲；二是 OBC（outline business case），即项目层面的初步方案；三是 FBC（final business case），即采购层面的最终方案。然而，我国政府部门及专家所说的 PPP 项目实施方案，对应的仅相当于英国 PFI 项目的政府采购层面的 FBC。在实际操作层面，一方面不能把实施方案理解为 PPP 项目所特有的工作要求，另一方面不能将 PPP 项目的实施方案简单理解为仅关注采购层面的 FBC。

其次，"物有所值评价是 PPP 项目论证所特有的专业分析工具"这一观点同样不正确。物有所值（value for money）所强调的是钱花得是否值得，包括两层含义：一是项目是否应该实施，需要针对整个项目进行系统的可行性研究以及经济合理性评价（包括经济费用效益分析或费用效果分析）；二是假若这个项目必须实施，如何实施最省钱，即当前所理解的基于公共部门比较值 SPC 对比的物有所值评价。

物有所值评价是针对所有项目都要进行的一种通用的项目分析方法，但在我国却被理解为 PPP 项目所特有的分析方法，而且仅将其内涵限定为基于 PSC 分析的公共部门采购成本比较方法。目前较为常见的说法是，可行性研究用于判断项目是否具备工程可行性，物有所值评价则专门用于判断是否应该采用 PPP 模式。我国的 PPP 项目物有所值评价，形成了极为错误的理解和引导。

最后，财政承受能力论证，这实际是投资项目可行性研究财务分析中的财务可持续评价的内容之一，即针对投资项目财务可负担性所进行的分析评价。这种评价同样适用于所有项目。对于需要财政资金支付的项目，因为涉及运用政府公共资金的问题，需要建立完善的中长期财政预算体系，对政府公共投资进行项目群的规划及财政资金平衡分析，而并非针对单个项目编制财政承受能力论证报告。

这里仅将"一方案两论证"作为示例，目的是想指出不应过分强调 PPP 项目的特殊性，并以此为借口，针对 PPP 项目制定各种特殊性制度安排，要求所有类型的 PPP 项目均按照这些特殊规定进行运作，这将造成很多扭曲现象。同样应该明确，强调采用 EOD 理念推动城市供水领域 PPP 模式创新，并不意味着 EOD 理念是城市供水项目 PPP 模式运用的特殊要求，EOD 理念是生态环保建设项目的共性要求。抛弃共性要求而过分强调特殊性，非常容易误入歧途。

四、PPP 咨询机构应该切实负起专业责任

推动 EOD 理念在城市排水领域 PPP 模式创新应用，PPP 咨询机构应发挥非常重要的专业推动作用，而且大有可为。

（一）策划优质项目方案

城市排水 PPP 项目是发展项目（或称开发项目，development project），不是商业项目（business project），因此应按照发展项目的规律进行评价、筛选和运作。发展项目，如世界银行（国际复兴开发银行）及亚洲开发银行支持的项目，应遵循一些共同的规则。比如，关注项目的

发展导向，从项目所带来的发展效果来评价项目自身的价值。城市排水网管无论建得多么高级，如果没有被很好利用，没有为城市可持续发展作出切实贡献，那么这个项目就不是一个好项目，是决策失误的项目。判断发展项目是否可行，需要进行专业性的可行性研究及其经济价值的分析评价，包括经济费用效益分析、费用效果分析、对相关产业的经济影响分析等各方面的分析评价，通过经济净现值（ENPV）、经济内部收益率（EIRR）等指标判断项目的经济价值，而非仅考虑项目自身的财务现金流量。在经济可行的基础上再对项目的财务方案进行策划分析。目前的 PPP 专业咨询机构普遍缺乏这方面的专业能力，有必要进行相关领域的能力建设。

（二）做好排水工程与城市发展及产业体系的协同规划

以 EOD 模式推动城市排水项目的 PPP 模式创新应用，应跳出城市供水工程投资的行业视野，坚持系统性发展的思路，统筹规划厂网一体化建设、城市水网体系整治及岸线城市空间统筹规划，根据城市发展、空间布局、相关产业培育等进行系统性思考和整体谋划。

我国诸多城市的城市水系与城区发展缺乏统一规划，城市排水系统建设缺乏规划，工业废水、生活污水、雨水等相互混合，数百条水道杂乱分布。目前各地热衷于引入 PPP 模式开展城市排水基础设施项目建设，但仅将注意力放在各个单独的城市排水项目上，一个城市完整的排水网络被人为地分割成多个城市排水 PPP 项目，而不同排水 PPP 项目由不同的社会资本方来承担，形成的割裂导致存在严重的潜在问题，未来可能需要付出很大代价来解决这些问题，甚至需要几十年、数百年来弥补这种无序建设造成的损失。如何做好系统性规划及城市空间布局的整体设计，考验着 PPP 咨询机构的专业能力。

（三）策划 PPP 项目的财务方案

以 EOD 理念推动 PPP 模式创新，强调排水工程作为城市市政建设的重要基础设施，是为城市可持续发展服务的，PPP 项目本身也必须具备可融资性。同时，以生态环保为发展导向的城市排水 PPP 项目的市场化运作，必须要研究有关资源环境的价格成本形成机制，考虑生态资源的资产属性、价值判断、产权界定等重要概念，挖掘生态资产的经济价值、创新生态环保 PPP 项目的回报机制、推动绿色金融等融资工具的应用、促进相关领域 PPP 模式的健康发展等方面内容变得非常重要。

应从长远发展的战略视角来平衡生态环保 PPP 项目的投资回报，不可寄希望于短期回收项目投资。应按照"谁受益，谁负担"的原则设计回报机制，以未来数百年的可持续发展为目标导向，同时借鉴法国巴黎城市排水系统的可持续性应用等国际成功经验。PPP 专业咨询机构应深入系统研究相关的实施路径。

加强生态资源的环境资产、环境产权等研究，从山水林田湖草是生命共同体的系统思维角度认识资源环境的生态价值、产权界定、资产确认及产权流通等问题，也是专业咨询机构需要认真思考的问题。

（四）推动三代 PPP 模式协调发展

以 EOD 理念推动城市供水领域 PPP 模式创新，应从资金投入、经济发展及资源环境可持续发展等三个层面进行谋划，树立现代 PPP 模式的完整概念，统筹推动 PPP 模式创新发展。

应关注政府财政资金的有效投入，强调财政资金的介入是为发展服务的，从发展的视角研究如何有效使用财政资金，把 PPP 模式作为有效使用财政资金的一种手段。这是资金投入层面，也即第一代 PPP 理念的应用问题。

同时，应通过 PPP 模式整合各种资源，解决地方政府在产业规划及系统设计方面能力不足的问题，引入专业机构进行开发运作，促进当地城市排水、生态环境、产业布局、土地规划的协调发展。通过城市排水网络系统的高质量建设，促进相关区域的价值增值，把 PPP 作为整合专业资源、发挥市场优势、促进产业联动、实现价值增值的一种手段，并通过带动产业发展实现城市排水基础设施建设的投资回报。这是经济发展层面，即第二代 PPP 理念的实践应用问题。

同时，城市排水项目作为生态环境建设领域的基础设施项目，需要关注以人为本及资源环境的可持续发展问题，这是可持续发展层面，即第三代 PPP 理念的应用问题。如果把现代 PPP 的内涵仅仅理解为第一代 PPP，仅将目光局限在如何套取财政资金方面，思路会变得非常狭隘。

以三代 PPP 理念推动以 EOD 为导向的城市供水 PPP 模式创新，有巨大的发展空间。我国正处于城市化快速发展的重要阶段，很多城市面临繁重的排水系统建设及整治任务，城市品质提升的空间很大，EOD 理念拥有广阔的应用空间。

（五）重视深化改革的路径研究

以 EOD 理念推动城市排水领域 PPP 模式创新，强调可持续发展的思路导向，必须通过体制机制改革创新，为 EOD 理念的落地生根创造条件。以生态可持续发展为导向，根据生态发展的成果构建回报机制，有诸多体制机制的障碍，必须强调通过改革来推动发展，破除体制机制方面的制约因素，包括价格改革、环境产权改革、绿色资产价值评价机制的创建等。通过"改革"消除急功近利的利益驱动机制，才能确保 PPP 模式回归到推动投融资体制改革及促进可持续发展的轨道上来。

（六）为促进民营企业参与出谋划策

如前所述，城市排水领域推动 PPP 模式创新发展，关键要把握两个因素：一是强调发展导向，二是强调推动改革。发展是放眼未来，而不是盯住现状；改革则需要着眼于现状，推动各种体制机制的创新，打破现有的利益格局。改革对 PPP 模式的创新发展具有重大意义。推动改革的关键是重视民营企业参与 PPP 项目投资。民营企业是一种新生的力量，没有政府及国有信用基础的依靠，需要靠自己的力量才能获得回报，即必须依靠未来的发展成果，靠发展要回报。我国城市排水领域已经发展成长出一批实力雄厚、富有担当、机制灵活、锐意创新的民营企业，它们将会在以 EOD 理念推动城市供水 PPP 模式创新应用中发挥重要作用。

综上所述，推动 EOD 理念在城市供水领域的创新应用，一是需要强调发展导向，二是需要强调深化改革。无论是发展还是改革，都需要创新性思维，需要勇气担当，需要本专业领域专家的情怀投入和积极参与。

（载《城乡建设》2018 年第 14 期　执笔：李开孟）

以 PPP 模式推动政府购买服务模式创新[*]

公共服务的提供可以采用公共部门直接提供（即传统采购模式），或者在政府的规制约束下通过私人部门直接提供（即私有化模式），以及在 PPP 模式下通过特许经营、政府采购和股权合作等方式提供。其中，PPP 模式下政府购买服务的项目运作模式，在英国被称为 PFI（private financing initiative）模式，在法国被称为 CP（contract of partnership）模式，仅是向社会提供公共服务的众多方式之一。我国政府制定政府和社会资本合作（PPP）模式的相关政策，主要借鉴了英国 PFI 的经验，并将政府购买服务的内涵进行了极大的扩展。我国目前发布的几十项国家层面的政府文件中，绝大多数所称的 PPP 模式，实际上讲的是英国的 PFI 或者是法国的 CP，且都按照政府购买公共服务的思路对 PPP 项目提出规范性要求，但其指向实际上主要是特许经营项目。正确理解 PPP 模式下政府购买服务的真正内涵，对于促进我国 PPP 模式的健康发展意义重大。

一、政府采购仅是 PPP 的模式之一

国际上普遍认为 PPP 模式有两种基本类型：一是使用者付费类特许经营 PPP 模式，二是政府购买服务类 PPP 模式。无论采用哪种 PPP 模

---

[*] 原文刊载于《中国投资》2015 年第 10 期，原标题为《PPP 模式下政府购买服务的新内涵》。

式，都强调要求由私人部门来负担项目的建设投资。也就是说，PPP 模式强调政府退出项目初始投资，政府财政资金仅根据项目运营绩效进行补贴或购买服务。

两种模式的主要区别在于私人部门回收项目建设投资和运营成本的方式不同。对于使用者付费类 PPP 模式，要求采用特许经营的方式，向项目产品和服务的使用者收取费用，用以回收项目建设和运营成本。这种模式主要适用于能够建立市场化运作机制、能够明确锁定项目产品或服务的使用对象、能够向使用者收取费用的各类基础设施和社会事业投资项目。

对于政府购买服务类 PPP 项目，则通过政府向项目提供的公共服务支付购买费用来回收私人部门前期建设投资及运营费用。这类项目往往难以锁定具体的受益对象，或者难以向使用者收费，只能由政府通过税收等方式筹集财政资金完成公共服务的购买。

政府购买服务类 PPP 模式，在英国称为 PFI，在法国称为 CP。英国由于基础设施和社会事业投资建设领域的私有化程度很高，使得使用者付费类特许经营 PPP 模式很少使用，绝大部分 PPP 项目都是 PFI 项目，因此英国习惯上将 PPP 和 PFI 两个概念等同使用，即英国所讲的 PPP，就是指政府付费购买公共服务的 PFI 模式，但英国广义的 PPP 概念中，也包括特许经营 PPP 模式。

与此对照的是，法国基础设施和社会事业投资领域私有化程度相对较低，目前还存在大量特许经营项目，认为特许经营和政府采购公共服务同属于 PPP 模式的具体实现形式。

政府采购公共服务可以采用运营维护合同（operation and maintenance，O&M）、管理合同（MC）、租赁合同等多种模式。由于受到国内当前投融资体制及经济发展阶段的影响，特许经营仍然是我国 PPP 的主要采用模式。随着我国市场化程度的提高，尤其是财政体制改革的推进，"小政府、大社会"公共治理格局的形成，政府采购类 PPP 模式在我国 PPP 模式中的地位将逐步提高。

同时，由于当前我国政府投资在引导社会投资、促进基础设施和社会事业健康发展方面仍然具有举足轻重的重要地位，使得股权合作成为当前阶段我国 PPP 模式的重要实现形式之一，我国当前不宜提出政府投资从 PPP 模式项目投资中退出。因此，特许经营、股权合作和购买服务同为我国 PPP 模式的重要实现形式。

二、我国将所有类型 PPP 模式均视为政府采购

《中华人民共和国政府采购法》规定，政府采购是指各级国家机关、事业单位和团体组织，使用财政性资金采购依法制定的集中采购目录以内的或者采购限额标准以上的货物、工程和服务的行为。

《中华人民共和国政府采购法实施条例》规定，政府采购所需的财政性资金，应纳入预算管理。以财政性资金作为还款来源的借贷资金，视同财政性资金。因此，根据我国现行法律法规规定，"政府采购"必须要有财政资金的投入，必须纳入政府部门的预算管理。政府采购所形成的债务必须体现为政府负债。

但是，我国政府出台的《关于推广运用政府和社会资本合作模式有关问题的通知》（财金〔2014〕76 号），却明确提出，政府和社会资本合作模式的实质是政府购买服务。《政府和社会资本合作模式操作指南》要求，所有 PPP 项目都要经过识别、准备、采购、执行和移交等环节进行运作，并根据《中华人民共和国政府采购法》及相关规章制度履行采购程序。

《国务院办公厅转发财政部发展改革委 人民银行关于在公共服务领域推广政府和社会资本合作模式指导意见的通知》（国办发〔2015〕42 号）进一步明确要规范 PPP 项目的识别、准备、采购、执行、移交各环

节操作流程，并提出财政部门要强化统筹协调，会同有关部门对相关要求的落实情况进行督促检查和跟踪分析，重大事项及时向国务院报告。

这些政策文件导致 PPP 从业人员当时普遍认为，我国所有类型的 PPP 项目都属于政府购买服务项目，都应该纳入政府采购的框架体系，不应该再履行我国已经实施数十年的基本建设程序。这种认识得到国务院相关文件的肯定和支持，已经在一定程度上形成全国共识。

我国将所有 PPP 项目都视为政府购买服务，源自我国制定的很多 PPP 政策文件，主要借鉴英国财政部推广应用 PFI 的相关经验。如前所述，英国 PPP 和 PFI 两个概念通用，是因为英国很少有特许经营项目。特许经营和政府购买服务分属于 PPP 的不同类型，得到全世界包括英国在内的国家普遍认可。

我国政府《关于推广运用政府和社会资本合作模式有关问题的通知》（财金〔2014〕76 号）要求，应在全国范围内选择一批以"使用者付费"为基础的项目进行 PPP 示范。也就是说，我国目前所推行的纳入"政府采购"流程管理的 PPP 项目，绝大部分不属于政府购买服务类 PPP 项目，而是属于使用者付费类的特许经营 PPP 项目。

政府付费类 PPP 和使用者付费类特许经营 PPP 项目的关键区别是二者的付费机制不同。政府付费（government payment），是指政府直接付费购买公共产品和服务，主要包括可用性付费（availability payment）、使用量付费（usage payment）和绩效付费（performance payment）。政府付费的依据主要是设施可用性、产品和服务使用量和质量等要素。

PFI 的概念起源于英国，且英国是采用政府付费型 PPP 模式（即 PFI 模式）最充分的国家。但据英国基础设施局（IUK）提供的数据，PFI 占英国整体公共部门投资的比例也仅有 11%，仅是政府购买公共服务的众多方式之一，而不是全部。

也有学者认为，应该从广义的角度去理解"政府采购"的内涵，不能狭隘地认为政府财政资金的投入才是政府采购。对于基础设施和社会事业项目，特许经营公司向使用者收取费用，实际上是政府对项目实施主体授予了公共服务的收费权，这种收费权的让渡也是政府付费的一种重要体现方式。但是，这种理解与我国建立市场经济体制的改革方向明显不符。在市场经济条件下，落实企业自主权，企业向使用者收取其提供产品和服务的费用，是企业经营自主权的重要体现，这种权利不是政府的让渡，更不是政府的恩赐。将基础设施和社会事业项目的使用者收费视为政府付费，将使用者和政府视为一体，并因此将使用者付费类 PPP 项目纳入政府采购的范畴，不符合市场经济环境下对项目运作的基本认知。

三、明确 PPP 模式下政府采购的真实内涵至关重要

我们强调不能将特许经营视为政府采购，不仅是基于逻辑分析所得出的结论，更是基于完善我国 PPP 项目监管机制的需要。如果过分强调从财政资金的投入（事实上，一些特许经营项目根本没有财政资金投入）的环节对 PPP 项目进行监管，过分扩大政府采购的范畴，就会从国家经济发展战略、行业规划、准入标准、法律法规等层面削弱对 PPP 项目的监管，就会脱离我国现行的工程项目基本建设管理程序，仅强调通过物有所值评价和财政承受能力评价，通过财政资金投入及采购方式的合理性分析来代替整个项目的可行性研究和项目评价工作，造成我国工程项目管理体系的混乱。

我国当前完善 PPP 项目监管体系，应从促进国家 PPP 事业健康发展的高度，按照国家治理体系和治理能力现代化的要求，明确提出特许经营项目不属于政府购买服务，不应再按照政府采购的思路来评价特许经营项目。

对于政府采购类 PPP 项目，应明确评价的重点，应在可行性研究和

项目评价的基础上，将采用 PPP 模式（实际上是英国的 PFI 模式）与传统政府采购模式进行对比分析，确保从项目全生命周期角度分析，采用 PPP 模式能够提高政府采购服务的质量和效率，降低采购成本。项目评估时，要综合考虑公共服务需要、责任风险分担、服务产出标准、关键绩效指标、财政支付方式、项目融资方案和财政支付成本等要素，确保实现激励相容，提高公共服务的质量和效率。

同时，要明确推广应用真正的政府付费类 PPP 模式对推动我国财政体制改革的重要作用。当前我国公共服务领域的政府采购改革不到位，仍然呈现"大政府、小社会"的运作特征，大量公共服务仍然由公共部门直接提供。我国虽然已经开始推动政府采购公共服务领域的体制机制改革，但仍然处于初始的启动阶段。所以，我国政府采购服务类 PPP 模式的运用范围仍然狭窄。

随着我国在政府购买服务领域体制机制改革的不断深化，通过 PPP 模式探索政府购买服务的现实路径，在我国推广运用的潜力很大。这种探索有利于培育专业机构的服务能力，深化财政体制改革，提高公共服务供给的质量和效率，降低公共服务的提供成本。

在实际操作方面，应按照 PPP 模式运作理念的要求，沿着政府购买公共服务这条主线，研究制定出台采购主体资格的确认，采购价格的形成，采购程序的规范，采购服务标准的制定，以及跟踪、监测、绩效评价等操作流程，努力构建一种长期的、稳定的、专业性的、互惠共赢的政府和社会资本合作伙伴关系，切实提高公共服务的质量和效率，而不是把精力过多地放在基础设施和社会事业领域使用者付费类特许经营 PPP 项目上。将特许经营项目视同政府购买服务项目，不仅造成思路混乱，也不利于真正属于政府购买服务类 PPP 模式在我国的健康发展。

（载《中国投资》2015 年第 10 期　执笔：李开孟）

以 PPP 模式推动民间投资模式创新[*]

　　"民间投资"似乎是一只很有故事的老酒坛。40 年前，当中国敞开大门引进"洋酒"——外商投资，沁人心脾的馨香唤醒了沉睡的民间资本。一定意义上，改革开放 40 年就是外资、民资与国资（含集体经济）共舞的 40 年。我国对 PPP 模式的探索也是始于改革开放初期吸引外商投资于基础设施领域，如深圳沙角 B 电厂和广西来宾 B 电厂，此后民间投资也开始跃跃欲试。时至今日，包括 BOT、TOT 在内的 PPP 模式迅猛发展，已成为我国基础设施和公共服务重要的供给方式，但民间投资进入 PPP 项目面临的"玻璃门、弹簧门、旋转门"三重门障碍，凸显了民营企业参与基础设施建设上所遇到的问题与考验。

　　2017 年 11 月 30 日，《国家发展改革委关于鼓励民间资本参与政府和社会资本合作（PPP）项目的指导意见》（发改投资〔2017〕2059 号）正式发布，首次系统地提出了鼓励民间资本参与 PPP 项目的十条意见（以下简称"PPP 民十条"），将 PPP"新酒"装入民间资本"老坛"。这既是激发民间投资活力的政策延续，也是规范 PPP 模式发展的重要举措，民营资本与 PPP 模式如何进行深度融合，是未来影响我国 PPP 模式健康发展的核心问题。

---

* 原文刊载于《施工企业管理》2018 年第 1 期，原标题为《当 PPP"新酒"第一次装入民间投资的"老坛"》。

一、民间投资"酒干倘卖无"

在公有制为主体、多种所有制经济共同发展的基本经济制度框架下，特别是在国企改革的时代背景下，虽然个体经济、私营经济等非公有制不乏明星企业，但总体上仍步履蹒跚，壁垒重重。为了发展壮大非公有制经济，国务院曾先后出台"非公经济36条"——《国务院关于鼓励支持和引导个体私营等非公有制经济发展的若干意见》（国发〔2005〕3号）和促进民间投资"非公经济新36条"——《国务院关于鼓励和引导民间投资健康发展的若干意见》（国发〔2010〕13号），但由于应对金融危机推出"四万亿投资"的挤出效应等原因，其政策效果并非理想。

在中国经济进入"新常态"后，民间投资增速不断回落，甚至局部出现"断崖式下坠"，面临着"酒干倘卖无"的境地。2016年上半年国务院部署开展了促进民间投资政策落实专项督查，根据专项督查和第三方评估调研情况，为进一步激发民间有效投资活力，国务院办公厅继《国务院办公厅关于进一步做好民间投资有关工作的通知》（国办发明电〔2016〕12号）之后，2017年9月再次发出《国务院办公厅关于进一步激发民间有效投资活力促进经济持续健康发展的指导意见》（国办发〔2017〕79号），提出"鼓励民间资本参与政府和社会资本合作（PPP）项目，促进基础设施和公用事业建设"等十条建议。国务院出台的一系列鼓励民间投资的政策文件，成为国家发展改革委本次专门制定"PPP民十条"的主要背景和直接依据。

二、PPP 是央企盛宴还是民企乐园

PPP 是英文 public private partnership 的缩写，本意是"公私合作"。

我国近年将 PPP 统称为"政府和社会资本合作",因为我国第一个"P"主要指政府,第二个"P"是包含国有企业、民营企业、外商投资企业和混合所有制在内的广义资本方。党的十八届三中全会明确提出"允许社会资本通过特许经营等方式参与城市基础设施投资和运营"之后,我国掀起了新一轮引入 PPP 理念及推广应用 PPP 模式的热潮,国务院及相关部委密集出台了一系列政策文件。但从 2014 年以来签约落地的 PPP 项目社会资本合作方的有关统计数据看,国有独资和国有控股的项目约占58%,特别是诸如公路、地铁、城市综合管廊等大型基础设施 PPP 项目,几乎是国有企业特别是中央企业的盛宴,以至于某些外国专家戏谑中国特色的 PPP 是"public public partnership"。

党的十九大报告明确提出"要支持民营企业发展,激发各类市场主体活力,要努力实现更高质量、更有效率、更加公平、更可持续的发展"。为落实十九大精神,PPP 模式自然成为支持民营企业发展的首选阵地。由此,我国 PPP 领域亟须回归 PPP 的本意,支持"国退民进"。首先是国务院国资委印发《关于加强中央企业 PPP 业务风险管控的通知》(国资发财管〔2017〕192 号),对中央企业开展 PPP 业务提出了六项风险管控要求;接着,国家发展改革委发布《国家发展改革委关于鼓励民间资本参与政府和社会资本合作(PPP)项目的指导意见》(发改投资〔2017〕2059 号),对民间资本参与 PPP 全面地提出了十项鼓励发展意见。

如果将 PPP 比喻为一坛美酒,目前大块头的中央企业已被限制"豪饮",而小个子的民营企业正获邀请"畅饮"。

三、民间资本参与 PPP 之"一二三四"集结号

当我们静下来,仔细品鉴"PPP 民十条"的色香味之时,不难听到

鼓励民间资本参与 PPP 的"一二三四"集结号。

（一）构建一种"亲""清"新型政商关系

党的十八大以来，党中央加大反腐败力度，查处了一批腐败分子和不法商人，官商勾结现象有所收敛，营商土壤环境有所改善。根据"透明国际"（Transparency International）发布的《2016 年清廉指数》，在 178个国家或地区中，中国清廉指数位于第 79 名，表明我国构建公平透明的营商环境还任重道远，反腐仍在路上。

长期以来，政府失信被认为是 PPP 项目执行的最大风险。面对个别"老赖"政府和"新官不理旧账"等现象，民营企业往往是弱势群体。本次"PPP 民十条"的第一条就是构建"亲""清"新型政商关系，旨在为民间资本参与 PPP 项目创造更加公平、规范、开放的市场环境，培育有利于民营企业健康发展的有机土壤。为此，"PPP 民十条"提出了多项举措，例如，对民间资本主导或参与的 PPP 项目，鼓励开通前期工作办理等方面的"绿色通道"；建设 PPP 诚信体系，将 PPP 项目各方信用记录纳入全国信用信息共享平台等。

在联合国欧洲经济委员会（UNECE）PPP 工作组第一次会议上，全球 PPP 专家深入讨论通过了《以人为本 PPP 对腐败零容忍宣言》（*Declaration on Zero Tolerance to Corruption in People-first Public-Private Partnerships*），呼吁各成员国公开、公正、庄严地做出 19 项承诺，包括开展竞争性的投标、遵守法律和道德规范、避免利益冲突、披露完整信息、提高政府决策能力等，在 PPP 采购活动中坚决终结腐败行为。

（二）树立 PPP 模式两大核心理念

PPP 模式的健康发展，必须关注两大核心问题：特殊目的载体（SPV）和有限追索融资。2014 年以来我国 PPP 大爆发，国有资本大行其道，民间资本多处遇阻，主要原因是在社会资本选择和融资过程中忽略了这两大核心理念。

1. SPV 责任主体

特殊目的载体（SPV）是 PPP 项目的责任主体，负责 PPP 项目的投资、建设和运营，是 PPP 项目成功与否的关键所在，因此 SPV 必须具备整合各种优势资源、优化项目周期全过程资源配置的能力。当 PPP 项目签约进入实施阶段后，SPV 成为项目的主体或法人，原来中标的社会资本方可能变成了 SPV 的一个或几个股东。虽然 SPV 自身不一定完全具有项目全过程所需要的各种资质和条件，但可以通过股权、合约、信托、委托等关系，让中标的某个社会资本方或其他专业的机构承担相应专业的任务。

在我国 PPP 项目招标或采购实践中，政府往往希望社会资本方同时具备融资、建设和运营能力的"全才"。为此，社会资本方不得不组建一个基于股权关系的拉郎配式投标联合体，或者为赚取施工利润、规避施工"二次招标"而搭配一个具有施工资质和业绩的股东。结果是资金或施工实力较强的国有企业，特别是中央企业具有得天独厚的优势；相反，对于一些轻资产但专业技术能力很强的民营企业，本应完全有能力为 PPP 项目提供专业化的运营服务，但由于财力上比不上国有企业，且没有施工资质或者其施工业绩达不到招标文件要求，结果被边缘化或失去中标机会。

在确定社会资本方选择标准时，"PPP 民十条"重提"鼓励通过组建高质量的 PPP 项目特殊目的载体（SPV）等方式，整合各方资源，完善项目治理结构，提高专业化运作能力"。这是对 SPV 核心理念的回归，通过重新定义社会资本准入门槛，让一大批具有专业化能力的民营企业进入PPP 项目成为可能。

2. 有限追索融资

融资不是 PPP 项目的全部，但始终是第一要务。本质上，PPP 融资是项目融资，而不是企业融资。项目融资是基于项目自身未来现金流的远期购买或租赁，项目收益构成了还本付息或实现合格投资者回报的唯一或第一来源。项目融资最大的特点是无追索或有限追索，无须 SPV 的股东或其他利益相关者承担连带责任，客观上分散了项目风险。

在我国 PPP 项目融资实践中，虽然融资方案也要分析项目初期建设投资、预期收入和成本费用，计算项目内部收益率等指标，即使项目自身现金流条件很好，但毕竟是对未来的预期，理论上存在一定的融资风险。所以金融机构出于规避风险和传统企业融资的思路，往往要求申请贷款的 SPV 或原始权益人提供各种担保、抵押或其他增信措施。这不仅增加了项目融资成本（造成"融资贵"），也将一大批没有能力或不愿意提供担保或抵押的民营企业挡在融资资格之外（造成"融资难"）。

PPP 融资的真谛是"项目好，才是真的好"，基于项目本身现金流的有限追索融资是项目融资的核心内涵。"PPP 民十条"提出"支持开展基于项目本身现金流的有限追索融资，有针对性地为民间资本 PPP 项目提供优质金融服务"。如果这项回归 PPP 项目融资理念的规定能够落实到位，将从根本上摆脱民营资本不宜进入 PPP 项目的传统企业融资思维，也是我国金融机构共担 PPP 项目融资风险的重大变革。

（三）界定三类利益相关者职责

民营企业作为社会资本进入 PPP 项目，不可能孤军奋战，离不开政府部门、金融机构和咨询机构等重大利益相关者的协调和支持。

1. 政府部门

政府和市场的关系是投融资体制改革的永恒主题。民营企业不怕市场无形的手，就怕政府闲不住的手。采用 PPP 模式，鼓励民营企业参与基础设施供给和提供公共服务，就是要求政府跳出项目投资者和建设运营管理者的传统角色，更多地履行公共管理的监管职责。

"PPP 民十条"的几乎每条意见都涉及政府支持民间投资的职责和义务。如"鼓励结合本地区实际，依法依规出台更多的优惠政策""加大政策宣传解读和业务培训力度""合理确定价格调整机制，科学设定运营服务绩效标准""要依据相关法律法规和合同约定，对 PPP 项目进行全生命周期监管"等；同时，还要求政府方严格履行各项约定义务，作出履约守信表率，坚决杜绝"新官不理旧账"等现象。

2. 金融机构

与发达国家资本市场体系相比，我国资本市场体系还存在一些深层次的结构性矛盾，如重间接融资，轻直接融资；重银行融资，轻证券市场融资；重股市，轻债市；重国债，轻企债。2017 年全国金融工作会议在强调金融服务实体经济的同时，坚持市场导向，要求发挥市场在金融资源配置中的决定性作用。

针对民间资本"融资难、融资贵"的症结，"PPP 民十条"十分重视金融机构在民间资本参与 PPP 中的特殊作用，要求多措并举"加大民间资本 PPP 项目融资支持力度"。除了政府部门通过资本金注入、投资补助、贷款贴息、基金投资等方式进行支持，特别鼓励各类金融机构"发挥专业优势，大力开展 PPP 项目金融产品创新"，通过推进民间资本 PPP 项目发行债券、开展资产证券化等手段，拓宽 PPP 项目融资渠道，并引导金融市场和金融机构根据信用评级结果等加大对民营企业的融资支持力度。

3. 咨询机构

PPP 咨询是工程咨询的延伸和发展，涉及工程技术、招投标、投融资、项目管理、法律和财务等专业，PPP 项目实施方案编制和 PPP 合同起草等业务往往是多专业集成的创造性工作，咨询机构亟须在 PPP 项目策划、论证、建设、运营等阶段加强能力建设。相对于传统意义的政府投资项目或企业投资项目，PPP 项目前期工作相对复杂，特别是民营资本参与 PPP 具有很多特殊诉求，更是离不开咨询机构的专业支撑。

2017 年 9 月，中咨公司倡议发起成立"中国 PPP 咨询机构论坛"，就是希望通过打造我国 PPP 咨询机构公益性专业联盟平台，共同开展 PPP 咨询理论方法研究、制定和完善 PPP 咨询业务操作规范及行业标准、加强 PPP 咨询机构行业自律管理等活动，推动我国 PPP 咨询行业健康发展。倡议得到 PPP 咨询机构及相关部门的广泛关注和热烈欢迎，并特别得到中国工程咨询协会的有力支持。2017 年 10 月底，论坛已筛选产生 180 家共同发起单位，并推选产生了 64 家理事单位。"PPP 民十条"提出"健全行业自律管理体系，通过 PPP 咨询机构论坛等多种形式，加强同业交流与合作"，这既是对 PPP 咨询机构论坛工作的肯定，也是对国家发展改革委 2017 年第 17 号公告的呼应，即加强工程咨询单位事中事后监管，重点从加强政府指导、推进行业自律等方面着力，规范行业发展，培育统一开放竞争有序的工程咨询市场。

（四）开展四项行之有效的持续举措

1. 推介 PPP 项目

自 2015 年 5 月国家发展改革委率先建立国家部委层面的 PPP 项目库以来，各类 PPP 项目库建设和项目推介活动层出不穷，为民营企业参与基础设施、公用事业等领域 PPP 项目提供了更多便捷的机会。推介会为民间资本搭建一个舞台，让民间资本"挑大梁、唱大戏"，充分发挥民间资本在 PPP 模式中的关键作用。例如，2016 年 10 月，国家发展改革委、全国工商联联合召开 PPP 项目推介会，江苏、安徽、福建、江西、山东、湖北、贵州七省共推介了 287 个项目，涉及总投资约 9400 亿元，800 多家民营企业参加了推介会。

鉴于全国投资项目在线审批监管平台"横到边、纵到底"的权威地位，"PPP 民十条"提出依托该平台建立 PPP 项目库，鼓励持续做好民营企业 PPP 项目推介工作，并优先选择适宜的 PPP 项目向民营企业推介，重点推介以使用者付费为主的特许经营类项目，充分发挥市场导向机制和民间资本创新机制。

2. 盘活存量资产

经过长期的政府投资建设，我国基础设施领域形成了大量的优质存量资产。2017 年 7 月国家发展改革委发布《国家发展改革委关于加快运用 PPP 模式盘活基础设施存量资产有关工作的通知》（发改投资〔2017〕1266 号），旨在通过 PPP 模式引入各类投资，盘活存量优质资产，并将回收资金继续用于新的基础设施和公用事业建设，实现投资良性循环。

由于存量资产 PPP 项目不涉及规划选址、征地拆迁等比较复杂的前期工作，并且有利于化解民营企业融资能力相对不足问题，更易于吸引民间资本进入基础设施领域。"PPP 民十条"鼓励民营企业运用 PPP 模式盘活存量资产，并针对适宜采取 PPP 模式的存量项目、已经采取 PPP 模式的存量项目和在建的政府投资项目，分类提出了不同的鼓励措施，体现了基础设施领域向民间资本开放的广泛性和针对性。

3. 开展资产证券化

资产证券化是基础设施领域的重要融资方式之一，对盘活 PPP 项目存量资产、加快社会投资者的资金回收、吸引更多社会资本参与 PPP 项目建设具有重要意义。自 2016 年 12 月国家发展改革委和中国证监会联合印发《国家发展改革委 中国证监会关于推进传统基础设施领域政府和社会资本合作（PPP）项目资产证券化相关工作的通知》（发改投资〔2016〕2698 号），特别是自 2017 年 4 月 11 日首批三只 PPP 项目资产支持证券在上交所挂牌以来，PPP 项目资产证券化成为活跃资本市场、保障 PPP 持续健康发展的重要机制。

资产证券化是 PPP 市场的放大镜，也是促进 PPP 市场规范发展的催化剂，有利于民营企业健全 PPP 业务投资、建设、运营管理到资本退出的完整业务链条。鉴于首批 PPP 项目资产证券化的成功实施经验，"PPP 民十条"又多次提到资产证券化的支持举措。在拓宽项目融资渠道方面，"积极推进符合条件的民间资本 PPP 项目发行债券、开展资产证券化"；在评选民间资本 PPP 项目典型案例方面，"优先推荐发行 PPP 项目资产证券化产品"。

4. 评选典型案例

经过 30 多年的探索和实践，PPP 模式已成为我国深化改革的重要抓手。特别是 2014 年以来，我国 PPP 项目落地速度不断加快，并在新建和存量基础设施领域涌现出了一批相对成功的典型案例。从已经实施的 PPP 项目中，选择典型案例进行系统性研究，挖掘示范价值，总结经验和不足，为各地实施 PPP 项目提供参考借鉴，是规范有序推进我国 PPP 事业健康发展的众多举措之一。

国家发展改革委继 2015 年 7 月推出第一批 13 个典型案例之后，2017 年 5 月再次评估确定并发布 43 个 PPP 典型案例，获得了社会各界广泛关注和好评。根据既往 PPP 案例征集、评估和推广的经验，"PPP 民十条"再次提出评选民间资本参与 PPP 项目的典型案例，通过总结经验、加强宣传，发挥示范效应，体现了国家发展改革委狠抓 PPP 典型案例"宁缺毋滥"的一贯风格。

"种秫酿美酒，拾薪煮豆糜。"如果将民间资本参与 PPP 比作美酒酿造过程，"亲""清"新型政商关系犹如盛产美酒的环境，SPV 责任主体和有限追索融资理念则是酒曲，政府部门、金融机构和咨询机构利益相关者担当调酒师，通过推介 PPP 项目、盘活存量资产、开展资产证券化和评选典型案例等工艺，才可能酿造历久弥香的醉人美酒。

（载《施工企业管理》2018 年第 1 期

执笔：徐成彬）

PPP 模式应用

PPP 模式在我国城市轨道交通领域的应用

随着我国城镇化进程的快速发展，对城市轨道交通的需求也持续增长。PPP 模式是世界银行推荐的基础设施的主要供给方式之一，自 2014 年国家大力推行以来，在我国城市轨道交通领域也得到了大量运用。本文将对我国城市轨道交通 PPP 模式的应用现状和特点进行总结，并分析其面临的困难和挑战，并提出针对性的建议。

一、城市轨道交通发展现状及趋势

自北京地铁 1 号线开始建设，我国城市轨道交通发展历经数十年，大致可划分为三个发展阶段：（1）起步阶段。20 世纪 80 年代之前，仅开通北京地铁 1 号线，运营线路长度 54km；（2）发展阶段。进入 20 世纪 90 年代，我国提出城市轨道交通装备国产化发展国家战略，城市轨道交通得到了较快发展，国产化率目前已达到 70% 以上的水平；（3）快速发展阶段。进入 21 世纪后，2003 年《国务院办公厅关于加强城市快速轨道交通建设管理的通知》提出规范轨道交通发展的政策，并提出"量力而行、有序发展"的基本原则，成为指导我国城市轨道交通行业发展的重要依据。

"十三五"规划期间我国城市轨道交通快速发展。据中国城市轨道交通协会统计，截至 2017 年年末，我国城市轨道交通运营里程为 5022km，统计口径包括北京 S2 线、八达岭线，成都成灌线、都江堰线，兰州机场线等国铁运营的具有市郊铁路性质的线路，不包括现代有轨电车等内容。其中，纯城市轨道交通运营里程超过 4000km。

（一）发展现状

截至 2017 年年末，我国内地共计 34 个城市开通城市轨道交通并投入运营，运营里程 5021.7km，新增石家庄、珠海、贵阳、厦门 4 个城市。其中，珠海为有轨电车项目，厦门、贵阳、石家庄为地铁项目。2017 年成为我国有史以来单年新增运营里程最高的年份，新增 33 条运营线路，共计 868.9km 运营里程，较 2016 年增幅高达 62.5%。

2015 年、2016 年我国城市轨道交通实现了跨越式发展，2016 年、2017 年国家发展改革委为促进城市轨道交通进一步发展，发行了专项建设债券，规模超过 2000 亿元，对城市轨道交通发展形成较强刺激，未来将继续保持 2017 年发展增速。

当城市运营里程超过 200km，该城市轨道交通基本已形成较完善的网络；运营里程在 100—200km 之间，城市轨道交通已基本形成骨架线路，并在逐步成网过程中；运营里程低于 100km，则城市轨道交通仍处于发展初期。目前 34 个开通轨道交通的城市，超过 200km 运营里程的有 9 座城市，大部分在 200km 以下。发展较快的城市，绝大多数仍处于发展起步、构建骨架网的阶段。

目前国内城市轨道交通制式中，超过 70% 是地铁，2017 年新增线路也以地铁为主。地铁属于大运量的城市轨道交通，适用于大城市、超大城市。对于拟建城市轨道交通的三、四线城市而言，城市空间结构、客流规模、经济实力无法支撑地铁的建设，建设地铁属于超前的布局，将成为沉重的负担。三、四线城市应重点关注其他具有发展前景的城市轨道交通系统制式，包括中低速磁浮、有轨电车、轻运量轻轨等。

（二）发展趋势

1. 建设规划里程

截至 2017 年年底，我国已批复 43 个城市的近期建设规划，如表 1 所示，规划总里程超过 9000km，其中已运营和在建线路的规模达到批准规划的 65%。在建规模超过 5000km，每年完成建设投资约 4000 亿元。各地正在积极报批新一轮建设规划。

表 1　我国中央政府批复 43 个城市建设规划的建设规模

城市	规划里程（km）	城市	规划里程（km）	城市	规划里程（km）
上海	806.3	杭州	190.6	昆明	189.0
北京	661.7	西安	175.6	南宁	53.0
广州	536.5	苏州	173.3	合肥	54.6
深圳	364.0	哈尔滨	90.3	贵阳	60.4
南京	174.7	长沙	143.4	厦门	76.3
重庆	393.9	无锡	114.0	兰州	36.2
武汉	212.7	宁波	173.4	常州	77.6
成都	291.9	郑州	44.3	太原	47.8
天津	272.7	福州	55.5	石家庄	59.6
沈阳	168.8	青岛	163.7	佛山	117.0
长春	90.4	南昌	51.6	乌鲁木齐	48.5
大连	146.4	东莞	164.7	徐州	67.0
温州	157	济南	81	南通	60
芜湖	47	呼和浩特	51	包头	42
洛阳	41				

2. "十三五"规划与"十二五"规划期间的发展差异

"十三五"规划与"十二五"规划期间城市轨道交通发展的主要差异表现在以下方面：（1）"十二五"规划期间，我国在城市轨道交通投融资方面取得了较多的创新成果。"十三五"规划期间我国城市轨道交通的建设规模是"十二五"规划期间的 3.3 倍，所需资金规模应为"十二五"规划期间的 4 倍以上。不论是财政性资金还是债务性资金，对各个城市财政来讲都将是一个巨大的负担，需要采取更加多元化的投融资模式，解决"十三五"规划期间轨道交通的巨大资金需求。（2）在新的预算体制和财政新规下，PPP 模式已成为城市轨道交通多元化融资中最重要的手段，PPP 模式在"十三五"规划期间继续发挥其重要的融资功能。（3）城市轨道交通行业自身也开始进入新的发展阶段，"轨道+物业开发+资源开发+资本运作"成为模式创新的重要形式。

城市轨道交通投融资发展经历了三个阶段：（1）完全由政府投资。譬如，北京、上海、广州第一条地铁线路建设，60%以上资金由政府财政资金支付，再辅以部分银行贷款。（2）由政府引导的投资。政府提供资本金，并成立投资平台，如北京成立京投公司。各地市成立轨道交通或交通建设的投资公司作为政府融资平台，在市场进行多元化融资。（3）采用 PPP 模式，城市轨道交通进入多元化融资的创新阶段。

在"十三五"规划期间，轨道交通是我国基本建设投资领域的热点之一。按照《"十三五"现代综合交通运输体系发展规划》，到"十三五"规划末，我国城市轨道交通规模预计将达到 6000km。目前规模已经达到 5000km，按照当前发展趋势，预计"十三五"规划末实际完成规模将达到 10000km。

（三）未来发展趋势

1. 量力而行，有序发展

2003 年《国务院办公厅关于加强城市快速轨道交通建设管理的通知》已经确定了该项原则。国家层面对城市轨道交通发展的宏观调控力度很大，国家发展改革委基础产业司建立城市轨道交通建设运营监管的数据库，希望对后续的建设和管理进行有效监管。

2. 多层次、多模式发展

目前城市轨道交通发展以地铁为主，未来应综合发展市域铁路、轻轨、现代有轨电车等。

3. 综合化、网络化发展

即强调综合枢纽、多网融合建设。干线铁路网、城际铁路网以及城市轨道交通网要融合发展。在发展过程中，枢纽建设是关键，应关注枢纽的功能集合和分配，特别是相关的物业发展和城市功能拓展。

4. 综合开发、一体化发展

推动"轨道+物业+资源开发+资本运作"的发展模式，整合产业价值链，带动相关产业联动发展。

5. 可持续发展

坚持节能、绿色、环保、低碳发展理念，促进城市轨道交通行业可持续发展。

6. "互联网+"、智慧轨道、智能发展

适应数字经济时代的到来，利用人工智能等新技术，更新发展理念，促进更加安全、快捷且高质量地发展。

二、PPP 模式在城市轨道交通领域的应用现状

城市轨道交通 PPP 模式在国内已有十多年的发展历史。截至 2017 年年底，仅港铁运用该模式较为成功，港铁与北京、杭州、深圳的合作都是比较成功的案例。国内新建地铁虽然很多线路都采用 PPP 模式运作，部分已进入实施阶段，但成功运营的案例很少。根据中国城市轨道交通协会统计，我国 43 个城市中，39 个城市的轨道交通项目采用了 PPP 模式，涉及项目 135 个，总投资规模超过 24000 亿元，规模巨大。

（一）城市轨道交通 PPP 项目突出特点

根据目前国内实施城市轨道交通 PPP 项目的情况，总结城市轨道交通 PPP 项目包括以下突出特点：（1）城轨业主对 PPP 模式理解不深，甚至有偏差，不能主动引导；（2）多数 PPP 咨询机构对城轨行业强调运营专业要求、以人为本及安全第一的特点认识不深，实施方案缺乏行业特色；（3）社会资本的中标者基本为中央企业，且以建设类中央企业为主，不熟悉城轨运营，难以理解"运营"主导的理念，也难以承担项目全生命周期管理的使命；（4）由于社会资本方缺乏轨道交通的运营能力，最终运营管理可能还须由项目所在地的轨道交通公司承担，因此本应由社会资本方分担的运营期风险，最后反而由地方政府承担；（5）控制项目最高投资限额的概算批复通常晚于 PPP 项目招标，实施方案难以确定；（6）社会资本推翻前期对客流预测的结论，索取尽可能多的政府补偿承诺，是政府和社会资本"博弈"的焦点。

（二）城市轨道交通收入和成本结构

未来在城市轨道交通 PPP 方案的策划过程中，须对其收入结构和成本结构等首要问题形成较为清晰的概念。如表 2 所示，在收入与补贴方面，地铁资源开发收入占整个收入的比例高达 28%，应充分肯定资源开发是补偿运营的最有效手段。成本方面较为固定，其中房地产及地铁资源开发占成本的比例较低，与收入占比相差较高，有较强发展潜力。

表 2 我国城市轨道交通收入及成本结构

科目	收入（补贴）结构（%）	成本结构（%）
地铁运营	33	69
财政补贴	28	0

科目	收入（补贴）结构（%）	成本结构（%）
工程结算	2	2
房地产及地铁资源开发	28	19
技术咨询	2	1
其他	7	9

三、具有生命力的 PPP 模式必须符合行业特点

（一）城市轨道交通的政策文件

国办发〔2003〕81 号文件设定了城市轨道交通建设的"门槛"，对地方财政收入、地区生产总值、人口、客流量均有具体要求。发改基础〔2015〕49 号文件比国办发〔2003〕81 号文件的要求更加细化。现在的城市发展环境与 15 年前大不相同，但地铁项目建设不能完全放开。城市轨道交通投资巨大，专业技术要求较高，对城市发展影响重大，一旦决策失误，其损失将不可估量，所以国家一直坚持要进行宏观调控。表 3 中列出了部分与城市轨道交通相关的政策文件。城市轨道交通行业政策性极强，相关国家政策法规数量多、内容全面，国家部委、地方政府均发布了相关政策，尤其是针对土地、环境方面，各地方政府出台了很多地方政策。

目前有些城市打政策的擦边球，今后项目很可能寸步难行。如果不符合国产化政策，国家发展改革委不会批复，银行不会贷款，国土部门不会划地，环境部门不会同意环境影响评价。不符合国家规定的条件，没有国家的审批文件，后续一切程序都很难往前推进。

表 3 　近年城市轨道交通行业部分政策列表

下发单位	文号	发布日期
国务院办公厅	《国务院办公厅关于加强城市快速轨道交通建设管理的通知》（国办发〔2003〕81号）	2003年9月
国家发展改革委	《国家发展改革委关于加强城市轨道交通规划建设管理的通知》（发改基础〔2015〕49号）	2015年1月
国家发展改革委　住房和城乡建设部	《国家发展改革委　住房城乡建设部关于优化完善城市轨道交通建设规划审批程序的通知》（发改基础〔2015〕2506号）	2015年12月
住房和城乡建设部	《住房城乡建设部关于加强城市轨道交通线网规划编制的通知》（建城〔2014〕169号）	2014年11月
环境保护部办公厅	《关于做好城市轨道交通项目环境影响评价工作的通知》（环办〔2014〕117号）	2014年12月
国务院	《国务院关于发布政府核准的投资项目目录（2016年本）的通知》（国发〔2016〕72号）	2016年12月
国家发展改革委	《国家发展改革委关于进一步下放政府投资交通项目审批权的通知》（发改基础〔2017〕189号）	2017年1月
国家发展改革委　教育部　人力资源社会保障部	《国家发展改革委　教育部　人力资源社会保障部关于加强城市轨道交通人才建设的指导意见》（发改基础〔2017〕74号）	2017年1月
国务院	《国务院关于调整和完善固定资产投资项目资本金制度的通知》（国发〔2015〕51号）	2015年9月
国家发展改革委　住房和城乡建设部　交通运输部　国家铁路局　铁总	《关于促进市域（郊）铁路发展的指导意见》（发改基础〔2017〕1173号）	2017年6月

（二）轨道交通 PPP 模式面临的困难和挑战

在认识上，地方政府及社会资本方仅将 PPP 作为一种比较"特殊"的融资方式，在操作理念和目标导向上与国家（国家发展改革委、财政部）所倡导的初衷差距巨大。在内容上，名为 PPP 实则 BT。名义上股权投资实则明股实债；名义上项目融资实则政府融资和国有企业融资；名义上可行性缺口补贴实则套取政府财政补贴。少数咨询机构在实施方案的制订过程中起到推波助澜的作用，有着不可推卸的责任。造成的结果是巨大的城市轨道交通建设市场名义上成为"社会投资人"进入的领域，实则为大型施工企业（多数为中央企业）争夺被冠以 PPP 模式的工程项目的"盛宴"。

（三）轨道交通采用 PPP 模式的建议

为促进我国城市轨道交通 PPP 模式健康发展，需要：（1）尽快建立适应城市轨道交通行业 PPP 模式应用的标准规范。（2）学习掌握城市轨道交通项目前期工作的程序及相关政策，避免实施违规项目。（3）创新发展城市轨道交通 PPP 模式，如"以公共交通为导向"（transit oriented development）的 TOD 模式，围绕建设轨道交通引导发展 TOD 产业，努力把 PPP 模式做得更加规范，更有生命力，实现真正的创新。（4）重视风险研究，特别是运营期风险，建立合理的风险分担机制。如果社会资本只建设不运营，将极大增加运营期风险。工程建设可能三至五年就可完成，但轨道交通项目的运营风险会在相当长的时期内持续发生，行业之外往往体会不到运营风险，各地轨道交通集团的负责人和分管运营的负责人面临的运营风险将是长期的。轨道交通采用 PPP 模式"利益共享，风险分担"，政府和社会资本共担风险，必须建立风险分担机制，尤其需要重视运营风险分担。（5）重视城市轨道交通 PPP 项目退出机制的研究。PPP

项目在国际上曾有失败案例，如英国伦敦轨道交通 PPP 模式的应用并不成功。PPP 模式中需要设置合理的退出机制，当政府和社会资本合作难以持续时，按照合同规定的退出机制进行操作，如果退出机制没有预先商定清楚，则可能在未来产生争端。

（执笔：周晓勤）

城市项目建设应合理采用 PPP 模式

随着我国城镇化进程的不断深入，城市可持续发展面临许多挑战。如何采用 PPP 模式推动城市项目建设，确保城市发展的可持续性及可恢复性，是本文讨论的主要问题。

一、城市建设仍然面临严峻挑战

首先，我们必须强调 PPP 模式对促进城市健康发展的重要意义。中国的城市化建设面临各种挑战和机遇。若按照西方国家超过 80% 的人口居住在城市的比例计算，中国超过 4 亿人口需要从农村转移到城市。中国的城市化率每提高 1%，就意味着有 1000 多万人口要扎根到城市社区生活和工作，这比世界上很多地区整个国家的人口还要多。中国积极推动实施新型城镇化发展战略，既要注重老城区的现代化改造，又要关注特色小镇、各类新型片区等的开发建设，PPP 模式是推动中国城镇化项目建设的重要方式。

根据财政部 PPP 综合信息平台的统计数据，截至 2019 年 11 月，中国传统基础设施领域成交的 PPP 项目数量已经达到 10519 个，其中市政污水处理、垃圾处理、道路桥梁、城市供水供热供气、海绵城市、城市地下综合管廊、城市停车场、园区基础设施等重大市政工程领域 PPP 项目达 3201 个，占 PPP 入库项目数量的 30.43%。

二、城市建设领域采用 PPP 模式应该关注四个限制因素

我们要高度重视发挥 PPP 模式对于促进城市可持续发展的重要作用，同时又不应过度依赖 PPP 模式。尤其是对于广大发展中国家而言，在城市建设中采用 PPP 模式，应重点关注如下四个方面的限制因素。

（一）适用领域限制

基础设施采用 PPP 模式的目的是提升公共服务供给的质量和效率。但是 PPP 模式并不是公共服务供给的唯一方式。公共服务的供给，理论上主要有三种方式，除 PPP 模式之外还有两种非常重要的方式，一种是由公共部门直接提供公共服务，这是世界各国公认的公共服务的主要提供方式，也是一种经典的方式。专业化的公共机构同样能够做到信息透明、成本降低、效率提高。比如北欧一些市场经济国家，不采用 PPP 模式提供公共服务，其公共部门在提供公共服务的过程中，照样可以做到高效率和公开透明。公共部门提供公共服务的方式，不属于 PPP 模式。

另一种方式就是采用完全市场化的方式，将一部分公共服务的供给完全推向市场，政府不参与具体的项目，而是通过制定政策、规划、准入标准，让各类企业，尤其是民营资本，按照市场规则进行独立经营，推动基础设施和公共服务领域的市场化改革，这种模式同样不属于 PPP 模式，而且是市场化改革的重要方向。比如，中国很多城市都在发展共享单车，完全交由私营企业负责，政府部门可以通过规划引导、准入标准的制定及政策协调等手段维护公共利益。这种项目运作模式同样不属于 PPP 模式。

处于上述二者之间的领域，由公共部门和私营部门通过签署特许经营协议或 PPP 合同，为拟建项目量身定做一个体现公共部门和私营部门之间利益共享、风险共担合作伙伴关系的交易结构，政府这只看得见的手伸

向具体项目的交易环节，并以此推动基础设施项目的市场化运作，这种方式才属于 PPP 模式。

因此，将 PPP 模式等同于基础设施市场化运作模式，或者将 PPP 模式作为基础设施市场化运作的唯一路径，或者认为城市基础设施项目投融资建设都需要进行市场化运作，将 PPP 模式的适用范围无限扩大，都不符合市场经济环境下对 PPP 模式或基础设施项目运作的基本认知。

（二）财政支付限制

目前国际上对 PPP 概念的理解，主要还是局限于对 PFI（private finance initiative）模式的理解，其本质是政府采购公共服务的一种工具，主要关注政府采购公共服务和公共产品的采购标准或产出规定（output specification）、政府购买公共服务的流程、采购的价格以及财政资金的支付能力等。在这种功能定位下，政府重点开展财政支付的 PSC 分析和财政承受能力论证，强调计算 PPP 项目的货币价值（value for money，重点关注的是政府财政资金的使用效率）。以英国的 PFI 模式为范本，澳大利亚、加拿大等英联邦国家以及亚洲的日本等国都在"政府采购工具"的功能定位下推广本国的 PPP 模式，这种功能定位的 PPP 模式在世界各国的推广应用相对比较普遍，并已形成较为完善的制度体系，但其本质是要强调财政支付能力。

城市基础设施建设项目，相当一部分属于"社会性基础设施"（social infrastructure）项目，包括教育、科技、医疗卫生、体育、文化等社会事业项目。这些项目往往不能让公众承担"二次付费"的负担，纳税人有权要求政府财政兜底提供相应的基本公共服务，这些领域的建设项目虽然通过私营部门融资进行建设，但私人资本需要通过向政府收费来实现投资回报，本质上仍然属于政府付费，是政府采购公共服务的具体实现方式，因此必须保证财政资金的支付能力，从而决定了这类 PPP 项目的投资规模受到当地财政资金未来支付能力的限制。若不顾当地的财政资金支付能力，盲目扩大 PPP 项目的投资范围，将对当地政府未来财政支付提出严峻挑战，加大地方政府财政资金压力。

（三）支付意愿限制

除上述从政府购买公共服务的角度去理解 PPP 模式之外，还可以从推动经济发展的角度理解 PPP 模式，重点关注经济性基础设施（economic infrastructure），包括交通运输、能源、通信、水电煤气等设施建设。要求由私营部门负责项目建设的融资，通过使用者付费及必要的政府财政补贴取得私营部门投资的合理回报，通过设立合理的 PPP 交易结构，引入专业性力量，进行价格及收费模式的设计，完善公共产品及公共服务的价格形成机制，挖掘项目自身的经济价值，实现拟建项目的可融资性。

在这类项目的评价方面，重点关注项目自身的可行性研究及经济费用效益分析（CBA）或费用效果分析（CEA），而不是基于采购成本比选的以公共部门比较值 PSC 为基础的货币价值（VfM）评价。对于需要财政补贴的项目，应在项目经济可行性的分析判断的基础上，进一步评价其财政可支付性。财政资金的使用，要服务于或服从于当地经济发展。这种 PPP 项目运作模式，强调以经济发展为本，将 PPP 模式作为促进当地经济发展的工具。这类 PPP 项目不再拘泥于当地政府财政承受能力的现状，从发展的视角挖掘项目自身的经济价值及投资回报模式，使得 PPP 模式的应用范围得以扩展，但仍然受到对 PPP 项目本身价值判断的严格限制，同样不能盲目扩大其应用范围。

在评价这类 PPP 项目的消费者支付意愿及项目自身可实现的经济价值时，主要涉及四类资本的价值判断。一是对经济资本的价值判断，实际上就是对项目所创造的物质财富的价值及消费者支付意愿的判断，这是 PPP 项目本身所创造的最直接的财富和价值，受到经济发展所处的阶段、使用者的收入水平、公共服务的可选择性及支付能力等众多因素的影响。比如，城市轨道交通基于 TOD 开发的 PPP 模式可以在香港获得成功，根本原因在于香港的经济发展已经达到很高的水平，城市地价很高，城市住房价格已经达到 20 万港元／m^2 甚至是 50 万港元／m^2 的水平，而且地铁的票价也可以定得很高。同样是城市轨道交通 TOD 开发模式，将其运用到中国的三线城市或者是四线城市，就不会具备其生存的经济基础。二是对人力资本价值的判断，比如对健康、舒适、教育，甚至是生命本身经济价值的判断，发展中国家与发达国家会存在很大差异。一条生命的平均价格，在西方国家可能会高达数百万美元，但在经济发展水平相对较低的发展中国家可能仅为数千美元。当人们还处于没有解决温饱问题的状态之下，消费者对于专业教育、健康养老等的支付意愿就难以提高，通过挖掘项目自身的经济价值构造相应的 PPP 项目回报机制就很难得以实现。三是对生态资本的价值判断，如城市污水及垃圾处理、生态环境的改善，这类项目能够构造基于项目自身有限追索的 PPP 运作模式，同样受到发展阶段等因素的制约。四是对社会资本（social capital）的价值判断。这里所说的社会资本，不是中文环境下对 PPP（公共部门和私营部门合作）的社会资本定义，是指人们所处的社会网络、社会关系，包括城市的历史文化传承，城市发展的社会形态等内涵。对社会资本价值增值的支付意愿，同样受到各种复杂因素的影响。对于人均 GDP 已经达到 5 万美元以上的发达国家的人们对 PPP 项目相关的各种资本的价值判断，与人均 GDP 还没有达到 1000 美元的发展中国家的价值判断会存在很大差异，他们的所思所想往往存在根本性差别。

在广大发展中国家推广应用 PPP 模式，必须充分考虑发展阶段等方面的差异性，不应将西方发达国家的专家对 PPP 项目运作机制、价值判断的理解简单地移植到广大发展中国家。受到发展阶段等因素的制约，将 PPP 模式作为撬动城市经济发展的工具，这类 PPP 项目的应用空间同样受到各种限制。

（四）法律制度限制

PPP 模式是根据西方市场经济非常健全的欧洲国家（主要是英国和法国）的项目运作实践总结出来的。这些国家市场经济体制机制比较健全，法律制度体系比较健全，人们的契约意识和履约责任体系等均比较成熟。在这样一种制度环境下所总结出来的基础设施项目市场化运作模式，客观上对 PPP 项目的具体实施提出了很高的要求，如法律健全、顶层制度设计清晰等。但是，这样的实施条件在广大发展中国家往往并不具备。

这样，就出现了一种有趣的现象，一方面是西方发达国家基于其自身的制度环境总结出体现现代 PPP 理念的大型基础设施项目市场化运作模式，是西方发达国家在推动基础设施项目市场化运作方面提供的关于制度模式创新层面的一种公共产品。但是这种制度产品总结设计出来之后，在西方发达国家并没有太大的运用市场，因为这些国家的基础设施建设已经达到很完善的程度，以至于英国过去 20 多年实施的基础设施 PPP 项目仅有 700 多个。日本过去 20 多年推动实施的 PPP 项目也仅有 500 多个。但是 PPP 模式的真正应用市场恰恰是在广大发展中国家，这些国家的基础设施项目投融资建设及运营的制度环境往往并不具备 PPP 生存的土壤，这就出现了 PPP 项目落地制度环境适应性的悖论。

如果不考虑本国国情，不进行合理的制度建设，盲目推广应用 PPP 模式，不仅不利于可持续性和可恢复的城市建设，而且会对当地未来的财政支付、城市发展等造成损害。

三、要重视三代 PPP 模式在城市建设中的合理利用

以英国所提出的 PFI 模式为基础所形成的第一代 PPP 模式，是西

方发达国家为现代 PPP 理念的形成作出的贡献，开启了现代 PPP 核心理念的建立及运作体系的形成，因其存在改善财政资金支付方式、节省公共部门支出等内在动因，很容易被世界各国及国际组织所接受。

以中国为代表的广大发展中国家，在系统总结法国所提出的传统特许经营理念和英国 PFI 模式所体现的现代 PPP 核心理念的基础上，进行吸收创新，正在开启推广应用第二代 PPP 模式的重要实践，是中国等发展中国家为世界范围的 PPP 模式创新所作出的贡献。从第一代 PPP 模式过渡到第二代 PPP 模式，强调要通过 PPP 模式所建立的合作伙伴关系，推动各地区调动各种经济资源，构建市场化的投资回报机制，推动当地经济跨越式发展，因这种理念契合了广大发展中国家谋求经济快速发展的内在动因诉求，其推广应用往往并不困难。

第三代 PPP 模式追求人的发展，强调社会和谐，关注资源环境的可持续性及代际公平，是联合国引领未来 PPP 模式发展方向的重大行动，最符合推动建设"可持续与可恢复的城市"（sustainable and resilient cities）的核心诉求。

从第一代 PPP 模式和第二代 PPP 模式过渡到联合国所倡导的第三代 PPP 模式，受到发展阶段、制度环境等复杂因素的限制，这个转换过程将是非常困难的。但是，无论是第一代 PPP 模式还是第二代 PPP 模式，都带有短期的功利性特征，都仅具有阶段性存在的合理性。中国发起的"一带一路"倡议为联合国在世界各国推动实施新一代 PPP 模式提供了难得的历史性机遇，同时也为建设"可持续与可恢复的城市"提供了一条现实可行的路径选择。

（执笔：李开孟）

积极推动在雄安新区实施第三代 PPP 模式

雄安新区建设是千年大计、国家大事，建设资金需求庞大，不可能完全依赖财政资金。PPP 模式被认为是雄安新区推动投融资模式及基础设施建设运营模式创新的重要抓手。

一、国际社会对 PPP 内涵尚未形成统一理解

雄安新区推动实施 PPP 模式，首先需要思考的问题是，到底应该采用什么样的 PPP 模式。事实上，国际社会对 PPP 模式的内涵并没有形成统一的理解。

英国基础设施与项目管理局（IPA）认为，PPP 模式，如 PFI（私人融资计划）和 PF2，是与私营部门签署的一种长期合同，用于基础设施项目的设计、建设、融资和运营，具体项目包括新建学校、医院、道路、住房、监狱、军事装备与营房，主要应用于政府付费领域。

世界银行提出，各类 PPP 模式的区别基于三个方面的特征：一是涉及的资产类型；二是私营部门承担的具体职责；三是私营方的投资回收方式。

欧洲委员会指出，PPP 模式关注的是公共服务的采购，而不是资产，重点应明确项目的产出而不是投入，考虑项目全生命周期的成果；PPP 项目的支付方式，可以是使用者付费（如高速公路通行费）或政府方付

费（如可用性付费、影子收费），或两者的组合（如较低的使用者付费加上公共财政的运营补助）。

经济合作与发展组织（OECD）认为，PPP 模式可以提供的公共服务包括基础设施资产（诸如桥梁、道路）和社会资产（如医院、公用事业、监狱）。

联合国欧经会则提出新一代 PPP 的概念，要求确保在所有利益相关方中，将"人"放在首位，聚焦提升各类社区的生活品质，特别是通过创造本地和可持续的工作机会，与贫困抗争的社区；与饥饿抗争改善生活，提升性别平等，为所有人提供水、能源、交通和教育的社区；提升社会凝聚力、公正性，反对所有形式的人种、种族、信仰和文化歧视的社区。必须提高规模、速度并让更多的人可以用付得起的价格得到更好的服务。

二、PPP 存在三种基本类型

虽然国际社会对 PPP 模式的内涵没有达成共识，但公共部门和私营部门合作的思想和理念可追溯的历史很悠久。尤其是使用者付费的特许经营模式，在欧洲已有超过 100 年的历史。这些实践为当代 PPP 模式的形成奠定了重要基础，为理解当代 PPP 模式的内涵及其演化路径提供了依据。

雄安新区的建设仅依靠政府不行，完全依靠市场也不行，必须加强政府和社会资本的合作。但是，不能认为凡是公共部门与私营部门的合作都属于 PPP 模式。

特许经营等模式为现代 PPP 概念的形成提供了重要基础。从当代 PPP 概念的形成及演进过程看，以 PFI 模式为基础形成的 PPP 模式，可称之为第一代 PPP 模式。PFI 模式的提出，以及在此基础上正式出现的

PPP 概念，在当代 PPP 模式的演进中具有里程碑意义，形成了"平等合作、利益共享、风险分担、长期伙伴"的 PPP 模式核心理念，构建了物有所值评价（value for money）等分析工具，对当代 PPP 概念的形成作出了重大贡献。因此，PFI 模式可称为第一代 PPP 模式，也可称为"资金为先 PPP"（money-first PPP），强调 value for money 及财政资金如何更有效地使用。

不能将所有类型的 PPP 模式均视为 PFI 模式，也不能要求所有类型的 PPP 项目都按照 PFI 模式的要求开展物有所值评价（value for money assessment）等工作。在实践中，PFI 模式的有效使用，受到各种条件的限制，在世界上任何国家都没有得到大规模的推广应用。英国 20 余年所实施的 PFI 项目仅 700 多个。尤其是在广大发展中国家和中低收入国家，财政资金匮乏，想要通过以 PFI 模式为基础的 PPP 模式实现"可持续发展目标"，其适用空间将非常有限。

联合国欧经会提出的新一代 PPP 模式，叫"以人为先 PPP"（people-first PPP），强调 value for people，是不同于 PFI 模式的新一代 PPP 模式，强调以 PPP 模式来实现可持续发展目标，称为第三代 PPP 模式。新一代 PPP 模式主要考虑五个评估指标：（1）经济效果（economic effectiveness）；（2）公平进入（access and equity）；（3）环境可持续性（environmental sustainability）；（4）可复制性（replicability）；（5）相关者的介入（stakeholder engagement）。

联合国欧经会提出开发影响力投资工具（impact investment tool）的设想，提出对于影响力投资项目，要考虑三个指标：（1）意愿导向（intent）：项目参与方愿意通过其项目实现环境及社会影响效果（extent to which parties to the project intend to achieve environmental and social impact from their project）；（2）可验证（Verification）：这些效果可以进行验证（the impacts/outcomes are in fact able to be verified）；（3）投资地区（location）：项目的地点位于面临最大发展挑战的国家，因此能够对社会发展作出最大贡献（the locations of projects can make the greatest contribution to social development if they are in countries where the development challenges are the greatest）。

PPP 模式在使用中应该采取什么具体模式，必须考虑当地的实际需求。对于很多国家和地区而言，尤其是广大发展中国家的实际需求，就是促进当地经济发展。只有经济得到发展，很多社会问题才能得到有效解决。

没有实现经济发展，以人为先 PPP 模式的实施就会缺乏基础。因此，在推动从"资金为先 PPP"（money-first PPP）模式（即 PFI 模式）向"以人为先 PPP"（people-first PPP）的转换过程中，不能忽视其中一个重要过渡环节，即推动实施"经济为先 PPP"（economy-first PPP），强调经济价值（value for economy）评价，也就是第二代 PPP 模式，从而构建"三代 PPP"的理论框架。

第二代 PPP 模式来源于三大基础：（1）PFI 模式所包含的现代 PPP 核心理念；（2）特许经营模式所形成的使用者付费等经营模式；（3）经济发展的诉求所推动的模式创新。这种模式强调私营部门投资于基础设施项目所获得的回报，不应该依赖财政资金，而是通过市场化运作，利用使用者付费及价格机制，将 PPP 模式作为促进当地经济发展的重要工具。

第三代 PPP 模式的出现来源于三大基础：（1）PFI 模式所包含的现代 PPP 核心理念；（2）特许经营模式形成的使用者付费等经营模式；（3）实现可持续发展目标（SDGs）的诉求所推动的模式创新，将 PPP 作为实现可持续发展目标的创新工具。

第二代 PPP 模式和第三代 PPP 模式均将 PFI 模式和特许经营视为其形成基础，这是这两代 PPP 模式形成的共同基础。二者的不同之处在于：第二代 PPP 模式强调经济发展优先的目标导向，第三代 PPP 模式则强调可持续发展优先的目标导向。

无论是"资金为先 PPP"（money-first PPP）、"经济为先 PPP"（economy-first PPP）还是"以人为先 PPP"（people-first PPP），PPP 项目的实施都要考虑资金使用、经济发展、社会效果、环境影响等因素。但是，各个地区在不同发展阶段的实际诉求存在很大不同，各个目标的优先次序存在差别，比如人均 GDP 已经达到 5 万美元的国家与人均 GDP 仅 500 美元的国家，诉求有很大差别，必须正视这个客观现实。在推动 PPP 模式向可持续发展目标的进程中，要研究其内在规律，包括不同国家及其发展的不同阶段对推动 PPP 模式的内在诉求所存在的区别，重视"经济为先 PPP"模式的发展，从而为"以人为先 PPP"模式的实现奠定坚实基础。

要正视不同国家、不同地区、不同投资者推动实施 PPP 模式目标导向及优先次序存在的差异。三种 PPP 模式没有优劣之分，不是相互替代的关系，将长期共同存在。推动三代 PPP 模式健康发展，不是让第二代 PPP 模式取代第一代 PPP 模式，也不是让第三代 PPP 模式取代第一代 PPP 模式和第二代 PPP 模式，更不是让所有的 PPP 项目都能达到"以人为先 PPP"模式的标准。应在承认差异的基础上，促进第一代 PPP 模式和第二代 PPP 模式的健康发展，为第三代 PPP 模式的发展打下更加宽广的基础，引导推动更多的 PPP 项目符合"以人为先"及可持续发展目标的标准，使 PPP 模式成为实现联合国《2030 年可持续发展议程》的重要工具。

三、雄安新区应该聚焦实施第三代 PPP 模式

根据雄安新区的发展定位，雄安新区要坚持生态优先、绿色发展，统筹生产、生活、生态三大空间，逐步形成城乡统筹、功能完善的组团式城

乡结构，布局疏密有度、水城共融的城市空间。坚持中西合璧、以中为主、古今交融，弘扬中华优秀传统文化，保留中华文化基因，塑造中华风范、淀泊风光、创新风尚的城市风貌。通过承接符合新区定位的北京非首都功能疏解，积极吸纳和集聚创新要素资源，高起点布局高端高新产业，建设实体经济、科技创新、现代金融、人力资源协同发展的现代产业体系。

雄安新区坚持以人民为中心、注重保障和改善民生，建设优质共享的公共服务设施，提升公共服务水平，增强新区承载力、集聚力和吸引力，打造宜居宜业、可持续发展的现代化新城。加快建立连接雄安新区与京津及周边其他城市、北京大兴国际机场之间的轨道交通网络，打造便捷、安全、绿色、智能交通体系；建立健全大数据资产管理体系，打造具有深度学习能力、全球领先的数字城市；按照绿色、智能、创新要求，推广绿色低碳的生产生活方式和城市建设运营模式，使用先进环保节能材料和技术工艺标准进行城市建设，营造优质绿色市政环境。雄安新区还要牢固树立和贯彻落实国家总体安全观，形成全天候、系统性、现代化的城市安全保障体系，建设安全雄安。

雄安新区建设任务重，融资需求大，因此应探索多种融资渠道和方式。PPP 模式的特点是强调利益共享、风险分担、平等合作的伙伴关系，是国际通用的基础设施投融资及项目运作模式，理应成为雄安新区基础设施项目融资的重要方式。雄安新区建设不仅要解决资金需求的问题，还要解决社会各界对其高质量发展及模式创新提出的更高要求的问题。资金的筹措方式影响和决定着项目运作方式和治理结构，在 PPP 模式应用领域的创新，有利于推动雄安新区机制改革和模式创新。雄安新区采用传统融资模式，全部依靠政府财政资金投资建设并不现实；采用传统 PPP 模式，依靠财政兜底的政府购买服务同样不现实。雄安新区拟采用的 PPP 模式，对于财政必须承担支付责任的领域，可以适当采用第一代 PPP 模式，但不能过度依赖。即便采用第一代 PPP 模式，也应该确保是真正意义上的第一代 PPP 模式。

中央政府给予雄安新区很高的定位，建设雄安新区的目的不是为了 GDP，不是为了国家再重建一个新的经济增长引擎和区域经济发展的又一个经济增长极。因此，雄安新区的 PPP 模式，同样不能过度依赖第二代 PPP 模式。中央政府对雄安发展战略规划思路的定位，更加强调绿色、创新、环保、低碳、安全等理念，与第三代 PPP 的理念及目标诉求非常契合。因此，雄安新区的 PPP 模式应用，应高度重视探索、实践和发展第三代 PPP 模式。中央对雄安新区基础设施项目建设的具体运作模式，没有设置条条框框，鼓励大胆探索，进行模式创新。因此，将实施第三代 PPP 模式作为雄安新区基础设施建设 PPP 模式应用的战略重点及指导原则，可以争取得到国家政策支持。雄安新区应借助目前中央所赋予的职能，抓住难得的机遇，探索第三代 PPP 模式在我国推广应用的示范项目，形成可复制、可推广的经验及政策措施，为推动 PPP 模式在中国的健康发展提供"雄安模式""雄安经验""雄安案例"。

雄安新区被视为"千年大计、国家大事"，是国家高质量发展的样板工程。贯彻落实创新、协调、绿色、开放、共享的新发展理念，不仅与联合国倡导的以人为本和实现可持续发展目标的要求非常契合，更是雄安新区今后推动基础设施投融资体制机制改革创新必须回答的问题。探索实施作为"可持续发展工具"的第三代 PPP 模式，应纳入雄安新区基础设施投融资模式创新顶层设计的核心内容，在更高的层面来理解和完善雄安新区 PPP 制度体系，从全局的视角完善雄安新区未来的 PPP 模式推广路径，形成更多共识。

雄安新区 PPP 模式的创新探索，要以绿色及可持续发展为导向，结合各种绿色金融工具的应用，研究探索雄安新区新一代 PPP 模式应用的思路、办法和举措，发挥在全国层面的引领和示范作用，形成具有国际影响力的新一代 PPP 典型示范案例，将第三代 PPP 模式的探索应用作为推动雄安新区基础设施投融资体制机制改革创新的重要抓手。

（执笔：李开孟）

PPP 项目实施方案设计研究

实施方案设计是 PPP 方案项目前期工作最核心的内容，也是后续项目招标和谈判的基础。实施方案设计水平高低，一定程度上反映了咨询公司或者项目经理的 PPP 专业水平。

一、PPP 项目实施方案是在可行性研究基础上进行的全面论证

目前国内对于实施方案没有明确的定义。它的内涵是在项目可行性研究的基础上，对 PPP 项目实施遇到的主要问题（项目运作模式、社会资本遴选方案、投资回报机制、建设运营移交方案、风险分担机制等）进行全面的论证工作，为后续项目社会资本方招标、PPP 协议起草和合同谈判等工作提供坚实的依据。

（一）从 PPP 项目周期看实施方案

从 PPP 项目周期来看，实施方案的编制处于项目论证阶段。PPP 项目首先是项目必须纳入我国基本建设程序中，需要厘清 PPP 实施方案与项目立项之间的关系，国家发展改革委发布的《传统基础设施领域实施政府和社会资本合作项目工作导则》已经明确地回答了这个问题，如图 1 所示。

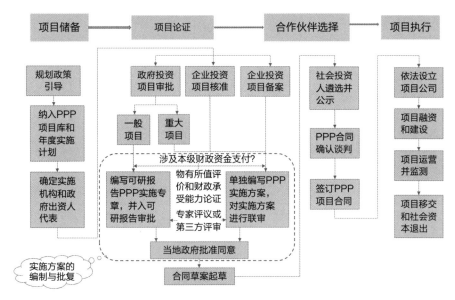

图 1　传统基础设施领域实施政府和社会资本合作项目工作导则

　　根据我国投融资体制改革的要求，投资项目管理按照项目资金来源分为审批、核准和备案三大类。对于政府投资项目而言，沿袭审批制，需要编制和批复可行性研究报告。可行性研究报告是对投资项目全面系统的论证，一般包括市场预测或社会需求分析、工程方案和技术方案、组织管理方案、投融资和财务方案、资源环境和社会影响分析等内容，基本上涵盖了 PPP 项目实施方案的主要问题。因此，一般政府投资参股的 PPP 项目实施方案可以与其可行性研究"二合一"，至多在可行性研究报告中补充一个"PPP 实施专章"，强化项目运营和移交方案、PPP 项目合同体系和核心条款等内容即可。但是，对于重大政府投资项目，可行性研究报告深度不一定完全满足 PPP 实施方案的要求。以项目投资为例，重大政府投资项目（如地铁、高速公路）的可研投资估算相对较粗，一般要求达到初步设计概算深度，才可能满足引入社会资本计算投资回报或政府补贴等要求，所以需要先批复可行性研究报告，再单独编制实施方案。

企业投资项目按照要求分别实行核准制和备案制管理。备案制相对简单，主要填写备案登记表，基本属于信息告知性质；而核准类的企业投资项目需要编写项目申请书，主要回答项目的宏观性、外部性和公共利益问题，从资源、环境和社会的角度论证项目设立的必要性。而 PPP 实施方案关心的是项目实施层面的内部问题，基本上不属于核准的范畴。因此，核准类项目需要先解决是否有必要设立，再论证如何实施。

（二）PPP 项目实施方案的内容要求

PPP 项目实施方案尚没有统一的格式文本，但是对内容有具体要求。

根据《基础设施和公用事业特许经营管理办法》（国家发展改革委等六部委 2015 年 25 号令），实施方案应包含 10 个方面内容：（1）项目名称；（2）项目实施机构；（3）项目基本技术经济指标；（4）投资回报、价格及其测算；（5）可行性分析；（6）特许经营协议框架及其特许经营期限；（7）特许经营者应具备的条件及选择方式；（8）政府承诺和保障；（9）特许经营期满后资产处置方式；（10）应当明确的其他事项。

其中第四部分"投资回报、价格及其测算"是实施方案核心内容之一。特许经营项目回报的显著特征涉及使用者付费（含使用者付费加补贴），而使用者付费至少包含两个变量因素：价格和产品（服务）量。PPP 项目提供的公共产品或公共服务，价格涉及公众利益，所以其定价和调价原则上由政府或公众确定；产品或服务量取决于市场，具有一定的不确定性或风险，需要设计政府与社会资本共担机制。第五部分的"可行性分析"，不是对项目的可行性分析（feasibility study），而是项目采用 PPP 模式的可行性（降低全生命周期成本和提高公共服务质量效率的分析估算），对应的英文属于"viability"，即采用 PPP 模式是否具有"生存能力"，类似"物有所值"的理念。第六、八、九部分涉及特许经营协议的核心条款，第七部分涉及社会资本的选择。可见，PPP 项目实施方案是投资回报、风险分担、PPP 合同和社会资本选择的系统集成。

此外，国家发展改革委《传统基础设施领域实施政府和社会资本合作项目工作导则》和财政部《政府和社会资本合作模式操作指南（试行）》分别对 PPP 项目实施方案的内容提出具体要求。前者包括八个部分，后者包括七个部分，大同小异。主要差别是：相对于后者"交易结构"的术语，前者的"投融资和财务方案"和"建设运营和移交方案"章节，内容更易理解。

（三）PPP 项目实施方案设计的注意事项

PPP 项目实施方案在设计时需要特别关注四个问题。

1. 实施机构的选择

实施机构通常是项目所在地政府或政府授权的机构代表——政府所属的某个行业主管部门或事业单位，例如交通项目是交通委员会、综合管廊项目是住房和城乡建设部。需要注意的是，行业主管部门作为实施机构，其职责一般会超出本部门的"三定"职能，因为它代表的是当地人民政府。

2. 政府出资人代表

很多 PPP 项目都鼓励政府出资参股，这是有好处的：从国际经验看，英国 2012 年在原来的 PFI 模式的基础上提出 PF2，最主要的变化是政府出资参股，改善了政府对项目信息获取的不对称；从国内实践看，政府适当出资，客观上减少了社会投资人初期出资，降低了全生命周期的融资成本，在一定程度上也是对社会资本，尤其是对民间投资的增信。

3. 咨询机构的选择

咨询服务提供的是无形产品，国际咨询工程师联合会——菲迪克（FIDIC）选择咨询机构有一个基本准则，即"基于质量选择咨询机构"。可是，很多地方政府或实施机构选择咨询机构时，看重的不是咨询机构资质业绩和项目团队构成，而是咨询费用报价；项目咨询表面上采用竞争性磋商选择咨询机构，磋商结果常常变为最低价中标。一个不愿意择优选择咨询机构的 PPP 项目，同样难以选择最佳社会投资人。

4. PPP 实施方案参与机制

鉴于实施方案涉及众多利益相关方，其设计过程必须集思广益。不仅要充分听取发改、财政、公共资源交易中心、法制办、行业主管等政府部门意见，还要听取潜在社会投资人的意见，毕竟社会投资人和项目公司才是 PPP 项目未来的法人。一定意义上，优秀的 PPP 实施方案不是闭门设计的，而是与各利益相关方共同讨论和谈判而最终达成的。

二、PPP 项目运作模式

（一）PPP 项目合作的主要内容

主要内容包括六个方面：一是 PPP 项目范围。涉及投资要明确投资标的物的范围、涉及工程建设要明确项目建设内容、涉及提供服务要明确服务对象及内容。二是政府提供的条件。明确政府为合作项目提供的主要条件或支持措施。三是社会资本主体承担的任务。如项目投资、建设、运营、维护等。四是回报方式。明确社会资本主体在合作期间获得回报的具体途径。根据项目收入来源主要包括使用者付费、使用者付费与政府补贴相结合、政府付费购买服务。五是项目资产权属。明确合作各阶段项目有形及无形资产的所有权、使用权、收益权、处置权的归属。六是土地获取和使用权利。明确合作项目土地获得方式，并约定社会资本主体对项目土地的使用权限。

以上六个方面内容，首要的是确定 PPP 项目范围。特别是对于类似城市轨道交通项目，往往需要将项目划分为政府投资的 A 部分和纳入 PPP 范围的 B 部分，如何合理确定 PPP 项目内容，需要考虑各方利益诉求及其风险承担能力等因素。

（二）PPP 项目运作方式的选择

PPP 项目运作方式有很多种，如 BOT、BOO、BROT、TOO、TOT 等。具体运作方式的确定，需要考虑 PPP 项目内容、政府参股与否、SPV 股权结构、PPP 合作期限等因素。以我国轨道交通 PPP 项目为例，常见的有五种运作模式如表 1 所示。

表 1　我国常见的轨道交通 PPP 项目运作模式

序号	运作方式（BQT）	典型项目	特许运营年限	SPV 投资范围与股比（政府：社会资本）
1	A+B，由政府所属企业与社会资本合资，社会资本控股	北京地铁 4/14/16 号线	30 年	SPV 负责投资 B 包（设备），股比 2%：98%（49%+49%）
		呼和浩特 1 号线一期	25 年	SPV 负责投资 B 包（土建＋设备），股比 49%：51%
		福州地铁 2 号线	25 年	SPV 负责投资 B 包（设备），股比 30%：70%
2	A+B，由政府所属企业与社会资本合资，政府所属企业控股	杭州地铁 1 号线	25 年	SPV 负责投资 B 包（设备），股比 51%：49%
3	全投资，由社会资本独资	深圳地铁 4 号线	30 年	SPV 负责全部投资，社会资本独资（100%）
		深圳龙华有轨电车	20 年	
4	全投资，由政府所属企业与社会资本合资，社会资本控股	乌鲁木齐 2 号线一期	30 年	SPV 负责全部投资，股比 49%：51%
5	引入基金，与政府所属企业合资	青岛地铁 1 号线	25 年	SPV 全部投资，股比 20%：80%
		贵阳 2 号线一期	25 年	SPV 全部投资，股比 30%：70%

（三）PPP 项目交易结构的确定

PPP 项目交易结构的确定，实质上需要明确如下关键问题：PPP 实施方式、项目公司（SPV）股权结构、PPP 合同双方当事人、项目公司的主要职责、项目监管机构、项目资产移交去向等。这里以呼和浩特轨道交通 1 号线 PPP 项目为例，如图 2 所示。呼和浩特轨道交通 1 号线 PPP 项目是保险资金参与轨道交通 PPP 第一单，其运作方式是政府参股的 BOT，实施主体是呼和浩特市机场与铁路建设项目办公室，出资人代表是呼和浩特市交通投资（集团）有限责任公司。由中铁股份出资 49% 和太平投资出资 2% 共同组成联合体作为社会投资人，呼和浩特市交通投资（集团）有限责任公司作为政府出资代表出资 49%。PPP 项目公司负责项目建设和运营、移交、接受地方政府及相关部门监管和监督。政府根据项目运营期限和运营效率，综合考虑社会资本方运营合理收益后，给予项目可行性缺口补助。

（四）PPP 项目投资回报机制

PPP 项目资金投入分为一次性投入（投资）和经常性投入（成本）；产出即收入，其来源主要有三个：使用者付费、使用者付费与政府补贴相结合、政府付费购买服务。投资回报的测算，需要综合考虑投融资方案、项目收入测算、成本费用测算、投资回报能力评价、财政承受能力论证等。其中投融资方案研究是基础性的工作，必须基于 PPP 项目建设内容和投资规模、PPP 项目资本金比例、SPV 公司的股权结构、合作期限等变量因素进行多方案组合比选。优选 PPP 方案的基准，应该是全生命周期政府的代价（折现值）最小。

对于准经营类和非经营类 PPP 项目而言，政府补贴计算往往是难点，也是最能体现咨询机构专业水平的内容。以城市轨道交通为例，政府补贴

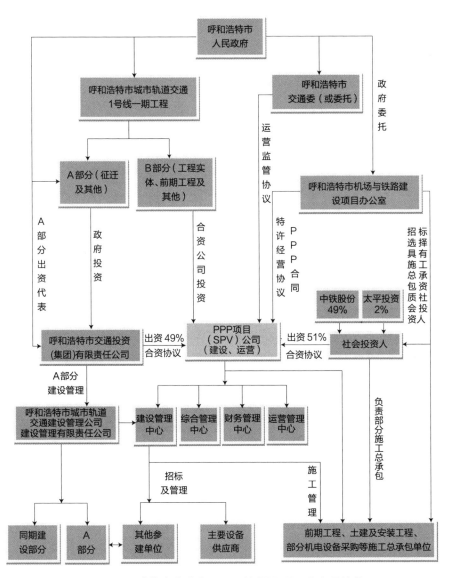

图 2　呼和浩特市轨道交通 1 号线 PPP 项目的交易结构

收入由四种测算模式：一是财政部财金〔2015〕21 号文件的可行性缺口补贴公式；二是协议票价；三是车公里运营服务费；四是基于现金流量的测算。

如果 PPP 项目涉及政府股权投资或财政补贴，常常需要进行财政承受能力分析。根据财政部财金〔2015〕21 号文件，财政支出责任主要包括股权投资、运营补贴、风险承担、配套投入。股权投资和配套投入相对明确，比较容易计算。风险承担支出计算往往很困难，如果采用情景分析法，不同情景下风险发生的概率由于缺少统计数据，取值主观性较大；如果采用比例法，比值难以合理确定。在实践中，最具挑战性的是运营补贴计算，涉及项目建设全部投资、合理利润率、年度折现率、财政运营补贴周期、年度运营成本等数据内涵或参数取值，特别是合理利润率和年度折现率这两个关键参数的取值往往很难进行恰当确定。

三、社会投资人的选择

（一）PPP 项目应创造公平的社会资本竞争环境

根据国家发展改革委《政府和社会资本合作项目通用合同指南（2014 年版）》，签订 PPP 项目合同的社会资本主体，应是符合条件的国有企业、民营企业、外商投资企业、混合所有制企业，或其他投资、经营主体。从社会资本涉足的行业分布看，近年来签约的 PPP 项目，民营企业主要参与市政工程、生态环保等规模较小的项目，国有企业基本控制了轨道交通、高速公路、城市地下综合管廊等大型基础设施。对于社会关注的所有制歧视问题，不能停留在口头上鼓励民营企业和外资企业参与竞争，更重要的是创造公平竞争环境，特别是在融资成本和市场准入方面，必须打破民间资本"融资难""融资贵"等无形壁垒。

（二）重点关注融资和运营能力

根据《国家发展改革委关于开展政府和社会资本合作的指导意见》

（发改投〔2014〕2724 号），PPP 项目实施方案通过审查后，需要通过公开招标、邀请招标、竞争性谈判等方式，公平择优选择具有相应管理经验、专业能力、融资实力及信用状况良好的社会资本作为合作伙伴。从社会资本能力看，主要包括融资能力、施工能力和运营能力。在这三个能力中，融资能力显然是必不可少的重要条件。理想的社会资本是三者兼备；如果退而求其次，则必须优先考虑"融资能力"和"运营能力"。

（三）社会资本方选择方式主要有招标和政府采购两种方式

社会资本选择方式依据我国《招投标法》和《政府采购法》，主要有两类：招标或政府采购。《招投标法》第二条明确规定必须进行招标的三种情景，其中 PPP 项目基本上都是大型基础设施或公用事业，无论是否有政府财政资金参与，一般都属于"必须进行招标"的情景。

关于政府采购，需要特别注意《政府采购法》的三个条款规定：第二条规定政府采购的必备要件是"使用财政性资金"；第四条规定"政府采购工程进行招标投标的，适用招标投标法"；第二十六条规定了政府采购的六种方式，并且强调"公开招标应作为政府采购的主要采购方式"。

很多地方政府偏好采用竞争性磋商方式进行政府采购，财政部《政府采购竞争性磋商采购方式管理暂行办法》规定了竞争性磋商方式采购的六种主要情形，是对传统的《政府采购法》第二十六条的六种采购方式的补充。很显然，竞争性磋商不应该成为政府采购的首选或主要方式。

（四）关于"两标并一标"

2014 年以来我国出现的新一轮 PPP 热潮，很多中标的社会资本方都是施工类企业，一般不具备项目运营的能力，寄希望于通过 PPP 项目的投资承揽施工任务，赚取施工利润。PPP 项目所涉及的基础设施工程施工，一般都需要采取工程招标。根据我国《招标投标法实施条例》（2012

年 2 月 1 日起施行）第九条（三），不进行招标的条件是"已通过招标方式选定的特许经营项目投资人依法能够自行建设、生产或者提供"，其中提到三点要求：一是在成为 PPP 项目社会资本方时已经通过招标；二是能自行建设、生产或者提供，需要提供相关资质和业绩证明；三是属于特许经营项目，这是对 PPP 项目性质的约定，同时也是在实践中最容易被忽略的一项规定。一些地方 PPP 项目经常通过竞争性磋商方式选择社会资本方，不履行特许经营项目管理的程序，按照"两标并一标"的规定确定施工单位，并不具有法律依据。

四、PPP 项目执行方案

（一）PPP 项目执行的核心内容

PPP 项目执行方案的设计，需要明确项目建设、运营和移交三个阶段的核心内容。建设方案包括建设内容和规模及其依据，建设周期和进度安排，工程技术质量标准和规范、安全管理制度，实际投资认定，工程变更、工程验收、工程保险等要求；运营方案包括项目运营需要落实的外部条件、运营周期及关键节点，运营技术要求、服务标准和质量规范以及安全管理制度，工程和设备更新改造计划、运营产出服务计量、支付标准及方式、运营期保险以及运营方案调整规定等；移交方案包括合作期满后项目移交形式、移交范围、移交程序、移交标准，提前移交的条件和补偿方式以及其他重要事项。

（二）PPP 项目执行方案设计要点

PPP 项目执行阶段涉及各种权利和义务的分配，可以依据国家发展改革委《政府和社会资本合作项目通用合同指南》对 PPP 合同条款进行详细约定。PPP 实施方案设计阶段，需要回答建设、运营和移交阶段的几个关键要点，主要包括执行标准、变更管理、绩效考核、政府监管和违约处理等问题。PPP 项目执行标准很重要，包括建设标准、运营标准和移交标准，往往需要工程技术和运营管理专家参与设计；PPP 项目合作期往往长达几十年，变更是难免的，变更管理需要约定触发条件、变更程序、费用处理等问题；绩效考核主要是根据提前约定的标准和考核机制，对建设质量与工期、运营绩效与付费机制进行约定；政府监管需要明确谁来监管（主体）、监管什么（内容）、监管方法和程序，以及相关费用安排问题；违约包括一般违约和重大违约，需要针对不同违约事项、违约主体和违约责任，研究相应的赔偿和补偿、社会资本退出和政府接管等事项。

（执笔：徐成彬）

浅析军工能力建设领域引入 PPP 模式

由于体制机制和政策限制等多方面原因，PPP 模式尚未被全面引入军工能力建设领域，学术界和企业界等在相关领域的研究和探索也较少。近年来国家积极鼓励和引导民间资本参与国家重大项目，社会资本参与军工能力建设的积极性进一步提高，内外部环境也逐步改善，这为 PPP 模式被引入军工能力建设领域创造了条件。

一、将 PPP 模式引入军工能力建设的必要性

（一）引入 PPP 模式的环境形势要求

《国务院办公厅关于进一步激发民间有效投资活力促进经济持续健康发展的指导意见》鼓励民间资本参与 PPP 项目，强调要发挥市场作用。军工建设也应注重运用市场手段优化军地资源配置，积极引导经济社会领域的多元投资、多方技术、多种力量的参与。

随着国家大力推进 PPP 模式，军工领域向社会开放的步伐加快。经过多年的发展，国民经济和工业基础逐渐增强，民营企业资金实力和技术水平大幅提升，在一些领域的能力水平达到甚至超越了传统军工单位。同时，由于军工行业具有特殊的品牌价值和稳定的利润收益，社会资本参与军工能力建设领域的积极性逐步高涨，"民参军"的领域范围和深度也逐

步扩展。为进一步推进军工行业向社会开放，可探索将 PPP 模式引入军工能力建设，利用社会资本在融资、建设、运营及管理方面的优势与成熟经验，推动军工能力建设效率与质量提升。

（二）引入新建设运行机制、提高设备利用率的需要

军工领域部分设备设施存在利用率不高的问题，造成资源浪费。借鉴国内外经验，可通过 PPP 模式建立独立的设备设施建设运营公司，为各行业的不同单位提供公共服务，这一优势将可有效破解资源浪费问题，同时为建立设备设施使用中的共享共用机制打下基础。

二、国外 PPP 模式在国防领域应用的有关情况及借鉴

在国防军工领域，国外在 PPP 模式应用方面有一些积极的探索。美、英等国家为适应国防预算收紧的环境要求，引入私人部门的资金和管理经验，将 PPP 模式用于装备生产维修、教学训练、设施建设等。例如，英国直升机机组模拟训练设施项目的 PPP 合同规定，在项目运营期内国防部无须承担项目运行与维护费用，但承诺会达到一定的设施使用强度并支付相应的使用费用。在项目运行 20 年后，国防部将对该设施重新进行价值评估，可继续签订租赁合同或选择退出，不用支付任何费用。又如，美国 NASA 引导私人企业投资建设并经营机场设施，并接受政府监督。这些成功案例对国防军工项目探索采用 PPP 模式具有借鉴价值。

与经济和社会领域的 PPP 模式应用相比，军工能力建设领域的成熟经验并不多，国外主要在国防后勤保障设施、训练设施、少数装备的研制和维修保障等方面采用了 PPP 模式。从国内情况看，鲜有 PPP 模式应用于军工能力建设领域的成功案例。

三、社会资本参与军工能力建设的要求和条件

首先，社会资本要具有一定的技术实力和资金实力。军工行业属于知识、技术和资金密集型行业，能力建设往往也对技术水平具有较高要求，如建设运行大型试验设施，本身就需要大量的工程经验，甚至需要开展科研攻关；同时，项目建设需要大规模资金投入，也要考虑和关注。因此，相关企业要具有一定的技术实力、人才队伍和资金实力。其次，社会资本要取得相关许可和安全保密资格。军工能力建设主要服务于武器装备科研生产，因此，建设内容、运营管理及相关程序要取得相关许可资质，符合相关资格要求。

PPP 模式适用于提供产品具有准公共性的领域。从产业性质来看，军工行业属于准公共产业，它既服务于国家安全、惠及全民，具有公共性，又可以按市场规律运行，取得经济效益，带有一定的经营性。因此，PPP 模式可应用于军工能力建设，尤其在既具有一定公用性、又具有一定经营性的部分领域。采用 PPP 建设运营的项目须满足以下几个条件：一是项目提供准公共产品，具有一定经营性，但盈利能力不强；二是项目投资建设规模较大；三是项目建成后运营周期较长，且需求较为确定；四是项目建设内容范围边界清晰，投资规模可预测，且相对固定。

综上，在军工能力建设领域采用 PPP 模式具备较好的基础条件，可重点关注以下方面：一是可共用的重大试验设施和大型高端加工制造设备；二是可共用的大规模高性能计算中心；三是新建园区的建构筑物等基础设施条件；四是计量、标准等公共服务能力建设项目。

四、关于引入 PPP 模式的有关建议

（一）完善法规和政策措施

军工能力建设领域引入 PPP 模式的政策法规还不健全。应推动相关政策法规和制度规范的制定，为 PPP 模式在军工能力建设领域的应用提供有效的法律框架和政策环境。

（二）可考虑成立相应的 PPP 管理机构

完善 PPP 机构框架，明确不同部门在 PPP 发展中的职责，避免多头管理造成混乱。借鉴国外成功经验，政府一般会委托相关部门负责制定 PPP 项目实施政策和策略，研究制定 PPP 项目实施及合同管理程序。一个完整的 PPP 项目不仅包括项目的建设，还包括后期的运营管理和交付等环节。建议设立 PPP 相关业务机构，行使项目协调、质量控制、问责等职能。

（三）分类试点推进项目建设

军工能力建设方向和内容较多，全面开展 PPP 模式建设的难度和风险较大，可分类试点推进 PPP 模式在军工基础设施建设等领域的应用。针对不同项目类型特点和能力现状，探索项目建设管理经验，逐步引导扩大社会资本参与军工能力建设。

（载《国防科技工业》2018 年第 2 期

执笔：韩龙宝　伍潇潇）

遥感业务卫星 PPP 模式项目的策划

一、项目的整体分析

（一）政府部门对于 1 米分辨率遥感卫星数据需求强烈

1 米分辨率遥感卫星数据的主要用户为自然资源部，核心需求包括年度全国土地利用变更调查监测与核查（一类区域）、年度地质矿产调查等任务。其他用户部门还包括生态环境部、农业农村部、住房和城乡建设部、交通运输部、国家林草局、水利部、民政部、地震局等。业务需求主要分为三类：第一类是普查类任务，覆盖范围为全国，覆盖时间一般为一年及以上，对影像时间没有明确要求。比如国土资源部的年度地质矿产调查任务，主要应用 1 米至 5 米分辨率遥感影像开展 1∶1 万至 1∶5 万比例尺的地矿带、矿区、矿山、地质环境调查、地质灾害调查等业务，影像需求主要集中在山地，年需求约 220 万 km²，对影像时间没有明确要求。第二类是核查、调查类的任务。这类任务覆盖面积一般较广，覆盖时间从几天到几个月不等，比如自然资源部的一类区域年度全国土地利用变更调查监测与核查任务，主要集中在我国东部沿海省份及 50 万以上人口城市等区域，覆盖面积约 130 万 km²，覆盖时间 4 个月（每年的 8—12 月），要求为基本无云数据。第三类是应急任务，主要是灾害的预警、监测，以及应急响应等，一般要求响应时间在几个小

236

时，时间分辨率越高越好，任务的范围很小，仅针对重点区域、灾害多发/频发区或者灾区，比如水利部的突发洪水安全事件应急监测与预警任务，响应时间要求达到 6 个小时。

目前在轨的民用空间基础设施中，全色空间分辨率达到 1 米的有高分二号卫星，该卫星于 2014 年发射成功，设计寿命 5—8 年，在轨运行良好，具有亚米级空间分辨率、高定位精度和快速姿态机动能力等特点，空间分辨率全色 1 米/多光谱 4 米，幅宽 45km（2 台相机组合），重访周期（侧摆时）5 天，我国领土面积覆盖周期（不侧摆时）69 天。针对上述三类需求，高分二号卫星在轨的状态难以完全满足，用户部门对 1 米分辨率遥感卫星的数据需求强烈。

（二）政府采用传统发射卫星方式投资规模巨大，商业价值得不到充分发挥

如果采用传统方式，将由政府统筹自然资源部、生态环境部、农业农村部、住房和城乡建设部、交通运输部、国家林草局、水利部、民政部、地震局等用户部门对于 1 米分辨率遥感卫星数据的业务需求，研制、发射卫星，至少需要再发射一颗高分二号卫星，预计投资约为 13 亿元，投资规模巨大。后续卫星由资源卫星中心运行管理，并将数据免费分发给各用户部门，政府没有任何其他收益，遥感卫星的商业价值得不到充分发挥。

（三）社会资本方已有卫星在轨或卫星发射计划，且有合作意愿

社会资本方对于投资民用空间基础设施领域具有很高的积极性，且不少已有卫星在轨或卫星发射计划，如 21 世纪空间技术应用公司、中国四维测绘技术公司和长光卫星技术公司。其中，21 世纪空间技术应用公司 3 颗 1 米分辨率卫星组成的"北京二号"卫星星座于 2015 年 7 月发射成功。

中国四维测绘技术公司发射"高景一号"系列 4 颗 0.5 米分辨率卫星，2 颗已于 2016 年 12 月发射入轨，于 2017 年年底再发射 2 颗。长光卫星技术公司"吉林一号"系列卫星（1 颗吉林一号光学星、2 颗灵巧视频卫星和 1 颗新技术验证卫星）于 2015 年 10 月以"1 箭 4 星"方式发射入轨。同时，政府用户作为遥感卫星数据的主要用户，是社会资本方回收投资成本的重要来源，上述三家社会资本方都表达了明确的合作意愿。

二、项目运作方式

在分析和调研了政府方和社会资本方各自的情况和诉求后，本文具体设计了卫星 PPP 项目的运作方式、回报机制、风险分配框架和采购方式，进一步理清了双方各自的职能和责任。

广义的 PPP 运作方式主要有委托运营（EO）、管理合同（MC）、建设—运营—移交（BOT）、建设—拥有—运营（BOO）、转让—运营—移交（TOT）和改建—运营—移交等（ROT）。在运作方式的选择方面可借鉴美国的成功经验和我国已有的实践案例。美国是商业航天发展比较成熟的国家，政府支持商业公司研制、运营高分辨率的遥感卫星，通过大订单采购的方式，充分利用商业遥感卫星能力满足军事、情报及民用需求。2010 年，美国国防部国家地理空间情报局分别与数字地球公司和地球眼公司签署了为期 10 年、价值 35 亿美元和 38 亿美元的"增强观测"合同，其中 28 亿美元用于未来 10 年商业卫星影像的订购，7 亿美元用于增值产品和业务，还有 3.37 亿美元用于支持 GeoEye-2 卫星的开发和发射。北京市发展改革委也于 2013 年与"北京二号"卫星开展了合作，21 世纪空间技术应用公司负责卫星的建设、运营和维护，并在卫星寿命期内向北京市 10 个应用部门免费提供自主卫星数据和 55 项共性信息产品，政府以集中购买共性服务的方式对项目建设给予一定比例的资金支持。

通过这些分析，建议选择 BOO 的运作模式，即由社会资本负责项目的筹划、资金筹措、卫星研制发射、运营管理、数据服务、债务偿还、资产管理等，为自然资源部等用户部门提供有效的公益服务，同时适当地为市场提供商业服务，政府给予一定的投资补贴。

三、回报机制

项目的回报机制是 PPP 项目的核心内容，关系到政府方的"物有所值"和社会资本方的收益回报，主要包括使用者付费、可行性缺口补助和政府付费等支付方式。1 米分辨率的遥感卫星具有一定的经营收费基础，即"使用者付费"基础，但政府用户作为遥感卫星数据的主要用户，付费机制还不成熟，一是目前除了国土部门有少量专项经费可用于遥感数据的采购外，农业、林业、水利、生态环境、住建、交通、地震、民政等众多用户部门没有政府采购遥感数据的渠道；二是由于国内商业性和公益性的遥感卫星并存，公益性的遥感卫星分辨率不一定低于商业性的遥感卫星，数据市场缺乏监管和统筹，数据价格较为混乱和不稳定。因此，在"使用者付费"的基础上建议采用政府补贴的方式。测算政府补贴资金时，将提供数据产品的总价作为参考依据，同时考虑到市场价格具有一定的不确定性以及政府打包采购折扣无参考标准等情况，建议将适当的激励作为另一重要的衡量标准，即保证社会资本方获得合理的回报，以对其形成适当、有效的激励，确保项目实施的效率和质量。

按照这一回报机制的设置，政府方给予社会资本一定的投资补贴，自然资源部等用户部门可获得远超过投资补贴价值的数据产品和服务，相比传统发射卫星的方式，更加物有所值；社会资本方为自然资源部等用户部门提供了数据产品和服务，获得了政府的投资补贴，同时可向国际、区域、社会大众等其他用户销售遥感数据产品及服务，以满足回收投资成本以及获得合理回报的要求。

四、风险分配

根据风险分配的基本原则，结合遥感卫星的风险识别情况，具体风险分配框架应关注以下三点。

（一）建设风险和运营风险主要由社会资本承担

卫星建设的风险，包括设计、关键技术攻关、工程研制、项目拖期以及发射失败等风险，由社会资本承担，一般可通过购买商业保险等方式规避卫星研制发射的风险。卫星运营服务的风险，包括市场销售风险、可靠性及寿命风险等，也应由社会资本承担。

（二）政策及协调风险主要由政府承担

政策风险主要指遥感数据境内、境外销售政策带来的风险，例如，国家出台政策需要许可获批准才可在境内、境外销售遥感数据，政府应尽快协助社会资本获得相关的销售许可，此类政策风险由政府承担。协调风险主要指本项目在用户部门数据需求与统筹方面可能还存在一定的风险，政府应积极协调相关用户部门，这类风险应由政府承担。

（三）不可抗力风险由政府和社会资本共同承担

当发生战争、武装冲突、国家安全面临重大威胁等情况，国家可能会征用该卫星的部分或全部能力用于政治、外交和军事目的，该项风险属于不可抗力风险，由政府和社会资本共同承担。

五、采购方式

考虑到遥感卫星的 PPP 项目具有应用及服务需求描述复杂、用户部门较多、数据产品方案及其要求难以完全详细列出等特点，通过分析公开招标、邀请招标、竞争性谈判、竞争性磋商和单一来源采购五种采购方式的适用情形及要求后，建议选择竞争性磋商的采购方式。即政府通过组建竞争性磋商小组，与符合条件的社会资本就采购事宜进行磋商，采用综合评分法对响应文件等开展评审，从而确定成交供应商的采购方式。

遥感业务卫星政府和社会资本合作（PPP）项目作为 PPP 模式在民用空间基础设施领域的探索，有利于推动航天建设模式的创新发展以及相关领域体制机制的改革，加快政府职能的转变，充分发挥市场配置资源的决定性作用，促进航天产业商业化的发展；有利于拓宽航天建设的融资渠道，形成多元化、可持续的资金投入机制，减少国家财政投入，提高资金使用效益；有利于提高运营效率，促进政府的市场监管、公共服务职能与社会资本的管理效率、技术创新动力有机结合，进一步提升公共服务的效率与质量；有利于推动各类资本的相互融合、优势互补，激发经济活力和创造力，促进公平竞争和技术创新进步，对于航天产业的发展具有重大意义。

（载《国防科技工业》2017 年第 8 期

执笔：乐逢敏　刘富荣　白晨　王涛）

推广 PPP 模式力戒只求短期功利

推广应用 PPP 模式的核心，是要建立政府与社会资本之间利益共享、风险共担的长期可持续合作伙伴关系，吸引社会资本参与大型基础设施和社会事业项目建设，推动深化投融资体制改革。目前全国推广应用 PPP 模式出现两种倾向：一是将本来应该交由市场运作的商业化项目以 PPP 模式进行包装运作，导致地方政府过度地参与市场化项目的投资、融资、建设和运营等具体活动；二是本来应该由当地政府承担责任或者在当地政府的监督引导下，由当地平台公司或地方政府所属其他机构来运作的项目，选择通过 PPP 模式引入社会资本来运作，成为地方政府回避责任的一种工具。这些倾向与党的十八届三中全会关于全面深化改革的决定精神不符，并使得 PPP 模式过分滥用，根本原因在于各地推广应用 PPP 模式过分强调短期功利性目标的实现。

一、将 PPP 模式作为化解存量债务风险的工具

我国从 2013 年年底开始推广运用 PPP 模式，其初始动因就是要化解各级地方政府集聚的大量存量债务。由于体制机制的原因，我国各级政府成立了各种类型的投融资平台公司，这些机构名称上是按照《中华人民共和国公司法》的要求设立的具有现代企业制度特征的公司制企业，但本质上并不是独立的公司。这些机构实质上是在履行为地方政府进行融资

的功能。根据《中华人民共和国预算法》等法律法规规定，地方政府不能成为向银行进行负债融资的主体。根据《中华人民共和国担保法》等规定，地方政府不仅不能进行负债融资，而且不能为融资提供担保。但是，地方政府面临着为基础设施和社会事业投资项目筹集资金的巨大压力，必须寻找可行的解决渠道。

为了解决地方政府的融资困境，各地普遍通过设立投融资平台公司的方式，将各种非经营性项目包装成经营性项目，以平台公司的名义进行运作。银行不可以向当地政府贷款，但可以向当地政府成立的投融资平台公司进行贷款，并受到银行的普遍支持。银行普遍存在信贷资金宽裕，因此非常愿意为具有地方政府信用背书的平台公司项目提供贷款。于是通过这种变通性操作，极大地拓展了各地政府的融资能力。但是，就本质而言，无论如何进行项目包装，非经营性项目本身都不可能具备偿还银行贷款本金和利息的能力，项目贷款的偿还义务本质上仍由当地政府来承担。地方政府通过税收、土地财政等方式来筹集资金偿还银行贷款。所以，投融资平台公司形成的企业债务，本质上是地方政府的债务，或者是地方政府的或有负债。通过这种操作，名义上地方政府没有负债，但实际上地方政府的隐蔽性负债急剧上升，这种状况如果处理不当，就很容易产生类似美国次债危机那样的金融风险，甚至可能爆发系统性的金融危机，将对我国经济社会持续健康发展产生颠覆性的破坏作用。

为了应对这种情况，国家审计部门对全国各地截至 2013 年 6 月底的地方债务进行了审计。《国务院关于加强地方政府性债务管理的意见》（国发〔2014〕43 号）要求，剥离融资平台公司政府融资职能，融资平台公司不得新增政府债务。《财政部关于印发〈地方政府存量债务纳入预算管理清理甄别办法〉的通知》（财预〔2014〕351 号）要求，地方各级政府要认真甄别筛选融资平台公司存量项目。《关于在公共服务领域推广政府和社会资本合作模式的指导意见》要求，积极运用转让—运营—移交（TOT）、改建—运营—移交（ROT）等方式，将融资平台公司存量公共服务项目转型为政府和社会资本合作项目，引入社会资本参与改造和运营，将政府性债务转换为非政府性债务，减轻地方政府的债务压力。因此，解决地方政府存量债务问题，化解当前地方政府偿还债务压力，是我国推广应用 PPP 模式的直接动因。

二、将 PPP 作为地方政府融资的新工具

《国务院关于加强地方政府性债务管理的意见》（国发〔2014〕43号）要求剥离地方政府投融资平台公司替当地政府进行融资的功能，尤其强调地方政府不得再继续以融资平台公司为载体进行负债融资，同时要求推广使用政府和社会资本合作（PPP）模式，鼓励社会资本通过特许经营等方式，参与城市基础设施等有一定收益的公益性事业投资和运营。《国务院关于深化预算管理制度改革的决定》（国发〔2014〕45号）进一步要求推广使用政府和社会资本合作模式。《财政部关于推广运用政府和社会资本合作模式有关问题的通知》（财金〔2014〕76号）要求尽快形成有利于促进政府和社会资本合作模式发展的制度体系，由社会资本承担设计、建设、运营、维护基础设施的大部分工作，并通过"使用者付费"及必要的"政府付费"获得合理投资回报。而 PPP 模式就成为在剥离地方平台公司融资功能的新形势下，地方政府为基础设施和社会事业建设项目筹集资金的一种现实可行的选择方式，这是全国各地积极推动运用 PPP 模式的重要内在动因。

适用 PPP 模式的基础设施项目具有投资规模大，建设周期长，投资回报慢等特点。一个完整的 PPP 交易结构，应该包括项目设计、融资、建设、运营、维护、移交等项目周期不同环节的各项活动，是一种结构复

杂的项目运作模式。其中，融资只是项目运作众多环节中的一个环节。过分强调把 PPP 模式作为筹集资金的一种工具，由于不考虑其他环节的合理安排，就会潜伏各种风险和不确定性，使得项目的运作难以构建一个具有长期可持续性的框架结构体系，并在 PPP 项目未来长期的运营中产生各种风险，体现了鲜明的短期功利性特征。

三、地方政府没有做好真正接受 PPP 理念的心理准备

我国在推进基础设施投融资体制改革的过程中，BOT 模式的引入先于 PPP 模式。BOT 就其字面含义而言，主要强调的是项目能否建成（build）、能否进行有效运营（operate）、能否顺利移交（transfer），强调的是项目周期不同阶段的具体活动，PPP 则强调在合作主体之间能否构建一个具有可持续性的合作伙伴关系（partnership）。如果在 BOT 的项目运作结构设计中充分考虑了有关参与各方的权利义务关系、风险和利益分担机制、构建了具有可持续合作伙伴关系的项目架构，那么这样的 BOT 模式就是 PPP 模式。否则，如果在 BOT 运作结构设计中，仅考虑项目运作各阶段的活动，而不考虑这些活动背后所蕴藏的各种关系如何建立，BOT 项目的未来实施就可能带来一系列的风险和不确定性，导致项目运作失败，这就是 PPP 模式所要竭力避免的。

我国当前处于经济转轨时期，受到体制机制及地方政府任期责任考核等多种因素的影响，难以苛求各有关部门关注长期可持续发展问题。在基础设施和社会事业投资建设领域，各级政府部门事实上更愿意接受的是传统的 BOT 理念，而不是 PPP 理念。也就是说，人们实际上所关注的是各种基础设施及公共事业项目在本届政府任期内能否建成（B）、能否顺利运营（O），至于项目各方的权利义务关系如何进行妥善处理，工程贷款

的本金和利息能否按期偿还，风险如何分担，如何在项目生命周期未来20年甚至是30年的漫长时间内维持具有可持续性的合作伙伴关系，诸如此类的问题往往并不愿意认真研究和对待，而更愿意把各种潜在的问题、矛盾和风险留给未来，留给继任者。

过去几年全国各地普遍采用BT模式来运作基础设施和社会事业项目，这种模式的突出特点，就是由项目施工单位利用自有资金或通过银行贷款融资等方式筹集项目建设资金，通过招投标等途径获得当地政府的项目建设施工合同，对项目进行工程建设并获利。项目完工后根据工程造价及一定的回报水平，把项目转交给当地政府，这种建设和移交（BT）的模式，显然是属于BOT系列模式的类型之一。但是，BT模式不属于PPP模式的范畴，因为BT模式没有构筑一个当地政府和项目实施主体之间的长期合作伙伴关系。项目建成后，施工单位按照一定的对价将工程转交给地方政府，同时移交的还有项目运营期的各种风险，贷款本金和利息的偿还责任及其他各种责任和义务，并最终由当地政府来承担。这种模式不利于当地政府规避项目实施阶段的各种风险，但却得到了各地政府的热烈响应和广泛应用，就是因为各级政府对项目未来长期可能面临的各种风险，并不特别予以关注。人们关注的是一种短平快的项目建设活动，关注项目能否建成，而不关注项目本身可能隐藏的各种风险。对于施工单位而言，关注的也是他们能否获得工程建设的承包合同，至于工程建设后如何运营、如何规避长期风险则不是施工单位所关注的。BT模式在我国的广泛使用，是我国各级地方政府还没有做好接受PPP理念心理准备的重要例证。

《中共中央关于全面深化改革的决定》明确提出，要建立透明规范的城市建设投融资机制，允许地方政府通过发债等多种方式拓宽城市建设融资渠道，允许社会资本通过特许经营等方式参与城市基础设施投资和运营。将PPP理念真正落到实处，而不是沦为解决眼前短期问题的权宜之计，需要进行系统化的体制机制改革，让 PPP 模式所倡导的项目运作理念在我国真正落地。

（载《学习时报》2016 年 1 月 11 日　执笔：李开孟）

日本经验借鉴

中日新能源汽车产业发展趋势及可借鉴的经验

一、日本新能源汽车产业发展现状和趋势

日本作为世界上第三大经济体，以其出口支柱产业汽车制造，逐步成为世界汽车生产和销售大国。2017 年日本汽车保有量约 7800 万辆，按乘用车统计的每千人保有量为 486 辆。全球合计保有量约 132420 万辆，按乘用车统计的每千人保有量为 131 辆。日本一般轻型车和小型乘用车都以汽油车为主；公交车和货车多采用柴油，包括生物柴油；部分型号轿车也有采用柴油的。日本自然资源十分匮乏，石油、天然气等常用能源高度依赖进口，因此，各行各业一直在努力减少对石油的依赖。

20 世纪 60 年代初，日本汽车使用量逐渐增多，汽车尾气排放过多，引起了严重的大气污染，1962 年，日本及时颁布了《煤烟排放规制法》，1968 年又开始实行更为严格的《大气污染防治法》取代了前者，在全球率先设定包括汽车尾气在内的各类污染物排放限制。此后，欧美国家也逐渐开始对汽车尾气排放进行严格限制。1970 年，美国出台了《马斯基法案》。1992 年，日本又将《关于机动车排放氮氧化物的特定地域总量削减等特别措置法》作为新的限制政策，这也是一项专门针对削减机动车尾气排放问题制定的法律条款。在尼奇以及名古屋南部等地区有关大气污染的一些诉讼中，地方法院都将悬浮颗粒物的吸入认定为导致污染发病的重要原因。这种危害性极大的悬浮颗粒物，大部分都是伴随着机动车尾气排

放产生的，同时产生的还有十分不利于人体健康的氮氧化物。在 2001 年，法律在控制物质中又加入了颗粒状物质。基于此，日本又颁布了新的法律，即《关于机动车排放氮氧化物以及颗粒物质的特定地域总量削减等特别措置法》。2005 年，日本的重型柴油车 PM 排放量与 1994 年相比，削减了 90% 以上，并在此后一直保持较低的水平。

新能源车也称为环保车，其统计范畴主要包括五类，分别为：混合动力汽车（HEV）、插电式混合动力汽车（PHEV）、纯电动汽车（EV）、燃料电池汽车（FCV）、清洁柴油车。大力发展新能源汽车有助于降低汽油燃料和柴油燃料的使用，对于应对全球气候问题、减少二氧化碳排放发挥着相当重要的作用。近年来，亚洲地区的中国和韩国等国家的汽车工业正处于快速发展期，这为一直处于汽车生产强国地位的日本带来不小的竞争压力。对日本而言，大力发展新能源汽车既是由于日本汽车产业一直处于明显的领先地位，同时，也由于其完善且丰富的技术及经验作为支撑，也是其在当前新的竞争环境下继续保持汽车行业领先地位的有效方法。因此，日本较早就开始布局新能源汽车的研发。

1992 年，本田混合动力车 Insight 开始发售，5 年后，丰田混合动力车 Prius 开始发售。2009 年，日本新能源汽车销量占全部乘用车的 11%。2013 年，日本全国乘用车的年销售量达 456 万辆，其中新能源汽车的销售量达到了 104 万辆，占比增长至 23.2%。2016 年进一步增长至 35.6%。目前，由于人口减少、燃油消耗改善、年轻人向大城市集聚等原因，致使日本的加油站数量在逐年减少，尤其是在山区及其周边地区，据 2017 年 3 月统计，已有 12 个村镇没有加油站；天然气车购置费用高，气站主要设置在都市内，而且在东京、大阪和名古屋三大都市圈以外的地区有减少的趋向，燃料补给不方便，致使天然气车普及很难推进；日本除住宅以外的急速/普通充电站约有 3 万座，独院住宅可设置充电器，但在公寓等集体住宅设置则较难，因续航里程和充电原因，EV 的普及速度也不快；因氢气管理管制、氢气运输以及氢气站的建设费用等原因，日本的氢气站只有 100 处左右，FCV 推广也较慢。

同时，在传统汽油机应用领域，日本已将其优化升级，混合动力研发应用技术发展到了世界前列，大幅降低了传统汽车产业的油耗水平，基本达到了 5l/100km 的经济油耗指标。目前，HEV 是日本新能源汽车的主要产品，其占比达到了 95%，以丰田公司 Prius 为例，因其技术成熟，在日本国内和海外引起广泛关注，市场增速明显。在日本乘用车占比中，HEV 实现了 2005 年 1%、2009 年超过 10%、2013 年超过 20%、2016 年超过 30%的跨越式发展。

近年来，PHEV 和 EV 市场逐渐打开，开始进入全面推进销售阶段，丰田汽车公司已提出所有销售车辆的电动化方针，预计今后将以较快速度发展。超小型车、微型车等多种 EV 正根据使用目的开展设计研发，在地震、暴雨等自然灾害多发的日本，EV 也有一定使用优势，有望成为未来日本汽车产业的新动力。

FCV 逐渐成为日本新能源汽车未来发展的新导向。2014 年 12 月，丰田公司推出了首款 FCV，将其命名为"MIRAI"（未来）。MIRAI 具有很多优点，比如，加满一箱氢气只需 3 分钟，连续行驶里程达 650km，原计划 2015 年的预计产量是 700 辆，但上市不到一个月就接到了 1500 多辆订单。大家普遍认同其加氢时间、续航里程、燃料成本等方面与内燃机汽车汽油成本势均力敌，并且在行驶过程中不排放任何污染物，只会排放少量水，因此，被业界称为最具有市场潜力的"终极环保车"。为了达到客户需求，本田、日产等汽车公司也已经研发并推广了 FCV 概念车，但其售价较高。截至 2019 年 6 月，加氢站只有 100 多个，单个站建设费用高达 4 亿—5 亿日元。因此，如何降低 FCV 的生产成本和加氢站的建设成本已成为大规模推广 FCV 的重要议题。同时，日本政府对 FCV 的发展十分看好，并采取了一系列支持政策，如为购车人发放补贴、减免购置车辆税、增加加氢站建设财政补贴等，将这些政策优惠作为促进新能源汽车长期发展的动力源。

二、中国新能源汽车产业发展现状和趋势

（一）中国新能源汽车产业发展现状

进入 21 世纪以来，中国汽车保有量逐年增加，市场规模持续扩大，年销量由 2001 年的 237 万辆持续增长至 2009 年的 1364 万辆，年均增速达 24%，汽车产量首次位居世界第一。2010—2017 年，全国汽车销量仍持续增长，由年销售 1806 万辆增至 2888 万辆，但增速明显放缓，年均增速约为 7%。2018 年全年销量 2808 万辆，虽实现了连续 10 年领跑全球，但在连续增长近 30 年后第一次出现了下滑，2019 年前 5 个月销量仍不如 2018 年，行业开始理性回归。

据中国汽车工业协会数据显示：2016 年，我国自主品牌乘用车的销售量同比增长 20.5%，占全部乘用车销售量的 43.2%，比 2015 年同期提高 2 个百分点。2017 年，自主品牌乘用车销售量达 1084.7 万辆，同比增长 3%，占乘用车销售总量的 43.9%，比 2016 年同期提高了 0.7 个百分点。2018 年，中国品牌乘用车共销售 998 万辆，同比下降 8%，占乘用车销售总量的 42.1%，占有率比上年同期下降 1.8%。

传统汽车工业的发展，使人们出行更加方便，生活方式和生活节奏逐渐加快，但同时，环境污染问题日益严重，能源问题也逐渐显现。大力发展新能源汽车是国际社会为解决能源、环境和气候问题采取的共同方案，也是国际汽车工业领域新一轮的竞争焦点。

对于中国汽车产业来说，推广新能源汽车发展有助于逐步推进节能减排，推出新的国家经济增长点，以及实现相关产业与企业由大到强的转

变，同时也是拉近与世界汽车强国距离的一次发展机遇。中国政府一直高度重视新能源汽车的发展，在政府的大力支持下，我国相关产品技术稳步提升，人们可选择的种类及品牌逐渐增多，基础设施及设备建设不断完善，预测未来我国新能源汽车销量将继续保持较高速增长。

根据中国汽车工业协会的相关统计，2018 年我国新能源汽车产销量如表 1 所示，全年累计产量为 127 万辆，年销量为 125.6 万辆，占全部汽车销量的 4.5%，比 2017 年同期增长 61.7%。其中，新能源乘用车全年累计销售量为 105.3 万辆，纯电动车占据了约 75% 的份额；新能源客车和货车的销售量几乎全部来自纯电动车。

表 1 2018 年新能源汽车产销量基本情况表

车型	2018 年产量			2018 年销量		
	产量（万辆）	同比增长（%）	各车型占比（%）	销量（万辆）	同比增长（%）	各车型占比（%）
新能源汽车	127.0	43.4	/	125.6	38.2	/
新能源乘用车	107.0	80.5	84.3	105.3	69	83.8
1）纯电动	79.2	75.7	62.4	78.8	64.6	62.7
2）插电式混合动力	27.8	100.7	21.9	26.5	91	21.1
新能源客车	11.8	−29.9	9.4	11.6	−19.7	9.3
1）纯电动	11.2	−29.5	8.8	11	−18.6	8.8
2）插电式混合动力	0.6	−79.2	0.5	0.6	−76.9	0.5
新能源货车	8.2	16.9	6.4	13.7	6.4	
1）纯电动	8.1	16.3	6.4	8.6	13.2	6.9

随着新能源汽车在我国的大力推广，蔚来、威马、小鹏、车和家、云度、合众、电咖和拜腾等新兴造车势力已逐渐向新能源汽车产业进军。2018 年，这类新势力汽车企业的新能源车总销量达 2.6 万辆，其中，蔚

来汽车 2018 年销量为 1.13 万辆，云度新能源和威马汽车 2018 年销量分别为 7397 辆和 3850 辆，前三家新势力汽车企业的销量占比之和达到了 93%。

氢燃料电池汽车暂时还处于商业化示范运行考核及应用阶段，2018年，全国示范运营车辆超过了 1500 辆，主要品牌和车型有：东风特汽物流车、青年汽车物流车和客车、上汽大通 FCV80、上汽荣威 950 燃料电池轿车、福田客车和中通客车等，多集中于氢能产业发展快速的地区，如上海、江苏、广东（广州、佛山、云浮等地）、山东（淄博、潍坊等地）、河北（张家口）等地。

（二）中国新能源汽车产业发展趋势

新能源基础设施不断完善。这对扩大新能源汽车市场应用起到了较好的推动和保障作用，建成以及在建的新能源汽车充换电站和充电桩大都集中在京津冀、华东、华南等地区。从充电站数量来看，深圳、北京、杭州、广州四市分列前四名。从充电桩数量来看，深圳、上海、合肥、北京四市分列前四名。2017 年，全国共增加充电基础设施 24.2 万台。2018年，全国共增加充电基础设施 33.1 万台，相比 2016 年提高了 36.8%，目前，新能源增量车桩比约 3：1 左右，公共类充电基础设施稳步增长，随车配建充电设施增速较快。

推广应用范围不断加大。2013 年 11 月，财政部、科技部、工业和信息化部、国家发展改革委联合发布了《关于支持北京、天津等城市或区域开展新能源汽车推广应用工作的通知》。2014 年 2 月，四部委发布了《关于支持沈阳、长春等城市或区域开展新能源汽车推广应用工作的通知》。目前，全国范围内，累计有 39 个城市或区域已经逐步开展新能源汽车的推广和应用，主要集中在大中型城市。初步统计，这些城市或区域计划推广的新能源汽车总数已超 30 万辆，北京、深圳两地占比最大，分别是 35020 辆、35000 辆。其他达到万辆级及以上规模的城市或区域达 11 个，分别是江苏城市群、河北城市群、天津、西安、武汉、浙江城市群、重庆、福建城市群、广东城市群、广州、上海，其余城市或区域推广数量都在 5000 辆以上。从实际执行情况看，各地表现不尽一致，但总体上基本实现了预期目标。

财政补贴方式趋于合理。我国新能源汽车的统计范畴主要包括 PHEV、EV、FCV 这三类，政府的补贴政策则重点集中支持 EV 的发展。补贴政策最早在 2009 年开始实施，目的是为了提倡私人购买新能源汽车。2013 年，有关部门决定继续实施补贴政策。2016 年该政策开始退坡。2017 年，我国新能源乘用车全年销量达 56 万辆，其中包括 45 万辆纯电动乘用车，私人的购买比例超过一半，补贴政策的初衷目的已基本达到。2019 年 3 月，新版补贴政策出台，国家对新能源汽车的补贴标准退坡幅度达到了 50%，并将 6 月 25 日作为政策截止日期，补贴政策逐步退坡。2020 年以后国家补贴政策将全面取消，地方补贴也将逐步退出。2019 年北京市已取消地方补贴政策。

补贴政策的退坡最有可能直接带来 EV 销售价格的上浮，但目前价格已不是影响消费者决定是否购买的唯一因素，消费者所在城市是否有限购、限行政策，新能源汽车充电是否便利，消费者自身是否更强调节能减排和环保理念已成为更重要的因素。2019 年 6 月，国家发展改革委等有关部门联合发文，提出各地须停止对新能源汽车实行的相关限行、限购政策。自此，补贴政策的退坡使 EV 面临更严峻市场考验的同时，也会给 PHEV 和 FCV 等不同技术路线的新能源汽车提供较好的发展空间。

支持政策持续合理优化。2019 年出台的补贴政策对动力电池系统能量密度、纯电动乘用车续航里程、整车能耗等指标均提出了新的更高的要求，明确扶优扶强，地方补贴也将转变为支持充电（加氢）基础设施"短板"建设和配套运营服务等，这些转变表明，国家对新能源汽车的支持政策更趋于理性，更是产业高质量发展的要求，也有利于对冲价格上涨可能带来的不利影响。

随着普惠红利结束、补贴门槛提高、政策扶优扶强，新能源汽车的落后产能将在各类汽车企业的混战中逐步被淘汰，尤其是那些冲着补贴政策仓促上马的项目，而那些尊重市场规划、重视产品研发力度、将更多精力放在适应需求、降低成本和提高性能的汽车企业将会最终胜出。

三、可借鉴的经验

当前世界各国非常重视能源和环境问题，新能源技术、信息技术、互联网技术等推动了低碳经济、绿色经济的快速发展，成为国家和区域竞争力的重要体现，全球经济进入了技术创新的密集阶段，带来了新的科技变革和产业变革，我国产业的发展和转型面临着新的机遇。"十三五"规划期间，我国经济进入了发展方式转变和增长动能切换的新常态，国家提出了"创新、协调、绿色、开放、共享"的高质量发展理念，我国产业的发展和转型面临着新的挑战。在新机遇和新挑战的背景下，我国新能源汽车产业将进入持续快速发展的新阶段。为更好地实现高质量发展目标，通过对日本新能源汽车产业的现场学习和交流，有以下经验可供借鉴。

（一）健全制定法律法规，引导产业健康发展

多年来，日本非常重视环保车的发展，通过出台了一系列战略规划、法律法规、技术标准等，来促进产业的快速发展。日本环境省于 2009 年发布了《环保车普及战略》，又于 2013 年发布了《日本重振战略》和《2014 年汽车产业战略》，大力推动环保车的普及，不仅进行车辆技术开发，还要对充电站和氢气站等基础设施进行整备。

为促进新能源汽车产业发展，日本颁布了多项新能源技术开发和节能

技术利用的相关法律法规，来支持新能源汽车的推广及应用，主要有《可再生能源配额制法》《关于促进新能源利用等特别措施法》等。此外，相关的法律法规也提出了低排放车的认定标准，明确各类汽车均可以申请低排放车的技术认定。

因此，借鉴日本经验，我国应该进一步完善与新能源汽车产业发展密切相关的法律法规体系，制定发展战略，明确发展目标，做好进度计划，出台有效政策，以支持新能源汽车产业的健康发展。

（二）深化政企交流合作，形成良性发展格局

日本高度重视政府和企业的协同合作，职责清晰，各司其职。政府主要负责新能源汽车产业政策的制定，引导企业发展，针对不同的技术路线，政府始终保持中立的立场，基于仔细的分析和测算，给予相应的补贴和优惠。对比日本第四次和第五次能源基本规划，以及两次氢气、燃料电池战略进度表，可以发现，政府是在充分总结各方相关实践经验的基础上制定政策。而企业则根据自身的技术特点优势，以及对未来技术发展趋势的研判，选择适合自己的技术路线，丰田主要专注混合动力汽车和燃料电池汽车，日产则主要专注纯电动汽车，几家公司各有专攻，在产业化方面形成了较为默契的分工。与此同时，在政府的组织下，几家企业合作研究下一代电池，并联合成立充电公司，统一或兼容充电协议和模式。

而在我国，政府出台一个政策，往往会有大量的企业蜂拥而上，甚至会钻政策的空子，形成恶性发展的局面。近些年来，中国政府大力推进EV 的发展，出台购车补贴政策，建立示范应用城市，大力新建充电设施，扶持动力电池产业，推动了EV 成为我国新能源汽车产业的主流。当前，中国也开始布局发展氢燃料电池，并逐渐成为热潮。从中长期来看，我国新能源汽车产业发展将可能形成纯电动和氢燃料电池两条技术路线并存的局面。因此，借鉴日本的经验，我国应该深化政府和企业的交流与协

同合作，充分发挥政府的引导作用和企业的市场主体作用，形成良性发展的局面。

（三）倡导节能环保理念，转变国民消费观念

受地理环境的制约，日本资源禀赋相对匮乏，大部分依赖进口。因此，日本一直以来都大力提倡国民节能环保的理念，是垃圾分类管理做得最好的国家。以一个矿泉水瓶为例，就需要按照瓶盖、瓶身、商标纸三类分类投放。在汽车消费领域，也出台了多项优惠措施鼓励节能产品的广泛应用。例如，购买混合动力汽车普锐斯，可以享受免除新车全部取得税和重量税的优惠政策，其他特殊车辆还可以减免一半的自动车税，而且还有补助金方面的优惠。

2018 年，我国新能源汽车占全部汽车销量的 4.5%，传统汽车在保有量和销量上仍占有绝对优势，消费者在购车时"舍小取大"的现象较为普遍，小排量车型购买需求相对低迷，市场发展前景堪忧，这也是 2018 年自主品牌汽车销量占比下降较大的重要原因。因此，我国应学习日本经验，加强政府对节能环保理念的倡导和政策引导，提升消费者节能减排意识，转变消费观念。对于大中型、特大型城市，还要主张发展公共交通，倡导环保出行。相比北京，日本的东京人口更多，但是很少有堵车的情况，究其原因就是因为日本公共交通体系发达。我国新能源汽车产业的发展，应该结合未来城市规划、国民出行方式、国家能源战略等，统筹技术发展方向和基础设施建设。

（执笔：陶黎敏）

日本的废弃物处理政策及垃圾分类实施借鉴

　　城市垃圾是城市化发展的伴生产物，其大量产生必会带来不容忽视的环境问题。如何有效处理城市垃圾，是当今世界共同关注的课题，垃圾源头减量、无害化处理、资源化利用是必由之路，而垃圾分类是垃圾处理全产业链的基础和保证。日本是中国的近邻，其历史文化与中国有很多的相似之处，第二次世界大战后日本不仅在经济建设方面取得了巨大的成功，而且在环境保护方面也取得世人瞩目的成就。以废弃物处理为例，作为环境保护对策的一环，日本政府在各个阶段都相应制定了不同的政策措施，并不断进行完善，带动全社会积极参与。日本在城市垃圾分类治理方面的很多经验值得我们借鉴。

一、日本废弃物处理政策变迁

　　日本自第二次世界大战后经济快速发展，尤其是 20 世纪 60 年代后经济高速增长阶段，伴随着生产活动排放大量有害废弃物，造成以痛痛病、水俣病、第二水俣病、四日市病"四大公害"为代表的严重环境污染问题，引起了世界范围的关注。日本政府开始高度重视环境问题，采取政策措施加大环境保护力度，环境问题得以逐步改善。20 世纪 80 年代以后，面对新的环保形势，废弃物更加多样化以及最终处理场的不足，促成日本的环境保护政策更加全面细致，从主要防止公害发生的生活环境保护转变到环保与资源再利用结合的双重考虑，且更加注重促进国民的认知。进入21世纪以来，日本提出了以循环型社会形成目标的推进政策，废弃物处理进入一个全新时期。

自20世纪50年代起，快速的经济增长和城市化发展导致日本城市垃圾的剧增。垃圾被倾倒于河川和海洋中，或堆放于野外，由此产生大量的蚊蝇，也导致传染病的蔓延等问题。1954年日本制定《清扫法》，除延续之前由市镇村负责垃圾的收集和处置的做法，还增加了国家和都道府县应给予财政和技术支持，居民有义务配合市镇村进行收集和处置等内容。在处置方式上，由于垃圾的剧增导致传统的人力收集能力明显不足，且路边倒装造成垃圾飞散，促使收集工作开始走向机械化，并促进各城市引进垃圾焚烧设施。

20世纪60年代，日本进入经济高速增长时期，城市垃圾增加的速度进一步加快，也愈加多样化。日本以往各个工业行业排放的废弃物也由市镇村进行处理，但随着生产活动的不断扩大，产生的多种废弃物被非法丢弃。另外，随着城市的开发，产生了大量的渣土砖瓦类的建筑废材，有些被非法倾倒于空地、道路、河岸等。此外，还发生了工厂排放的废弃物中含有重金属等危险有害物质，以及塑料焚烧产生有毒废气等问题。

这个时期，日本不仅废弃物污染加剧，大气和水污染也日趋严重，公害问题亟待解决。为此，1970年11月日本召开了被称为公害国会的临时国会（第64次国会），通过了14部公害相关法令，为建立包括产业废弃物在内的废弃物整体的处理体制，日本全面修订了《清扫法》，制定了《废弃物处理法》。

在日本《废弃物处理法》中，将废弃物分为产业废弃物和一般废弃物两种。产业废弃物是指"伴随企业活动所产生的废弃物中法令规定的20种类"，包括燃渣、污泥、废油、废酸、废碱等，排放企业负有处理责任，进行收集运输及处置的废弃物处理业原则上需要都道府县知事的批准。一般废弃物也被称作"产业废弃物以外的废弃物",即垃圾和粪便,按惯例市镇村负有处理责任,进行收集运输及处置的废弃物处理业原则上需要市镇村长批准。日本 2016 年度的一般废弃物总排放量为 4317 万吨,总资源化量(不含燃烧时的热能利用)为 879 万吨,回收利用率为 20%,最终处置量为 398 万吨,为总排放量的 10%。

《废弃物处理法》中除规定一般废弃物和产业废弃物的处理责任分担,还根据法律和相关标准推动制定无城市农村差异的全日本统一的废弃物处理设施、最终处置场(填埋场)的构造标准及维护管理标准,创建了国库补助金制度,对处理设施建设项目进行补贴,推动了日本废弃物的规范化处理,同时积极推进市镇村的垃圾分类收集工作。

20 世纪 80 年代后半期,日本大量生产、大量消费、大量废弃型的社会经济活动已经常态化,废弃物排放量增加、大型家电产品等难以进行规范处理、PET 瓶普及等造成容器包装增加、运往最终处置场的废弃物量增加等问题加剧,现有最终处置场剩余容量出现危机,一般废弃物处置场剩余容量还剩余 10 年、产业废弃物剩余容量只剩余 1—3 年。同时,由于垃圾焚烧设施中二噁英类物质的产生,邻避问题突出,废弃物焚烧设施和最终处置场的建设也面临诸多困境。

在此形势下,日本重新审视过去以废弃物的规范处理为基本的废弃物政策,将重点转移到控制废弃物循环利用(3R:reduce、reuse、recycle)的必要性,推进循环型社会的形成。1991 年,日本《废弃物处理法》得到修订,在法律的目的中追加了控制排放、资源再利用回收的相关内容。同年,在通商产业省主导下制定了《有关促进资源有效利用的法律》《资源有效利用促进法》,规定了产品的设计和制造环节应注重环境保护,以推动企业废弃物的自主回收及再生利用等。各种再利用法规也相继制定,1995 年和 1998 年相继出台《容器及包装物回收利用法》《家电回收利用法》等,单项产品的回收利用处理法的建设不断完善,由此也促进了资源垃圾的分类收集，并完善了二噁英类物质对策指导方针及特别措施法，环境效益逐步显现。1997—2011 年，日本废弃物焚烧设施的二噁英类物质排放量减少了 99%。进入 21 世纪以来，日本的环境保护政策措施上升到一个新的战略高度。2000 年日本制定的《循环型社会形成推进法》以建设循环型社会为目标，明确社会全体成员的责任和义务，依法推进废弃物的正确处理和环境再生，以期达到全生命周期的资源循环。

由此可见，面对突出的环境问题，日本政府认识到简单的废弃物末端处理并不能从根本上解决问题，有效解决垃圾减量和再利用问题才是根本出路，而垃圾分类是实现垃圾处理资源化、减量化、无害化的重要步骤，也是实现垃圾资源化回收利用、变废物为再生资源、实现资源循环利用的关键环节。

二、日本城市垃圾分类可借鉴的经验

日本环境优美、街道整洁，很大程度上得益于在垃圾处理方面取得的成功，尤其是垃圾分类制度的有效实施。日本的垃圾处理特点是分类细致严谨，处理方法复杂烦琐，国民积极性高，以及强有力的法律基础和监管措施。

（一）细致的垃圾分类

1. 编制指导手册

政府为市民编写了详尽的垃圾分类和投放指导手册，图文并茂，浅显易懂。日本各市镇村在垃圾的分类上有所差异，市民根据居住地的分类规定进行投放。一般分为可燃垃圾、不可燃垃圾、资源垃圾、大件垃圾、有害垃圾五大类，五大类下又作了更为细致的分类，有些地方在五大类下分有 70 个小类。对于资源垃圾的分类，每种垃圾有不同的投放方法，可燃垃圾和不可燃垃圾均需要装在购买的专用袋子里。对于资源垃圾，居民要自己在家中对垃圾先进行预处理，如容器包装塑料需要洗掉污垢后放入容器或透明、半透明的袋子，塑料瓶和易拉罐要洗干净，厨余垃圾要沥干水分，打火机和喷雾器瓶子里的液体都必须用尽，纸箱需要拆开折好并用绳子捆上。如果是大件垃圾，则需要买垃圾券，让专门的垃圾处理公司来拖走，不得随意丢弃。

垃圾回收过程的要求也很细致，一件物品的不同部位，可能属于不同的分类。以矿泉水瓶为例，瓶盖属于一类，瓶身却属于另外一类，必须分开投放，需要完成以下丢弃步骤：简单水洗、取下瓶盖、撕掉标签，放入透明、半透明的袋子里，根据各地规定的垃圾资源物收集日历，按时、按量、定点投放。

2. 设立专门收集时间及地点

为促进资源垃圾的分类收集，日本政府专门制定了垃圾分类"日历"，根据回收垃圾的性质按时间进行分类、集中回收，不同性质垃圾必须按规定时间投放到指定收集处，避免垃圾混装。这种强制性措施的长期实施和坚持，促使日本国民形成了根深蒂固的垃圾分类意识。每年年底，市民都会收到一份政府发放的次年垃圾分类收集"日历"，在"日历"中明确资源垃圾种类、收集的时间、回收方法等，方便公众按照"日历"丢放垃圾。日本城市道路边鲜见垃圾桶，便利店的垃圾分类投放箱是不少旅日中国游客的"救命"设施。

垃圾的处理方式因市镇村而异，一般采用分选回收、填埋、焚烧等方法。对于大件垃圾和资源垃圾，经资源再生中心分选处理，提取有价物资源化利用，可燃性残渣与可燃垃圾一起焚烧处理，不可燃残渣及焚烧灰、飞灰等最终在处理场填埋处理。日本垃圾分类的极致，有效解决了填埋场地的容量制约、焚烧设施运行效率低、污染物排放等问题。同时，后续处理手段是垃圾分类的真正推手，如静冈县御殿场市小山町垃圾焚烧设施，配套建设了垃圾再资源化设施，垃圾处理形成产业化一条龙体系。

（二）民众参与度高

任何一项制度的实施都离不开政府强有力的推动和公众的参与配合。在垃圾分类实施上，日本政府在制度设计上做到了精心管理和周到安排，首先从中小学环境教育入手，把垃圾问题写进小学生社会课课本，从小从早抓起。同时，在分类组织实施上，让民众知晓分类知识、定时定点投放规矩，融入大众生活的方方面面。日本民众在政府的强力推动下，从被动执行到自觉遵从并养成一种习惯，虽然也经历了长期过程，但参与意识一直很强，这也源于日本民众长期形成的环保意识和协作意识。对可回收循环使用的垃圾，在处理工程中，他们都会叠放整齐并捆扎好，以便于回收工人的操作，对于有可能产生危险的垃圾，会预先做一些处理，如用过的带有压力的喷雾罐，要扎一个孔，以防止爆炸。

（三）法律体系完备

日本的垃圾分类无疑是全世界最复杂、最细致的一套系统。而多年来，日本居民严格地执行着这些细致到苛刻的处理办法，有学者将其归因于日本"极致"的民族精神和严格遵守规则的特性。而笔者认为，扎紧制度的"笼子"才是成功的要诀。垃圾分类的巨大成本和工作量，只靠政府端显然无法实现，因此，日本选择了让居民分摊垃圾分类和预处理的责任。如前文所述，日本从 1954 年颁布《清扫法》开始，经过 60 多年的发展，形成了以基本法、综合性法、专项法为依托的垃圾分类、回收、减量化处理的法律体系。1991 年颁布的《资源有效利用促进法》提出了"资源垃圾"的概念。同年对《废弃物处理法》进行修改，提出在控制总量的同时，实现垃圾的"再资源化"。日本的垃圾分类收集和再利用已经融入居民生活，并受到大力支持。在各种废弃物回收法律法规的不断出台下，垃圾分类的规则也不断完善，最终形成了现在的分类格局。

日本垃圾分类处理体系中的责任非常分明：垃圾分类和投放是居民的责任；自治体（政府）则负责垃圾的收集、搬运、中间处理和最终处理；至于资源垃圾的再利用问题，则被交给了回收业者，基于商业目标去解决。有些地方规定了巨额罚款，"不法投弃"可能被处以高额罚金；也有很多地方没有具体的处罚措施，主要靠邻里监督和居民自觉。笔者在参观静冈县御殿场市小山町垃圾焚烧设施及垃圾再资源化设施时，观察到一个细节，当地政府专门派三名公务员驻场办公，主要职责就是监督设施正常合法运行，充分做到了地方政府对公共事业的有效监管。

三、我国城市垃圾分类现状

（一）垃圾分类工作历程

现阶段我国的垃圾分类重点是城市生活垃圾，我国城市生活垃圾分类工作最早开始于 20 世纪 90 年代，在上海、北京、广州等城市针对小范围内的居民区和单位开展了垃圾分类试点工作，主要是提出垃圾分类的概念和意识，动员居民进行前期分类，但运输处置过程基本仍是混合在一起。

2000 年 4 月，当时的建设部选定北京、上海、广州、南京、深圳、杭州、厦门、桂林 8 个城市作为垃圾分类的试点城市。进行分类收集的重点是废纸、塑料、金属和有毒有害的废电池。这些试点城市结合各地实际在推行生活垃圾分类收集的实践过程中，探索出了一些具有地方特色的分类收集方法，垃圾分类工作取得一定成效，也逐步探索出分类的基本路径。

2015 年 5 月，住房城乡建设部、国家发展改革委、财政部、环境保护部、商务部联合印发了《关于公布第一批生活垃圾分类示范城市（区）

的通知》，确定北京市东城区等 26 个城市（区）为第一批生活垃圾分类示范城市（区）。这一次的垃圾分类逐步深入推进，不少地区形成了有一定借鉴推广价值的模式。

2017 年 3 月，国务院办公厅印发了《生活垃圾分类制度实施方案》（以下简称《实施方案》），将垃圾分类范围进一步扩大，明确到 2020 年年底前将在 46 个城市强制实施垃圾分类。包括 4 个直辖市、27 个省会城市、5 个计划单列市以及住房城乡建设部等部门确定的 10 个第一批生活垃圾分类示范城市。除此之外，由中共中央和国务院共同确定的福建、贵州、江西三个生态文明试验区，也将垃圾分类工作作为试验的一项重要任务，在全省范围内选择一些市县及乡村开展相关工作。

《实施方案》在总结分析我国多年来垃圾分类经验和教训的基础上，提出的分类范围、方式和办法等方面更具有可操作性，也使得各地根据自身特点灵活调整。近年来，全国各地对垃圾分类工作认识程度明显提高，按照《实施方案》的要求，纷纷出台规章办法，加大宣传教育力度，在分类方式、分类办法、分类运输及处置等方面都开展了多种有益的探索。例如，上海建立了"绿色账户"的工作模式，提高居民对分类的参与率和投放准确率；浙江省形成了"干湿两分法、环保金激励"为主要措施的"虎哥模式"、"三站精确分类"的湖州模式、"党建+助力全域垃圾分类"的浦江模式等多种生活垃圾分类回收模式。

（二）现有垃圾分类方式

基于《实施方案》建议的分类方式，全国各地根据区域特点提出了各自的分类方式，46 个城市的分类方式主要以四分法为主，三分法、五分法为辅。其中有 29 个城市采取四分法的垃圾分类方式，分为厨余垃圾、可回收物、有害垃圾和其他垃圾；5 个城市（区）采取三分法，主要分为有害垃圾、可回收物和其他；2 个城市（区）采取干湿垃圾分类方式；北京市（区）采取五分法，分为餐厨垃圾、建筑垃圾、可回收物、有害垃圾和其他垃圾。其他 8 个城市根据分类区域、分类主体的不同，采用不同的分类方式。例如，杭州市的住宅区（居住小区、公寓区、别墅区等生活住宅区域）一般分为有害垃圾、可回收物、厨房垃圾、其他垃圾四类；单位区（政府机关、学校、企事业单位、大厦等办公场所）中，有集中供餐的一般分为有害垃圾、可回收物、餐厨垃圾、其他垃圾四类；无集中供餐的一般分为有害垃圾、可回收物、其他垃圾三类；公共区域（车站、公园、体育场馆、商场等公共场所），一般分为可回收物、其他垃圾两类或其他垃圾一类。上海市的分类是：装修垃圾、大件垃圾、餐厨垃圾（餐厨废弃油脂）、枯枝落叶等专项分流管理，日常生活垃圾按照有害垃圾、可回收物、湿垃圾和干垃圾四类进行分类。

（三）我国垃圾分类的主要问题与建议

1. 法律法规有待健全

我国目前关于垃圾分类管理的相关法律法规仍不健全，缺乏国家强制力的保障，即便有些文件中有所提及，原则也过于笼统，以鼓励倡导为主，刚性约束和可操作性不强。垃圾分类涉及每个生产企业、每个家庭和个人。借鉴日本经验，制定专门的垃圾分类法律法规势在必行，要进一步完善国家、省级和市级三个层面垃圾管理法规政策，落实生产者责任制，制定明确的奖励和惩罚措施，并且严格执行和监管，有效引导公众正确的垃圾投放行为和企业的垃圾处理行为。

2. 垃圾分类及资源利用的全链条尚未打通

我国垃圾分类尚处于试点阶段，政策法规制度尚不完善，责任主体尚未明确，设施设备尚未兼容，居民习惯尚未养成，社会参与程度和资金投入不足，使得垃圾分类整体覆盖面较低，目前市场尚未形成成熟的涵盖收集、运输、销售、加工、成品销售等全链条产业体系。餐厨垃圾处理后的产品出路尚存在问题，相关产品的推广应用标准和政策尚未出台，资源化产品出路无法得到保障。建议国家设立专项资金，用于支持垃圾分类及资源利用的全产业链条体系建设，助推垃圾分类和再利用工作的开展。

3. 公众意识及宣传方式有待提升

我国垃圾分类的宣传范围和方式仍比较薄弱，目前宣传层面主要在社区，依托社工、物业、社会组织、党员志愿者等开展，高层次、大范围的宣传有限，主流媒体支持力度仍然不足。公众意识的养成不是一朝一夕的事情，政府在强力推动垃圾分类过程中的负责任和精细化管理，有助于提高公众的认知和参与。在宣传方面，还应注重从教育入手，从娃娃抓起，以小手拉大手，带动家庭成员和身边人，形成全社会共同参与垃圾分类的良好风气。同时，应充分发挥专业机构和行业专家的作用，用专业视角指导公众了解垃圾分类的作用和意义，引导公众自觉将垃圾分类融入日常生活意识。

四、结语

垃圾分类是习近平总书记高度重视、亲自部署、着力推动的"关键小事"。实行垃圾分类，关系到广大人民群众生活环境，关系到节约使用资源，也是社会文明水平的一个重要体现。

总体而言，我国垃圾分类工作仍处于探索阶段，源头分类、收集、运输、处置的许多环节需要打通。目前我国已基本形成卫生填埋和焚烧发电并举的技术格局，尽管与理想状态的分类处理设施相比还有较大差距，但已经为普遍推行垃圾分类制度奠定了基本的硬件基础。

垃圾分类是一项细致入微的社会治理工作，其成效高低和进度快慢，很大程度上取决于社会的法治化水平。《固体废物污染环境防治法（修订草案)》首次将生活垃圾分类制度以法律形式固定下来。垃圾分类是久久为功的事业，不可能一蹴而就，需要以钉钉子的精神投身其中，效仿日本将垃圾分类根深蒂固地融入居民日常生活意识，并通过完善的法律法规体制进行保障，持之以恒加以推动，让垃圾分类工作成为一种新时尚。

（执笔：黄波）

日本智慧城市建设的经验及借鉴意义

日本是世界开展智慧城市建设较早的国家，通过几十年的发展，其在智能基础设施、智能社区、智慧城市建设等方面取得了较好的成果，在应对气候变化、人口少子老龄化、资源能源紧张、大城市病等方面走在世界前列，并步入高质量发展的路径。建设智慧城市的意义是通过人工智能、先进技术等创造前所未有的新价值、以新的价值兼顾经济发展和社会问题。在城市建设的复杂环境中，如何统筹推进智慧城市的建设，使其能够提供高水平的公共服务和舒适的人居体验，实现可持续发展是需要首先思考的问题。总结日本智慧城市建设的经验，我们应树立并贯彻"以人为本、生态至上"的规划建设理念，通过立法保障在前，市场手段为主，企业积极参与，各方协调实施，规划引领强化，在持续不断的探索改进下，逐步实现我国智慧城市建设的快速发展。

一、日本建设智慧城市发展历程

环境污染、人口膨胀和不断向城市大量集中引起的交通拥堵、犯罪率上升、城市资源消耗增加等是世界许多国家共同面临的重大问题，也是各国需要研究和解决的战略问题。日本国土狭小而人口众多，经济发展早已进入发达国家，如何进行城市建设和经济的可持续发展，解决发展中的众多矛盾，成为该国政府研究解决的重大问题，尤其日本国土及各类资源贫

272

乏，特别是能源的缺乏问题始终是其发展的最大制约，因此，早在 2002 年日本政府首先从智慧能源开始进行尝试，2009 年推出"智慧日本战略 2015"。2011 年日本大地震后，鉴于灾害发生所反映出来的城市建设问题，进一步扩展了智慧城市的建设领域。到 2019 年，开展有 ICT 数据有效利用型智慧城市和环境、能源、交通、通信、医疗、教育、健康等跨领域型智慧城市的建设，提出了指导智慧城市建设长期发展的超智能社会的计划，且取得了一定成果。

在政府推动、政策鼓励、资金支持等的推动下，民间企业成为建设的主力军。例如，以三井不动产公司为区域开发主体建设的柏叶智慧城市，以丰田公司为主创建智能低碳示范小区，以松下公司为主建设的藤泽智慧城市等。日本作为世界发达国家，与我国同处东亚地区，同样面临着经济发展减缓、资源环境压力、人口老龄化和迅速城镇化等问题，其建设智慧城市经验对我国具有较好的借鉴意义。

二、日本智慧城市建设的特点

日本经历了近 20 年智慧城市的建设，取得了大量的经验。特别是在理念方面，无论是政府规划、城市规划设计，还是具体项目建设，均以人为本和生态优先的理念深入智慧城市建设的各个阶段中；在保障体系方面，法律制度建设、城市设计规划等实施在前，起到较好的保障和规范作用；在城市设计方面，形成政、企、民、学、科等多方共同参与的模式；在城市定位方面，注重民生与基础设施的融合；在实施主体方面，以企为主、政企充分合作；在实施运营方面，实现多元化的融资和收益模式，推动了日本智慧城市的建设与发展。

（一）发展理念，以人为本

日本在整个社会体系建设中，尤其是基础设施、城市开发建设、运营管理方面，贯彻始终的理念在于"以人为本""生态优先"，在建设中考虑生态和人的需要，并贯彻节约、集约资源及城市管理运行效率的提高，实现健康、安全、舒适、智能生活的理念。例如，神奈川县藤泽市Fujisawa SST 模式，已不再是传统的基础设施建设，首要考虑人们的生活，从智能生活的规划设计到实现智能生活的智能服务设计，进而实现可持续的智能生活智慧城市的构建。相模原光丘生态城市提出的理念，"谁都想住的生态城市"，包括"智能+生态"、地域环境和周边社区的融合、生态与城市传统风格的传承。千叶县柏叶市提出"柏叶智慧城市"的理念，将丰富的自然环境有效利用，通过"节能+创能+蓄能"和下一代交通系统，绿化项目、产业研发、智能化的人居和健康养老等全方位的智慧化建设，实现区域内宜居宜业城市模型，同时注重考虑日本灾害频发的现实，着重考虑基本公共安全和水电等的基本供给。

（二）企业为主，多方参与

日本智慧城市建设的另一个明显特征就是民间资本作为建设主体，其在建或是已取得一定成效的智慧城市建设，均由该国大型企业牵头作为主体，包括日立公司、丰田、松下、三井不动产等民营企业都参与了建设。在开发建设过程中，各牵头企业并未独立进行，而是注重采取各种方式吸引社会力量参与其中，除了各类相关企业外，还注重原住民与预期使用者的共同参与，从而构建起从规划设计到建设使用的各类规划、建设内容和使用功能的不断完善，达到可建设、多元化、可运营、都得益的建设效果。

例如，日本柏叶智慧城市的建设以土地的开发者三井公司为主，规划设计中根据发展的不同阶段，逐步与日立公司、千叶大学、日建集团等25 家具有不同特点和专长的企业、团体共同合作，吸纳土地拥有者和使用者一起组建合作建设机构，共同商议规划、建设、使用中的问题，并不断调整建设方案。神奈川县藤泽市以松下为主，联合了东京电气株式会社等 18 个团体共同规划开发建设。田町智能园则从基本构想到规划、设计、施工、运行的全过程将多座不同用途的单项建筑整合为一个建筑群，由各企事业单位、设计者、施工者共同参与实施。

（三）市场推动，政府协调

智慧城市建设项目具有全面性、复杂性和多方参与的特征。日本开展智慧城市的建设经验表明，建设的主体可以是房地产开发建设商、汽车制造商、高科技公司、电气制造商，也可以是能源供应商，但不论由哪个企业主导，单靠一家来"包打天下"，都是不现实的。因为智慧城市的建设包括了城市土地所有者、房产建设、商业开发、基础设施建设、城市运营管理、智慧城市建设的技术实现等各个方面，是一个复杂的系统工程。因而日本的智慧城市建设，基本采取了企业牵头，政府与企业共同推行，由政府与主导企业，或是联合若干企业形成合资公司进行共同建设。政府的任务更多地侧重于政策导向、资金扶持、总体规划，并参与城市基础设施建设和后期的运营调整、维护工作。这类建设方式包括：三井不动产公司进行的千叶县柏市"柏叶智慧城市"建设，丰田公司在丰田市开展的智慧城市建设，松下电器在神奈川县藤泽市打造可持续智慧城市等。

（四）策划周详，逐步推进

日本智慧城市的建设在前期阶段均进行了较为详细的策划和设计，参与策划、设计、建设、运行的不仅有土地开发者，也包括当地居民、潜在使用者、基础设施所有者、信息技术公司、设计公司等，得以充分取得相关利益者的诉求并贯彻在设计中，逐年分区逐步推进并适时修订。例如，神奈川县藤泽市 Fujisawa SST，占地面积 19.3 公顷，建设期为 2014—2020 年；相模原光丘生态城市，占地面积 3.5 公顷，建设期为 2013—2015 年；

千叶县柏市"柏叶智慧城市"占地面积 12.7 公顷，建设期为 2005—2020 年。

（五）理念相同，协商解决

日本智慧城市的建设目前已有一定成果，并将这些成果移植到了国外的一些项目中。其成功的一个重要特点是参与各方协商、沟通。在政府的规划指导下，在建设智慧城市理念相同的情况下，参与各方就开发规划和项目实施进行协商沟通，解决项目建设存在的问题。例如，神奈川县藤泽市 Fujisawa SST 模式，开发、运营商与政府共同制订周密的城市建设方案，聚集了与其有相同目标的企业，与相关居民达成共识，由管理公司进行运营。柏叶大学城的开发是在企业、政府、学校、居民共同合作下开展的，设计由东京大学、千叶大学、柏市和有关团体等组成的设计中心负责，建设实施由三井不动产为主导，联合 24 家企业和团体来实施。

（六）政府部门，各司其职

日本政府在推动智慧城市建设过程中，主要起到推动作用。从顶层设计、政策支持，到法律保障等方面，为建设智慧城市起到了重要的推动作用。政府各部门在各个领域有着明确的分工，信息领域——Society 5.0（超智能社会）项目由经济产业省负责，智慧城市——数据有效利用由总务省负责，交通领域——"紧凑型城市+网络型城市"由国土交通省负责，农业领域——智能农业由农林水产省负责，医疗领域——健康大数据由厚生劳动省负责。

各政府部门在推动规划的实施方面，也制订了具体的目标、措施、实现路径和时间表。例如，农业领域——智能农业由农林水产省负责。按照日本《农业新技术的现场实装推进方案》，到 2025 年农业主产业实现数据化生产，主要做法：根据新技术的实现，明确农业智能化的目标；构建实现目标的各技术路线图，包括如何进行必须技术的开发、试验、普及和工作路线图，包括更加具体的自动驾驶拖拉机、农业用无人机、自动收割机器人等的研发和推广应用；编制具体技术实施的推进方案，扩大相关类型企业的规模；制订相应的人才培养计划，培训新技术的使用者计划，在农业高校中开办智能化农业课程，推动使用设备的配套及服务等。从顶层、中间层到科研、试验、使用、人才、配套服务等各个层面的问题均予以考虑，制定相应措施予以解决，以确保规划方案能够如期实现。

三、日本智慧城市建设的重点领域

日本在建设智慧城市中的出发点主要考虑自然资源贫乏、灾害频发的国情，更多注重于实现节省能源的"3E"（energy security，environment，efficiency）标准和"低碳可持续"发展的智慧化。即改变城市基础设施的建设理念，重点以基础设施建设为核心，对交通、农业、公共健康、能源等通过新的智能技术进行整合，通过对城市设施、人流物流、各类建筑的网格化、智能化管理，提供高效的公共服务，实现高效、节能、绿色、环保的低碳城市目标。

（一）智慧能源

日本智慧能源的建设起步于智能电网，智能电网的第一个特点在于智能化整合、分配、调节各类能源供给系统，实时监控、调节区域供电、用能单位的现实用能与计划用能，实现能源间的智能调节和高效利用。第二个特点是以建筑太阳能、小型风能、生物质能、垃圾发电、区域储能装置等作为电力供给的重要来源，通过区域电网和电动车辆的运营，来实现对化石能源的减少使用。第三个特点是建立区域的能源管理系统。这个系统充分利用现代智能技术和大数据应用，通过区域内公共建筑、商业企业建筑、居民建筑的用能计划，建立用能规划，并通过对各用能单元的实施监控和智能调度，向用户的可视化智能终端推送合理化用能建议，以实现区域用能最合理的利用和尽可能地使用清洁能源，实现最大的节能减排目标。

日本的柏叶智慧城市已建成一定范围的社区智能电网，通过自有的区域电网，将外来电力和区域内自建的太阳能发电系统、区域内蓄电系统存储发电等各类电源进行智能化调节使用，实现了区域电力的调节分配、电力削峰和智能供电。通过该系统的建设运行，相较常规供电实现 26% 的电力削峰，并实现节能、二氧化碳减排等目标。该项目在未来建设中，规划新建建筑都将安装太阳能发电装置，并设置区域蓄电装置，以实现电力调度智能化的基础设备和自然灾害发生时的应急电源。区域调度中心将各用能单元及区域、区域间的预测用电量和实际使用量等信息进行智能分析并给出自动配置方案。智能终端系统可以通过大数据和智能化的分析，建立省电、灾害等多种用电模式，将民居、办公厂所、大型商场的电视、空调、电灯等用电器形成一个系统，根据不同模式向用户推荐。通过系统调节，可以按照不同电力来源、价格和不同的使用时间对电力调节，实现削峰填谷和能源节约。该系统还担负备灾任务，要求在停电时能保证连续三天日负荷的 60% 的电力向居民供电，灾害发生时也能为消防电梯、照明设备、供水设备及其他公用区域提供电力，从而保障了能源使用的安全。

（二）智慧水务

日本政府对水资源关注的重点是合理使用和污水的治理与排放。在供水方面，通过设置传感器、水质监测仪等先进的监测技术，利用现代智能技术，利用大数据和大型计算机进行分析和处理水资源的利用，实现水资源利用的最优。其监测系统目前已实现对水源、供水、排水设备运行的自动化检测、评价和管理，可远程监控供水量、水压的实施情况。尤其是在面临重大自然灾害或者重大事故时，能够做到快速反应，通过智能化系统提前预警并应对处置。在污水处理方面，建立了全方位的监控网络，除了在污水处理厂实现全自动检测、远程监控外，对于排放的监测实现了远程自动报警、事故报警和应急处置的自动控制，同时可实现向不同管理单位发出警示信息。

（三）智慧交通

日本人口众多，交通运输发达，由此出现高频交通事故并带来巨大的人员、经济损失。为缓解这一问题，日本政府在 1996 年、2006 年、2010 年推出了三代智能交通系统，分别是车载数字信息通信系统、智能公路系统和该系统的加强版。车载数字信息通信系统的重点是行驶路线的规划；智能公路系统的重点是建立车辆信息平台，目的是整合车辆缴费系统、导航系统、安全驾驶系统等有关信息，实现人工驾驶和部分智能控制，以实现更高的驾驶安全性；智能公路系统加强版是在第一代的基础上实现辅助驾驶实施信息传输，以提高驾驶的合理性安全性，包括路况图像信息、周围行驶汽车信息、交叉路口信息、停车电子付费、互联网服务等功能，核心是实现驾驶提前预判、减少时间消耗和增加服务功能。

在区域交通领域，采用"紧凑型城市+网络型城市"。特别是在应对中小城市人口减少和老龄化的社会变化中，利用智能交通实现医疗、教育、商业等城市功能的运行，使居住者实现区域化的便利生活。因此，为了实现以上目标，日本通过对《城市再生特别措施》《地方公共交通活性化再生法》等相关法律的修改，实现在地产开发项目中利用法律引导公共交通网络与公共设施、医疗设施、商业等设施在区域改造时统一规划设计实施，形成"紧凑型城市+网络城市"，以应对中心城区、郊区、卫星城等之间和智慧城区内人员的交通问题。例如，对公共交通工具与共享自行车、电动汽车、汽车等个人交通工具有效组合分工，综合运用先进的路面、车辆、传感器及先进的信息通信技术和人工智能，实现节能、就近、长短结合、公共交通与个人交通、路面与地下交通的快捷、有序、节能环保的立体化交通。

丰田市正在尝试新一代汽车及智慧交通系统，打造未来"世界人车和谐城市"的建设目标，即探索可再生能源的充分应用，节能、蓄能设备的普及使用，同时以家庭能源管理系统（HEMS）模式包括交通在内的能源使用进行综合控制，引导居民环境意识，普及太阳能发电、电动车以及住宅里建设充电站等。

（四）智慧康护

日本的高龄化已是其社会经济发展的重大问题，实现全体国民都能够在自己熟悉的环境中安心、快乐、健康地生活，老年人也可以充分享受再工作的乐趣和积极主动开展各项社会活动，这是日本政府正在力争实现的城市计划。

在健康医护领域，将个人实时的生理数据、医疗信息、环境信息等大数据通过人工智能进行解析，并通过机器人进行生活服务、看护、陪伴等，实现一个人也能较为舒适地生活，以应对步入少子老龄化社会带来的问题；通过实时自动健康检查，及早发现疾病；通过整理、共享医疗数据实现不分地域均可得到良好的医疗救治；通过现场看护机器人来减轻家庭和社会的经济负担，解决看护人员不足等问题。

（五）智慧农业

农业领域通过实施"农林水产+地域活力"创造计划，将机器人、人工智能、无人机、传感技术等尖端技术的研发、技术试验等加快向农业生产一线推广。在农村组建由农民、科研单位、生产企业、政府参与的协会，共同提出推动计划的相关技术革新、需求、研发建议或者进行技术试验。主要是应对在农业领域劳动者减少、劳动力不足的问题。

在企业层面，开展工厂化种植的科研试种。例如，在"柏叶智慧城"中，由千叶大学的研究机构开展植物工厂的试验工作，区域建设的主体三井不动产也参与其中，建设目的是为实现稳定、低成本、高产量的食品供应，并研究探索未来型新型农业技术，实现区域内基本农产品的供给和集约式、工厂化农业生产，提高农产品的供给。

四、几点启发

中国与日本同为东亚国家，人口高度集中，资源相对短缺，且分布不均，人口逐步老龄化、人地矛盾问题相似，文化底蕴相通，借鉴日本建设智慧城市发展模式的实践经验非常有意义。但借鉴要有所选择，两国有些具体情况又是不同的，如中国快速而大规模的城镇化是日本不具备的；日本建设智慧城市是全方位协同，但是各方协同在我国还存在一定难度；日本建设智慧城市相关的公共政策和推动政策标准高且可持续，我国的顶层设计和各类配套政策相对薄弱。此外，管理体制双方不一样，管理精细化程度也存在差距。日本智慧城市的建设经过几十年的发展，通过法制引导与保障，市场手段为主导，生态优先，以人为本的建设理念，在整体谋划的逐步推动下，取得了较为丰富的经验，对正处于高速城镇化发展和步入老龄化国家的我国具有现实的借鉴意义。

（一）完善规划体系和保障机制

从日本实施的经验来看，首先是从规划及有关政策的角度进行调整，依法依规保障土地拥有者、项目建设者、使用者等各方的权益，为政府部门的管理提供相关依据，例如，经济产业省的超智能社会计划、总务省的数据有效利用型智慧城市规划、国土交通省的"紧凑型城市＋网络型城市"等。我国在促进智慧城市的建设中，首先要从国家规划层面进行保障，研究和制订顶层规划、实施方案、建设标准与规范、评估与评价体系等，并应以总的规划为引领，以各分项实施方案为统筹，以各省、市为规划实施和建设主体，推进智慧城市的有序建设。各地开展智慧城市建设的区域要做好相应规划，并与上位规划衔接一致。政府各部门从行业角度制订具有明确目标、建设路线图、技术研发、企业发展、人才培养等内容的规划或实施方案，要明确主要职责、任务、实现路径和要求，各负其责，保障建设工作可持续，同时主导部门要切实做好协调工作，充分调动社会资本参与建设。

（二）构建多方协同的体制机制

探索建立"体制机制协同、数据协同、利益相关主体协同"的新型模式。"体制机制协同"是实现智慧城市的有力保障。智慧城市的建设涉及多部门多行业多领域，现行的管理体制是行业或部门的垂直管理体制，因此需要构建横向统筹、组织、协同机制。例如，多部门要协同制定统一制式或是统一标准的联网入网标准，逐步打通各行业、地区的信息壁垒，为智慧城市的建设提供条件。"数据协同"是实现智慧城市的基本前提，各地区都积极建设智慧城市，但是有的地方数据采集的基本网络机制都没有建立，智慧城市是一个复杂的系统，而数据协同、集成、动态分析是其神经中枢，只有发挥好神经中枢的作用，才能及时反映出城市运行管理中出现的问题，并作出合理有效的决策。"利益相关主体协同"是实现智慧城市的根本目标。政府在智慧城市的建设中不再是单一的主导者，而是多个利益相关的主体之一，其作用更多是引导和政策的支持。智慧城市建设过程中应建立多方主体的交流平台，促进公私合作、多元参与、同谋同策，以保证未来在运行过程中更好地实现以人为本的高质量的生活。

（三）以人为本贯穿项目全周期

建设理念是项目建设的灵魂，关系到城市发展定位、实施方式、运营方式等。从日本智慧城市建设的成功案例"柏叶智慧城"来看，始终贯穿着以人为本的建设理念，规划设计实施中全面考虑了老年人的康养医疗，年轻人的创业就业，儿童成长需求等各个年龄都愉快生活的战略目标，实现智慧城内提供创业平台、稳定就业、就近上学、健康养老、美好生活的现实目标，以吸引更多的人，特别是年轻人前来居住，为我们中小城市发展提供了可借鉴的思路。

（四）遵循智慧城市建设发展规律

需要懂得和掌握城市发展的规律，才能促使智慧城市建设取得实效。在规划、建设、管理、运行四个方面进行深入探索研究。在顶层设计中城市规划要做好对空间资源的合理配置，实现多规合一，尤其是在规划中要将智慧城市的建设理念贯彻进去，在国土规划、基础设施建设、城市管理、信息化建设等方面，打造顶层规划做引领，专项规划抓落实的规划体系。

智慧城市的建设是一项复杂的系统工程，不是几个部门、几家企业或是几个项目就能实现的，需要有步骤、有计划地逐步实现。要在做好规划的基础上，做好实施方案。要落实具体负责单位，要有具体目标和重点，要有具体实现路径，避免政策空洞化。以人为本在规划建设中是始终遵循的核心思想，在城市规划、房地产建设、供排水、供热、交通、健康卫生、城市管理等各个专项建设规划中，要按照生态、环保、智能的要求，结合发展实际把握建设节奏，逐步形成城市管理的综合智慧化。

（五）注重新兴技术的研发应用

智慧城市的建设与运营需要大量的高新技术的支撑，这些技术是推动智慧城市建设和实现成效的必要条件。高新技术应用要讲究经济实效，要注重信息技术的统筹集约，把大数据、资源和人有机结合起来，建立高度灵活的智能模式。运用先进技术研究建立具备智能化的决策系统，实现对城市交通、重要基础设施、民生设施和城市建筑等的监测、预警及预测，使城市能够智慧运行。

（六）尊重国情，分步实施，典型示范

九层之台，始于垒土。规划建设智慧城市要充分结合我国现阶段发展的实际情况和地广人多、经济发展的不平衡的特点，不能一蹴而就，要循序渐进，逐步推进智慧城市建设工作。各行业、各地在制订规划和实施方案中，要量力而行，分步实施，逐步推进，实现可持续建设发展。要建立政策激励机制，对于制度创新、模式创新、机制创新、路径创新等要采取鼓励措施，逐步形成中国特色的智慧城市建设多模式，为全国建设智慧城市提供可供借鉴的标准化模式。

（七）探索可持续的智慧城市运营模式

智慧城市建设周期较长，建设资金巨大且回收周期长，要有重点有选择地进行可复制的成功的商业化建设运营模式，总结经验教训，逐步形成具有中国特色的智慧城市建设运营模式。智慧城市的建设主体应多元化，政府引导并提供政策支持，企业为建设主体，互联网及通信运营商等为技术支撑，研究咨询机构为外脑，构建协商、合作、共享的工作机制。通过企业自主投资、社会融资、企业间合作、建设债券、政府补贴、使用者付费、地产开发等方式，统筹谋划建设和运营费用，逐步实现可持续的运营模式。

（执笔：杨巍）

日本城市更新背景方法及借鉴价值

　　日本作为与我国有着相似文化传统和发展基因的邻国，仿佛是我国现代化进程的一面镜子。第二次世界大战后，日本进入经济快速发展期，大量人口涌入城市，城市发展迅速，与我国改革开放后城镇化进程极为相似。目前日本城市更新已全面铺开，中国部分城市也已逐步进入城市更新改造期，日本城市更新经验具有极大的参考借鉴价值。

一、日本城市更新发展背景

　　城市更新，作为城市经济复兴的重要内容，已经成为当前全球范围内各个国家地区、不同城市化发展阶段都将会面临或已经面临的重大战略课题。日本经历了第二次世界大战后经济高速发展期，城市人口激增，并向东京、大阪等大城市集聚，城市发展由大规模开发建设向更新改造转变。城市更新成为日本政府 2000 年以来十分重视亟须解决的关键事业。

（一）日本城市更新的发展概况

　　1919 年日本政府颁布的《城市规划法》，第一次将土地区划整理写入了法律程序。在 1923 年的关东大地震后重建中，土地区划整理成为日本东京、横滨等受灾严重的城市大规模开展援建、复建以及更新的重要工具。1954 年日本政府正式颁布了《土地区划整理法》，从而为日本的土地区划整理各环节的合法运作提供了法律依据。城市发展到一定历史时期，城市土地供给达到饱和，必定会进入再开发阶段，实现城市资源的梳理整合和再分配。

日本的城市更新事业从第二次世界大战后重建开始，经过 20 世纪 60 年代、70 年代的高速城市化和造城运动之后，80 年代开始注重城市化质量和规划分权，开始对第一代新城和集中式住宅进行改造；90 年代建立了注重多主体协调合作的规划体制，将民间主体和资本引入城市再开发；进入 21 世纪后，受泡沫经济影响，政府为拉动经济发展以及解决城市问题，于 2002 年制定了《都市再生特别措施法》，开始注重地域价值提升的可持续都市营造。一方面，以举国战略从面上推动城市更新；另一方面，持续鼓励自下而上的"造街"活动和小型更新项目，聚焦街区、社区甚至单体建筑的更新改造。另外，为了应对越来越严重的社会老龄化、少子化的局面，以及人口向东京、大阪等大城市集聚的趋势，2014 年后日本政府修正《都市再生特别措施法》，先后提出了《立地适正化计划》和《立地适正化操作指南》，允许地方政府根据区域人口状况、经济发展要求，合理配置公共服务设施，优化城市建设强度，赋予地方政府更高的自治权利。

纵观日本城市更新的发展历程，日本在面对战后重建、大规模人口迁移、泡沫经济崩溃、地震灾害等一系列挑战的过程中，都市营造和都市更新的主题始终贯穿其中，逐渐发展出来一套都市更新计划体系和都市更新制度。其主要特征表现为两个转变：一是逐步形成由中央政府向地方政府不断分权的规划体系；二是逐步形成由政府包办主导向利益相关者自我组织协调的更新路径和制度体系。

日本的城市更新，往往是以街区、社区、市政道路甚至单体建筑等小地块为更新改造对象，通过强化市政基础配套、提升公共服务等综合措施，提高土地空间利用率和土地空间价值，打造具有现代化特色的新城区，并特别注重传统历史建筑或者历史街区与现代化城市建设的融合协调。日本的城市更新是土地所有者内部及与政府长期不断沟通协调，实现各方诉求平衡的结果，也是相关法律法规和制度不断完善的过程，因此，一个城市更新项目需要十几年到二十几年的逐步演替发展。

（二）日本城市更新的发展动力

推动日本城市更新的因素众多，客观需求的变化及政策法规引导发挥了重要作用。

1. 城市发展空间具有刚性边界

日本山地众多，国土面积狭小，为了保护农业用地安全，对城市开发建设约束较多，城市空间发展的刚性边界十分明确。在日本，各城市均严格划定了未来 10 年间供城市化发展的城市化促进区（urbanization promotion areas，UPA）以及城市化控制区（urbanization control areas，UCA），像东京、大阪等大城市的快速发展很大一部分是通过城市更新改造来实现的，逐步形成紧凑型城市建设理念。

2. 城市基础设施陈旧

第二次世界大战后日本经济进入高速发展期，大量人口涌入城市，20世纪六七十年代建设的一大批市政基础设施经长期运营，大多数陈旧落后，难以满足当期城市发展需求，需要更新改造，其中高速公路、主干街道、轨道交通等大型基础设施更新改造工程量特别大。东京汐留地区货物场、编组站旧址改造及城市再建项目（31 公顷），就是将废弃的铁路货场、编组站旧址（1914 年建设，1986 年停运）改造为大型交通枢纽、商业综合体和高档住宅，提升土地价值，完善城市功能。2014 年东京都出台了首都高速公路翻新计划，大量高速公路进行线路调整、路面翻新、高架建设，尽量优化土地空间，提高土地利用率。

3. 城市工业用地向城市混合功能用地转换

随着城市经济快速发展，产业结构不断优化，从而对城市更新提出了新要求。以东京都为例，1991 年工业企业有 4 万个，从业人数达 72 万人，到 2014 年工业企业减少到 1.2 万个，从业人数降到 26 万人，城市大量工业用地转换为城市混合功能用地，实现城市功能的转换。目前，日本东京、大阪等大城市已经完成了从工业生产型城市向消费服务型城市转变，大量工厂、仓储等生产设施需要更新改造为商业、金融、住宅等生活服务设施。为此，日本政府提出了很多促进开发这类特别城市再生区域的政策及一系列相关制度，推动城市用地性质转换和城市更新。

4. 团地社区向现代社区转变

团地是日本在第二次世界大战后经济高速发展下的产物。20 世纪 60 年代，日本大量人口涌入城市，住宅需求激增，于是日本开始在东京、大阪等大城市郊区新建大量住宅团地。在 80 年代，团地社区中的老龄化、商业凋谢、基础设施老化问题十分凸显，团地更新计划正式启动。日本团地所有权属于政府，更新计划的推动者也是政府，称为都市再生机构。当前随着日本各级政府财政资金吃紧，也鼓励民间资本进入团地社区的现代化改造。

5. 人口老龄化问题日趋严重

目前，日本是全球人口老龄化最严重的国家，65 岁以上人口比例达到了 27%，世界排名第一位。人口老龄化要求社会提供更多的医疗、保健设施，更便利的市政基础服务。同时，少儿比例降低，也造成大量学校等教育设施空缺浪费，需要重新规划整合。

6. 城市发展中存在较为突出的现实问题

日本东京、大阪等大城市在高速发展过程中，存在城市设计不具法律地位，且不能反映使用者意愿；土地私有化，难以实现统一规划，成片开发；职住严重失衡，通勤交通压力大；城市绿地率低，公共空间缺乏，城市热岛效应突出等严重问题，需要在城市更新中逐步加以缓解或解决。

7. 地震等自然灾害频发

日本地震等自然灾害多发，灾后重建也是引发城市更新的重要因素。

（三）日本城市更新的法律基础

由于日本经济的高速增长和东京奥运会的举办（1964 年），城市发展过度集中于东京、大阪等大城市，城市规模迅速扩张，集中体现的城市问题和生活环境恶化，引起全社会高度重视。1961 年引入特定街区制度，集中建设具有特定功能区域，如集中商业区。1963 年采用容积率控制制度（取消楼层高度不超过 31 米的限制）。1968 年全面修正了旧的城市规划法，颁布了新的《城市规划法》，确定了包括土地利用规划、城市设施规划、市区开发事业规划三部分内容的规划体系，谋求城市的健全发展和有序建设，为国土均衡发展和公共福利增进作出贡献。1969 年颁布了《城市再开发法》，确定了由都市设施建设为中心向以土地利用规划为中心的城市规划转变，公共福利的增进是《城市规划法》最重视的内容。城市规划权由中央向地方政府转变，城市居民和土地所有者参与规划编制。1989 年日本通过了立体道路制度，即道路的上下都可以建造建筑。2002 年颁布了《城市再生特别措施法》，2006 年修改了城市建设三个法律（《城市规划法》《大规模零售店铺选地法》《中心市区活性化法》），2008 年颁布了《历史城市建设法》，2012 年颁布了《生态城市法》，促进低碳生态城市建设。2014 年修改了《城市再生特别措施法》，并先后提出了《立地适正化计划》和《立地适正化操作指南》，2019 年 3 月修订了《都市开发诸制度运用方针》，使地方政府制定的城市更新计划更符合当地社会经济发展需求。总之，日本城市更新改造的法律体系不断完善，城市更新要求由单一的城市功能改造向城市综合功能提升、历史文化保存、生态低碳化转变。

表1　不同地块用途建筑形态控制（容积率/建筑密度）

用途地域	第一种低层居住专用地块	第二种低层居住专用地块	第一种中高层居住专用地块	第二种中高层居住专用地块	第一种居住地块	第二种居住地块	准居住地块	田园居住地块	近郊商业地块	商业地块	准工业地块	工业地块	工业专业地块	特别指定地区
容积率（%）	50、60、80、100、150、200	50、60、80、100、150、200	100、150、200、300、400、500	100、150、200、300、400、500	100、150、200、300、400、500	100、150、200、300、400、500	100、150、200、300、400、500	50、60、80、100、150、200	100、150、200、300、400、500	200、300、400、500、600、700、800、900、1000、1100、1200、1300	100、150、200、300、400、500	100、200、400	150、300	50、80、100、200、300、400
建筑密度（%）	30、40、50、60	30、40、50、60	30、40、50、60	30、40、50、60	50、60、80	50、60、80	50、60、80	30、40、50、60	60、80	80	50、60、80	50、60	30、40、50、60	30、40、50、60、70

根据城市规划相关法律，日本将土地利用类型划分为 13 类，不同地块用途确定容积率、建筑密度等土地利用限制和与建筑高度相关的斜线限制，如表 1 所示。容积率指标可以跨区域转换和有偿转移，即 A 地块容积率指标可以转移给 B 地块，或 A 地块让出部分公共空间，则可获得相应的容积率补偿。另外，还可以划定一些特别指定区域，享受更宽松政策，甚至不受建筑密度、容积率、建筑形态等限制。容积率转移制度是日本城市更新改造中应用最多的政策，由各个开发商和政府共同协调确定。通过城市规划法规和制度的规范引导，日本东京、大阪等大城市越来越集中紧凑，不断向空中发展而立起来，形成银座、涉谷、新宿等全球知名的城市综合体区域。

二、日本城市更新主要方法

日本的城市更新改造已全面铺开，在法律体系、技术措施、实施路径（模式）等方面都建立了完备体系，积累了丰富经验。

（一）土地区划整理

通过制定区域土地利用规划，实现土地区划整理，优化土地空间，提升土地价值。土地所有者根据所有权比重共同分担公摊土地，部分公摊土地作为区域内道路、公园、河流等公共设施用地，另一部分公摊土地收入作为公共设施建设资金。通过完善区域土地功能，提升住宅土地价值和利用率。土地区划整理后，土地所有者虽然住宅用地面积减小了，但由于规划了道路、公园等公共设施，住宅用地价值得到极大提升。如东京秋叶原地区的土地区划整理，该区域原是废弃的货场、市场，通过土地区划整理，公共用地比重由原来 22% 提高到 49%，住宅用地比重由原来 78% 降低到 50%，打造全球著名的动漫文化街，住宅用地价值显著提升。土地区划整理情况如表 2 所示。

表2　秋叶原地区土地区划整理情况统计表

区划		实施前		实施后	
		面积（m²）	比例（%）	面积（m²）	比例（%）
公共用地	道路	19493	22	41759	48
	公园	—	—	1044	1
	小计	19493	22	42803	49
宅地	民用地	41091	47	44204	50
	城用地	27023	31		
	小计	68114	78	44204	50
保留地				600	1
合计		87607	100	87607	100

（二）老城区更新改造

主要针对老城区的社区、街区或建筑物，通过土地、建筑物等产权等价置换实现更新改造，原则上利用提高土地容积率新增建筑面积替换等价的公共用地和公共设施投资，增加公共空间和绿地，提升老城区功能和品质，实现老城区更新改造。日本在老城区更新改造中也特别注意历史文化传承，如东京火车站区域改造，就很好地兼顾了车站功能提升和历史文化传承。利用城市地铁、高速公路等大型基础设施改造，进行老城区改造提升。如虎之门山大厦是东京最高建筑，也是2020年奥运会连接主会场和选手村之间的重要节点建筑。该项目是围绕东京环状二号线建设改造，经过多年的沟通协商，形成了目前结合道路改造的城市一体化开发思路，建设城市综合体，提高区域城市地位。虎之门山大厦的成功之处在于，通过立体交通方式解决环状道路改造问题，形成一条全新的城市改造思路。

（三）都市开发诸制度

日本的城市更新改造都是基于具体地块来开展的，开发地块小，利益相关者复杂。在指定的城市更新地块上，政府作为公共利益代表与土地所有者充分协商，通过放宽土地用途、容积率、斜线限制、建筑密度等限制，建立了一系列都市开发制度。2019年3月日本修订了《都市开发诸制度运用方针》。

1. 编制基于具体地块的城市更新规划（计划）

对纳入都市再开发推进区域的具体地块，编制城市更新规划（计划）。通过制定规划（计划），调整转换土地用途，实现建筑物与公共设施（如地铁站）一体化、综合性开发，放宽容积率等限制。如东京饭田桥站西口地区城市更新计划，开发者为政府与土地所有者组成的再开发工会，建设办公、住宅、商铺、教会、停车等综合设施，容积率由原指定的600%提高到930%。

2. 特定街区制度

在日本城市土地利用规划中，可根据特定功能需要，如商业开发、历史文化保护等，指定特定街区。在特定街区要求有一定规模的有效空间，并放宽建筑容积率、斜线限制、绝对高度限制等，该类区域政策宽松，但往往要体现该地块的特定功能，尤其注意历史文化的保护。如东京都丸之内二丁目特定街区，地块面积1.53公顷，利用日本国有铁道本社旧址、JTB本社旧址建设以商业、办公为核心的大型城市综合体，指定容积率达1300%。

3. 高空利用街区制度

日本政府指定一些城市核心区可以最大限度地利用垂直空间，鼓励建筑向高空发展，降低建筑密度，放宽容积率限制（指定容积率600%—700%），使城市立起来。如东京神保町一丁目南部地区，通过提高建筑容积率，建筑物向高空发展，释放地面公共空间，完善区域城市功能。

4. 综合设计制度

通过放宽建筑容积率、斜线控制等限制，将住宅、商业等建筑物与街区道路、市政管网等公共设施进行一体化综合设计，特别要注意公共空间建设以及高层建筑与原低层建筑之间的协调统一。东京神保町三丁目再建计划，就是综合设计的典型，在指定容积率为600%的基础上，营造了舒适的步行空间，开展了历史建筑立面复原，完善了夜间灯饰。

（四）都市再生特别地区

2002年，日本政府出台了《都市再生特别法》，确定了都市再生紧急整备地区65个，土地面积9092公顷，其中，特定都市再生紧急整备地区13个，土地面积4110公顷。根据该法律，纳入都市再生特别地区享有比都市开发诸制度更宽松政策，可以打破原来的设计限制（如指定容积率、土地用途等），根据城市更新开发需要重新设计容积率、土地用途等限制条件。东京日比谷地区就是特定都市再生紧急整备地区，享受更为优惠的政策，如公共设施可以抵扣部分建筑容积率。又如东京有乐町一丁目作为都市再生特别地区，通过街区道路区划调整，不仅使开发地块更完整，而且打造出广场公共空间，如图1所示。

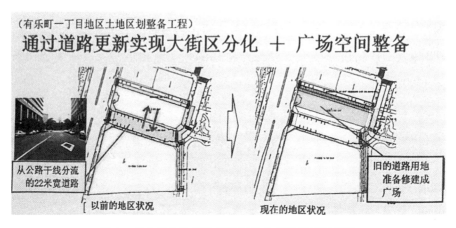

图1 都市再生特别地区限制条件调整案例示意图

（五）特例容积率适用地区

为了提升城市防灾救灾功能，在一些特定区域需要建防止火灾蔓延或提供避险空间的森林绿地，这些区域的指定容积率（特例容积率）可以进行有偿迁移，增加容积率的有效利用。如可以将这些特例容积率迁移到都市开发诸制度地区和都市再生特别地区。东京丸之内车站的修复就采用了特例容积率迁移，如图 2 所示。

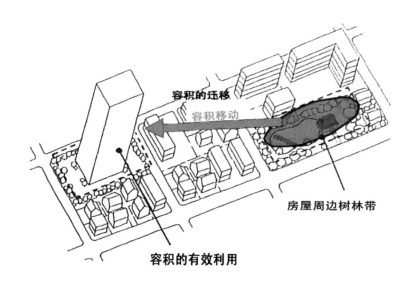

图 2　特例容积率地区容积率迁移示意图

三、日本城市更新发展趋势

（一）都市再生功能复合化趋势

自 2002 年日本《都市再生特别法》颁布以来，城市更新呈现都市功能复合化趋势，建设了大量具有复合功能的超高层建筑。如东京都中心地区更多的出现融住宅、商业、市政（车站）、教育等复合功能的城市综合体。特别是 1989 年日本建立了立体道路制度以后，建设了大量以地铁站点为核心的城市综合体和高架桥下的商业、公共服务等设施。"基础设施更新+城市再开发+城市复合功能完善和价值提升"成为城市更新的重要方式。

（二）专业咨询机构作用越发显现

城市更新专业化强，且涉及复杂的利益相关者，不仅需要专业的规划设计人才，而且需要项目运营管理、投融资、政策法规等综合性咨询人才。在日本长期的城市更新实践中发现，土地所有者、项目开发方及政府之间利益或关注点很难统一协调，往往一个城市更新项目需要沟通协调十几年二十年。第三方咨询机构具有较强的专业技术能力，且熟悉各利益相关方诉求，对项目的介入越来越深，可通过制定和优化项目方案满足各方要求，从而加快项目实施落地。因此，日本经验表明，聘请可靠的第三方咨询机构，是确保项目顺利推进的关键。

（三）城市更新限制条件不断宽松

通过确立都市开发诸制度、都市再生特别地区等措施，放宽土地用途、建筑容积率、斜线控制等限制条件，成为加快城市更新的主要措施。同时，城市更新审批管理权限不断由中央政府向地方政府转移，由政府主导向利益相关者协商组织转移。

（四）倡导智慧城市更新改造

为解决城市大量能源消耗、交通拥堵、热岛效应等问题，在城市更新中融入智慧能源、智慧交通等设计理念，建设低碳街区。同时，按照老龄化社会需求，对公共街区、社区等更新改造提出了更高的智慧化要求。

（五）提高城市防灾减灾能力

日本自然灾害较多，尤其是东京都直下型地震防治极为紧迫，提高城市防灾减灾能力是城市更新考虑的重要因素。

（六）强化城市多样性和亲和性

随着东京、大阪等大城市人口数量越来越多，国际化程度越来越高，人口构成越发复杂，工作方式、生活方式的多样性要求城市空间的多样性和亲和性，强化街区的综合设计。同时，越来越强调城市历史文化和记忆的传承延续，更加注重城市风格营造和历史文化遗存的保留，实现城市街区现代与历史的协调共生。

四、日本城市更新对中国的借鉴价值

中国的城市更新虽然起步较晚，但在北京、上海、广州、深圳等大城市也开展了大量实践，城市更新理念基本做到与国际同步。尽管中日两国在土地所有制、城市建设管理等诸多方面存在差异，但日本城市更新中的成功经验和做法，对促进中国城市创新发展具有重要借鉴价值。

（一）确立专业咨询机构技术核心地位

政府以满足提升公共利益为目标，私人土地所有者则追求更大的经济效益，为满足各方要求，建筑师必须不断优化建筑设计方案，综合咨询机构则必须设计一套合理高效的运营管理模式和资金平衡方案，专业人士（机构）在城市更新中发挥技术核心作用。在全过程工程咨询中，我国当前正积极推行建筑师（含综合咨询机构）负责制，力求降低利益相关方（如政府、社区居民）专业技术干扰，日本的相关经验具有借鉴意义。

（二）提倡紧凑型城市建设理念

为保护珍贵的农业用地，日本东京、大阪等大城市发展空间具有明确的刚性边界，提倡紧凑型城市建设理念，在有限的城市空间内积聚大量城市发展要素，极大地提升土地价值（注意：不同于我国人为增加土地开发环节所增加的土地成本），实现有效保护耕地，避免城市"摊大饼"式的野蛮扩张，这也是推动日本城市更新的主要动力。我国城市的快速扩张，造成城市区域过大、城市商业中心引领作用不突出、市政服务成本高、农田征占多等问题，紧凑型城市建设理念应该引起各级政府的重视。

（三）适当放宽城市更新限制条件

参照日本东京、大阪等大城市更新经验，在我国城市特定区域，如新区、新城，可尝试适当放宽容积率指标、实现容积率转移等城市更新方法，积累经验，逐步推广。城市更新方案决策权可实现两个转变，即方案审批权由上级政府下放至本地政府，方案设计由政府主导转变为以社区群众和开发商主导。

（四）注重都市功能复合化更新改造

在日本城市更新中，往往地铁站点等交通枢纽与商业、住宅、办公、文化教育等功能相结合，打破了简单的商业用地、住宅用地、文教用地等土地利用划分，不仅打造形成新的城市综合体，提升城市功能，而且提高项目盈利能力，增强市场融资能力。我国城市更新项目普遍功能单一，资金筹措能力弱，进而影响城市更新的整体推动。

（五）强调历史文化和城市记忆传承

日本城市更新非常重视历史文化和城市记忆的传承，实现城市街区现代与历史的协调共生，形成街区特色。我国历史悠久，各城市发展特色鲜明，在城市更新中如何保留城市特色和风貌应予以优先考虑，日本的相关经验和做法具有较强的借鉴意义。

（执笔：杨跃军）

日本东京都市圈交通发展及治理措施借鉴

城市交通是一个城市运行的基本保障，也是城市的一张名片，直接反映城市的治理能力和治理体系现代化水平。东京作为日本首都，是日本国的政治、经济和文化中心，是世界级城市之一，连续多年被联合国人居署和经济学人智库（EIU）等机构评为全球最宜居的十大城市之一，其中一个重要原因就是拥有完善、高效、便捷的城市交通网络系统，创造了城市道路不拥堵的"东京模式"。

自2008年奥运会以来，北京交通基础设施建设虽然实现了跨越式发展，城市道路、轨道交通的规模和质量都大幅提升，但仍未治好交通拥堵的"大城市病"。根据高德地图发布的《2018年度中国主要城市交通分析报告》显示，北京路网高峰行程延时指数（出行旅行时间/畅通旅行时间）达到2.032[1]，相当于因拥堵付出了2倍的时间代价。"他山之石，可以攻玉"，本文期望通过梳理东京在交通治理方面的一些经验和做法，为北京及其他城市交通发展提供有益借鉴。

一、中日都市圈交通发展状况比较

（一）比较范围界定

与东京相关的空间范围主要包括东京都和东京都市圈。

第一，东京都，是一个行政范围（即日本首都），总面积 2190.9km^2，人口 1351.5 万。包括区部（即都心 23 区，大致相当于北京三、四环内，面积 626.7km^2，人口 900 万）和多摩部（类似于北京的近郊区和乡镇）。

第二，东京都市圈，是由多个行政区组合而成的区域，包括 1 都 3 县：东京都、神奈川县、埼玉县、千叶县，均在以东京为中心的 80km 半径以内，面积约 1.36 万 km^2（与北京市域范围接近，如图 1 所示），区域内总人口约 3643.9 万。东京都市圈是东京都及其周边居民日常工作和通勤的空间范围，对很多东京人而言，往往是在东京都的区部工作，但是却住在周边的神奈川县或者千叶县，其中 50km 半径以内是最主要的通勤范围。该区域不仅包含连片建成区，还有大面积的农田区、山区。

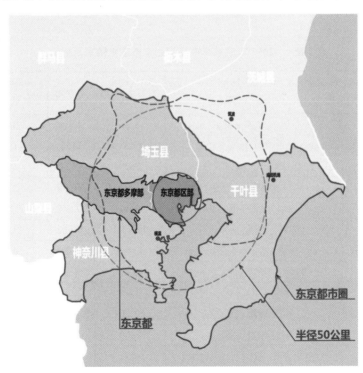

图 1 东京都与东京都市圈关系

因此，从地域面积、经济和社会活动联系程度、交通出行范围等因素考虑，选择东京都市圈与北京市作为比较范围更具可比性。

（二）东京都市圈与北京市交通状况对比

北京市面积 1.64 万 km^2，2017 年人口约 2171 万，汽车保有量为 590.9 万，道路总里程 30662km，轨道交通运营线路 22 条、运营里程 608km。如表 1 所示，东京都市圈面积比北京市略小，但人口是北京市的 1.68 倍，人口密度是北京的 2.02 倍，汽车保有量是北京市的 2.52 倍，人均保有量是北京市的 1.52 倍，道路规模是北京的 3.79 倍，路网密度是北京的 4.47 倍，轨道交通运营里程是北京的 5.88 倍。东京虽然车多人多，但道路交通却远比北京通畅，根本原因在于两个城市出行结构和路网规模的巨大差异。

表 1　2017 年东京都市圈与北京市基本情况对比

指标	地区	东京都市圈	北京市	比值（东京/北京）
城市规模	面积（万 km^2）	1.36	1.64	0.82
	人口（万人）	3643.9	2171	1.68
	人口密度（人/km^2）	2679	1323	2.02
	汽车保有量（万辆）	1491	590.9	2.52
	人均汽车保有量（辆）	0.41	0.27	1.52
道路规模	道路总里程（km）	116276	30662	3.79
	高速公路及城市快速路（km）	431.7	1402.9	0.31
	路网密度（km/km^2）	8.5	1.9	4.47
轨道交通	运营里程（km）	3578	608	5.88
	运营线路（条）	132	22	6
	车站数量（座）	1960	370	5.30
出行结构	小汽车占机动出行比例（%）	14	41.3	0.34
	公共交通占机动出行比例（%）	86	58.7	1.46

数据来源：中国、日本统计年鉴和《2018 年北京交通发展年度报告》。

根据北京市交通发展研究院公布的《2018 年北京交通发展年度报告》[2]，2017 年北京市中心城工作日出行总量为 3893 万人次（含步行，如图 2 所示），其中机动出行（地铁、公交、小汽车、出租车）2262 万人次，公共交通（地铁、公交、出租车）占机动出行的比例为 58.7%，小汽车占机动出行的比例为 41.3%。相比较，东京公共交通占机动出行的比例高达 86%，小汽车占机动出行的比例仅为 14%，这就意味着北京小汽车出行比例是东京的 3 倍。

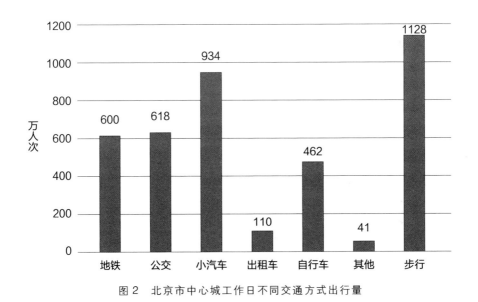

图 2　北京市中心城工作日不同交通方式出行量

从路网规模看，东京都市圈的道路总里程是北京市的 3.79 倍，路网密度是北京市的 4.47 倍，折合成为面积，东京都市圈是北京市的 2 倍左右。但北京道路宽度超过 15m 以上的远远大于东京，特别是高速公路和城市快速道路是东京的 3.25 倍[3]。这说明东京都市圈的道路虽然等级较低、较窄，但密度高，微循环发达，通达性较好；北京市道路等级较高、较宽，但密度不够，通达性受影响或者路网机动性不够。

由此可见，北京市出行车辆多但道路资源供给不如东京都市圈，特别是北京市中心城区汽车保有量过度集中，进一步加剧了需求和供给的不协调，直接造成了交通拥堵。

二、东京都市圈治理拥堵经验

20世纪八九十年代，日本交通拥堵问题日益严重。东京都政府于2000年出台了《交通需求管理东京行动计划》，从交通需求管理的角度出发提出了四大类共9项措施，如图3所示[3]，一是恢复现有道路的承载能力；二是自主限制驾车出行；三是促进出行方式向公共交通转化；四是减少汽车使用频率。东京治堵经验概括起来为"地上地下齐发力，软硬兼施共治堵"。

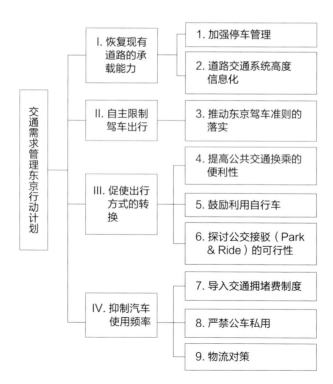

图3 《交通需求管理东京行动计划》措施架构

（一）以停车费为杠杆调节小汽车使用量

《交通需求管理东京行动计划》的核心是通过经济杠杆引导市民的出行方式，自主限制小汽车出行，减少汽车使用次数和频率，控制路面车辆数量[4]。东京中心城区停车费实行差别化管理，但总体而言停车费十分昂贵。东京路侧停车实行严格的"限时"管理，白色方框每次停车限时 1 小时甚至半小时，每小时停车费 300 日元（约合人民币 19 元），而且部分车位明确标识仅限货车，禁止客车停放。路侧停车逾时将被贴条，处以 1.5 万日元（约合人民币 948 元）的罚单。路外停车费用每小时高达 600 日元至 1500 日元（约合人民币 38 元至 95 元），高额的停车费让小汽车车主望而却步，再加上日本政府机关、企业几乎不提供"内部车位"，迫使小汽车车主不得不放弃自驾车，改乘公共交通出行。东京停车还采取了一些人性化和导向性的措施，在中心城区周边建设了大量停车场，收费明显低于市区，以此引导外来人员将车辆停于城市周边，换乘公共交通进入中心城区。相比北京而言，东京没有采取限购、限行等行政手段，而是采取了市场手段进行引导，"持而不用"，减少小轿车出行比例和数量是东京治理拥堵的关键一招。

（二）强化静态管理释放存量道路资源

违章乱停车、小区周边"僵尸"车辆长期占道等现象，由于侵占道路资源和公共空间，不仅影响机动车畅行，而且降低自行车、行人通行效率，严重扰乱了交通秩序，成为拥堵的重要原因。减少违章停车的一个重要前提是停车需求与停车位资源的匹配。尽管北京近年来加大了违章停车处罚力度，但效果有限，其中一个重要原因就是北京小汽车爆发式增长，但老旧小区几乎没有考虑停车设施，停车位的缺口达到 137 万个，居民不得不占道违章停车，居民对频繁贴条遭受处罚怨声载道却又显无奈。

日本进入汽车时代相对较早，停车设施建设起步也较早。1958 年东京都政府颁布了《东京都停车场条例》，明确规定了公共建筑设置停车设施的义务，其中包括总面积超过 1 万 m^2 的大型建筑，以及使用面积超过 2000m^2 的公寓式住宅，必须在同一场地内设置停车设施。20 世纪 70 年代，为缓解停车难问题，日本通过市场化手段，开始在"寸土寸金"的城市中大量建造立体停车场，近年来逐步发展为更为智能和更为节约用地的全自动机械式立体停车场，为城市提供较为充裕的车位，也为东京实施凭车位购车、重罚违章停车等政策创造了条件。

随着经济快速发展，日本各大城市也经历了汽车爆发式增长的过程，停车设施曾经一度跟不上汽车增长节奏，加之养成了免费占道停车习惯、停车费高昂的原因，东京曾在较长时间内面临将道路当免费停车场的困扰。为改善乱停车局面，东京政府采取了严厉的处罚措施。从 2006 年开始，警视厅聘用民间监督员（大多是退休警察）治理乱停车，对违章停车的处罚也由之前的可临时停车 30 分钟改为直接取缔违法路边临时停车，普通轿车违章一次处罚 1.5 万日元（约合人民币 948 元），扣 2 分（日本驾照满分 6 分）。重罚之下，乱停车现象明显好转，有效释放了存量道路资源，恢复了道路通行能力。据东京警视厅公布的数据，违章停车处罚措施实施几年后，东京主干道的违章停车现象减少了 81.5%，平均 1 小时的堵车距离缩短了 40.5%，平均每 5km 的行车时间减少了 10.8%，停车场的使用率也增加了 21%[5][6]。

（三）发达的轨道交通系统保障公共出行需求

东京都市圈拥有世界上最发达的轨道交通系统，JR（Japan Railways，日本铁路公司）山手线、地铁、私铁等累计运营里程 3578 公里，共有车站 1960 座，组成了地上、地面、地下的立体交通网络。在以停车费为杠杆迫使减少小汽车使用量的情况下，东京都市圈轨道交通有效保障了公共出行的刚性需求。东京都市圈轨道交通有几个特点成为吸引客流的重要因素：一是乘坐方便，东京中心城区40%的区域可以在步行5分钟内到达车站，80%的区域可以在10分钟内到达[7]，而且地下空间相互连通，全面设置电动扶梯、传送带等"人性化"设施提高了换乘的便利性；二是功能划分合理，JR线和私铁主要承担中心城区与市郊的通勤联系，私铁承担中心城区的公交出行，以环形的JR山手线为纽带可以实现网络之间的直通和换乘，满足了都市圈范围内近、中、远不同层次的出行需求；三是出行成本低，票价在150日元至1000日元（约合人民币9.5元至63.3元），远远低于小汽车出行的停车费和出租车费用（起步价为1km 410日元，约合人民币26元；每237米加收80日元，约合人民币5.1元）；四是交通枢纽和城市综合体融为一体，东京非常重视轨道交通枢纽站的综合开发，在银座、涩谷、新宿、池袋等多个车站打造集商务办公、购物中心、餐饮娱乐等于一体的超大型城市综合体，也将轨道交通与生活的融合做到了极致，乘坐轨道交通不仅是东京人的一种出行方式，更是一种生活方式。

（四）文明出行营造良好交通秩序

日本文明程度和国民素质较高，这一点也反映到了交通出行方面。日本司机有良好的驾驶习惯，道路车辆接续行驶，几乎很少出现频繁并线和"加塞"的现象。在红绿灯路口，行人和自行车会自觉排队等候，几乎看不见抢行的现象，道路口司机也会停车礼让行人，直到最后一个行人通过才启动通行。东京大街上一片繁忙景象，却井然有序，车辆和行人都自觉遵守交通规则，文明出行起了重要作用。这离不开"从娃娃抓起的"国民素质教育和交通安全主题教育。相比之下，北京在引导文明出行方面还需要下大力气，比如频繁并线造成小剐小蹭现象较常见，小事故引发大拥堵，特别是北京出行方式更趋多样化，自行车较多，近年来随着快递行业的发展，快递三轮车也大幅增加，机非混行更为复杂，成为交通拥堵的新因素，需要引起足够重视。

三、东京都市圈交通发展的教训

东京都市圈治理拥堵的成功经验对北京提升城市交通整体运行质量具有重要借鉴意义，但东京都市圈空间规划方面的结构性缺陷，也带来了通勤时间过长等问题，这点需要北京在新一轮的城市规划调整中吸取教训极力避免。从 20 世纪 60 年代开始，为了缓解中心城区人口过度聚集及交通拥堵状况，东京都政府试图引导城市空间布局从单中心结构向多中心结构转变，通过功能分散调整交通流向，减小中心城区交通压力。东京都政府提出规划建设城市副中心，依托 JR 山手线打造了"一核七心"，即山手线以内为核心区，以山手线串联七个副中心，分别为新宿、池袋、涩谷、上野—浅草、大崎、锦糸—龟户以及滨海副中心，如图 4 所示。这七个副中心正处在山手线与市郊铁路的交汇处，名副其实地成了商业、办公、娱乐和交通枢纽中心，在一定时期内分散了核心区的交通压力。

图 4 东京"一核七心"结构

但副中心的设立没有很好地解决职住平衡的问题，东京区部 600 多 km² 商业用地的比例较高，以东京火车站为核心，在十公里范围内，就业岗位和就业人口的差值是 300 多万，也就是说外围大概每天有 300 多万的人要进入核心区上班[8]。大量上班族居住在东京都周边的神奈川、埼玉、千叶三个县，这就形成了所谓的 35—80km 通勤圈，如图 5 所示。由于七个副中心相距不远（JR 山手线约 30km），随着时间推移，逐步连绵成片，"一核七心"在某种意义上形成了更大范围的城市单中心结构。这种职住严重失衡的单中心结构造成了大规模、潮汐式、长距离的通勤交通，早晚高峰轨道交通十分拥挤，消耗在上下班路上的时间过长。因此，东京随处可见行色匆匆的上班族，城市节奏较快，在一定程度上影响了宜居性。

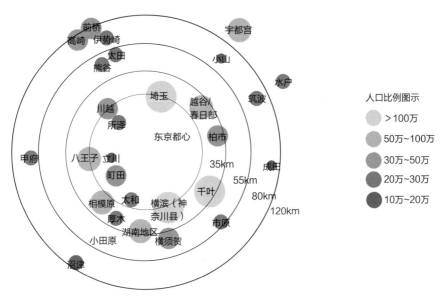

图 5　东京都市圈周边城镇分布情况

四、北京市缓解交通拥堵的建议

经过多年的发展，北京市交通基础设施迈上新台阶，建议下一步吸取东京城市发展的教训，充分借鉴交通治理方面的先进经验，一方面进一步完善轨道交通、城市道路、停车设施等硬件设施，增强交通供给能力；另一方面着力改善交通管理软环境，提升交通治理水平和能力，双管齐下，软硬兼施，打造高质量城市交通系统。

（一）抓住机遇调整城市功能分区

合理布局城市发展空间，明确各区功能定位，实现组团内部职住平衡是解决交通问题的根本措施。北京市要抓住国家实施京津冀协同发展战略的重大机遇，紧紧扭住疏解北京非首都功能的"牛鼻子"，结合通州副中心和雄安新区建设，充分利用腾退空间，优化调整中心城区功能定位，协调就业和居住的关系，推进职住平衡发展，减少不同组团间的交通流量。

（二）优化限行、限购政策

北京市推进限行、限购政策近 10 年来，延缓了城市拥堵，但小汽车保有量仍以每年约 12 万辆的速度增长，总量增长超过 100 万辆，在很大程度上抵消了限行的作用。主动控制小汽车出行，减少路面交通压力势在必行，东京"持而不用"的交通需求管理策略值得借鉴，北京应进一步加大核心区域小汽车使用成本，引导公交出行。

（三）加快构建多层次轨道交通

北京市要进一步完善轨道交通线网布局，适度加密中心城区路网，提高轨道交通的可达性和便利性，打通出行"最后一公里"。同时，适应多元化的交通出行需求，构建大、中、小运量各司其责的轨道交通系统。加快市域快线、城际铁路和市郊铁路发展，形成有机衔接的多层次区域轨道交通体系，增强中心城区与通州副中心、雄安新区及周边地区的联系。

（四）集中力量疏导城市交通堵点

利用出行大数据逐一排查全市交通堵点分布情况，进一步深入分析拥堵成因，采取针对性的治堵疏导措施。例如，北京市北五环来广营桥至顾家庄桥路段常态化拥堵，究其原因是在不到 1km 的范围内设置了两个高速公路出口和一个主干路出口，五环路合流区长度不足，车辆并线相互干扰，严重影响通行能力。类似这样的交通堵点，应列入重点整治范围，通过改造道路、优化交通组织、加强信息诱导等措施尽快予以解决。

（五）加大动态、静态交通治理力度

北京市要努力成为全国动态、静态交通治理的样板城市。动态交通重点治理随意并线、加塞插队、路口抢行、驾驶途中接听电话或玩手机等行为。同时，积极改善自行车和步行条件，规范机非混行秩序，将快递三轮车、自行车、电动摩托车纳入交通法规体系，明确违法行为和处罚措施，加大非机动车违法执法力度。静态交通方面，加快老旧小区周边停车设施建设，积极引导社会资本投资、建设、运营停车设施，鼓励用地紧张区域建设智能立体公共车库，增加停车资源供给，缓解停车难问题。在此基础上进一步整治乱停车现象，特别是对路侧停车实行精细化管理，如小区周边部分较窄道路实行分时段停车，早 7：00—晚 10：00 车流量较大的时段禁停，提高道路通行能力；晚 10：00—次日早 7：00 允许周边居民在指定区域停车，为居民停车提供便利。

（六）大力倡导文明出行

通过各种渠道加强文明出行和交通安全的宣传教育，营造遵守交通规则，维护交通秩序的社会风尚。将文明出行作为社会公德教育的重要内容，从孩子抓起，久久为功，一年接着一年干，一代接着一代干，让遵守

交通规则成为习惯。此外，也要适当采取有效措施引导文明出行（如不良交通行为与个人信用挂钩等）。

参考文献：

〔1〕《2018 年度中国主要城市交通分析报告》，2019 年 1 月 16 日，见 https：//wenku. baidu. com/view/c92006275bcfa1c7aa00b52acfc789eb172d9e96. html。

〔2〕北京市交通发展研究院编：《2018 年北京交通发展年报》，2018 年 10 月 24 日，见 http：//www. bjtrc. org. cn/List/index/cid/7. html。

〔3〕李春利、张钟允：《汽车社会成本中的交通拥堵机理分析与“东京模式”》,《汽车安全与节能学报》2015 年第 2 期。

〔4〕李春利、张钟允：《汽车社会成本中的交通拥堵机理分析与“东京模式”》,《汽车安全与节能学报》2015 年第 2 期。

〔5〕张暄：《对东京整治城市交通拥堵政策的分析与研究》,《城市管理与科技》2015 年第 3 期。

〔6〕程宇航、陈宁：《“软硬”兼施　多管齐下：东京综合治堵的道道》,《老区建设》2018 年第 17 期。

〔7〕李春利、张钟允：《汽车社会成本中的交通拥堵机理分析与“东京模式”》,《汽车安全与节能学报》2015 年第 2 期。

〔8〕刘龙胜：《东京都市圈轨道交通发展及其启示》,《交通标准化》2008 年第 20 期。

（执笔：唐智伟）

日本区域经济发展特点及城市规划经验借鉴

　　日本国土总面积 37.7 万 km^2，人口 1.27 亿，城市化率 94%。领土范围内包含四个大岛和数百个小岛。根据日本国土资源条件，形成了以大都市圈为中心，以大城市为骨干，不同大都市圈相对独立的产业结构。日本在 20 世纪 50 年代和 70 年代逐步建立了土地和空间综合发展规划体系，形成了良好的法规和法律保障体系。当时日本的城市化率为 50%—60%，受到区域发展不平衡问题的困扰，与我国目前面临的空间资源保护和发展利用处境相似。因此，系统总结日本区域经济发展特点及其 50 年代以来逐步建立的规划制度，对我国未来规划体系的完善具有重要的启示作用。

一、日本区域经济发展分析

（一）日本区域经济发展特点

1. 人口高度集中在三大都市圈

　　日本的人口和经济高度集中在三个平原，最大的平原是东京周边所处的关东平原。其次是名古屋附近的浓尾平原和京都与大阪地域的畿内平原。依靠地理位置，在日本的工业化浪潮中，它们逐渐发展成东京圈、关西圈（大阪府、京都府、兵库县、奈良县）和名古屋圈（爱知县、岐阜县和三重县）这三大都市圈，三大都市圈面积占日本国土总面积的 32%，集中了日本 63% 的人口和 69% 的国民生产总值。三大都市圈各具特色，东京圈具有开放的多样化综合实力，名古屋圈拥有雄厚的制造业及研发力量，关西圈则拥有悠久的文化历史、传统商业以及健康医疗行业。

2. 经济的稳定性和抗压性强

日本 GDP 主要以汽车工业、电子工业、精密仪器等制造业为主，基础设施、产品水平、核心技术等方面在全球具有强大的竞争力。自 2011 年日本地震、海啸、核泄漏和欧债危机等一系列事件发生后，日本仍保持着 0.3% 的 GDP 增长率。2012 年，55 个核电机组（占日本总发电量的 29%）已全部关闭，但对日本的经济生产和国民生活并没有产生预想中的重大影响，反映了日本经济具有很强的稳定性和抗压性。

（二）日本经济发展主要问题

1. 泡沫经济导致国民投资的提前透支

日本泡沫经济指日本 20 世纪 80 年代经济迅速发展，1987 年其人均 GDP 超过美国时，由于房地产资金链断裂从而引发的严重经济危机。当时日本的房价上涨已经提前透支了大量国民投资，并在与美国签署"广场协议"后的 10 年内，日元的平均价值每年上涨超过 5%，直接导致国内外大量投资涌向日本股市和房地产市场。在"广场协议"之后的 5 年中，股价每年增加 15%，土地价格年增长 30%，但同时期日本名义 GDP 的年增长率仅为 5% 左右。泡沫经济促使了很多坏账的形成，并且越来越远离实体经济，这极大限制了日本银行体系的再融资能力。

2. 结构性问题错失产业转型时机

日本金融体系采用主办银行制度，即日本各大商业银行由财阀控股，同时财阀又控股实业企业，财阀间又相互持股，政府利用对相关财阀入股来加以实质或间接的控制，一个高度组织化、政策性强的银行体系便形成了。在该体系下，银行倾向于提供年限长达 10 年、15 年甚至 20 年的长期贷款，还款方式通常是年金，日本的金融体系还衍生出了以这些年金为基础现金流的金融产品。主办银行体系在 20 世纪 80 年代以前，日本快速工业化时期对经济增长起到了很明显的助推作用，日本经济结构还是高度依赖于传统制造业，但如今传统制造业已经很难有新的增长点，20 世纪 90 年代互联网大潮到来的时候，由于日本银行体系的僵化，没能为互联网时代的起步提供充足的投资，这直接导致了 2018 年世界知名科技互联网公司排名前十位中有七家美国公司、三家中国公司，日本没有一家公司上榜，如表 1 所示。

表 1　2018 年世界知名科技互联网公司排名

排名	名称	市值（亿美元）	国家
1	谷歌（Google）	7001.92	美国
2	亚马逊（Amazon）	6802.82	美国
3	腾讯	4913.67	中国
4	脸书（Facebook）	4566.66	美国
5	阿里巴巴	4298.29	中国
6	奈飞（Netflix）	1253.46	美国
7	普利斯林（Priceline）	929.37	美国
8	贝宝（PayPal）	886.44	美国
9	Salesforce	850.92	美国
10	百度	765.33	中国

3. 社会发展进入瓶颈期

经过近半个世纪的发展，日本目前的基础设施建设较为完善，公共服务成熟，工业体系相对发达。政府通过基础设施或生产方式转变来增加经济发展空间的方式难度加大，在现有的土地资源条件基础上，很难在增加存量方面获得突破。

4. 老龄化问题突出

根据目前世界通行标准，"老龄化社会"是 65 岁及以上群体超过社会总人口的 7%，"老龄化社会"这一比例的定义为达到 14%，日本该比例已超过 26.2%，已确定进入"超老龄化社会"。人口老龄化带来的主要问题是劳动力缺乏，这已经成为日本经济的一个重要问题。与此同时，国内消费形势不振也迫使企业外迁，抑制了国内的生产和经济活力。欧洲发达国家方面，虽然随着生活水平的提高，各国的生育率也出现了不同程度的下降，但大量的外来移民已经对冲了老龄化对欧洲的影响，从而推迟了人口老龄化的进程。然而日本坚持单一民族、排斥外来人口，很难使用移民模式缓解老龄化压力，导致了日益突出的社会问题。

二、日本规划体系综述

（一）日本行政管理体系与规划管理

日本的城市化率为 94%，是全世界城市化程度最高的国家之一。东京是世界三大城市之一，东京是比肩纽约和伦敦的世界上最大都市圈。日本的行政管理体制包括中央政府、都道府县和区市町村三个层级，并遵循自上而下的原则实施从土地规划到城市规划的管理。

日本的土地利用规划系统与行政组织的层级相一致，分为三个层次：国家、都道府县和市町村三级。上级对下级具有审批等权利，日本城市规划的运作过程主要包括法律制度指导下的三个方面，即总体规划、土地利用规划、城市设施规划和城市开发建设。都县负责城市规划区的总体规划和大规模开发项目，市政当局负责地理和区块规划的用途与管理，这一方面类似国内控制性详细规划。

日本政府的规划和管理工作主要通过《都市计划法》和《建筑基准

法》来控制城市私人建筑的风格、高度和体量。日本的城市规划以完善的土地和空间规划系统为基础，是土地利用规划的一项具体落实与专项细化。均衡发展理念贯穿于日本的城市规划建设和管理，是传承延续城市的历史、文化和记忆的重要方法。

（二）日本规划法规体系

1. 日本规划主干法

目前，日本已形成《土地基本法》《国土综合开发法》《国土利用计划法》为三大主干法。《土地基本法》（1988 年颁布）主要规定了土地使用的基本原则与政府责任、义务，以及土地执行政策、审议等，共有 20 条是土地空间发展的最基本内容；《国土综合开发法》（1950 年颁布，2005 年修订为《国土形成计划法》）和《国土利用计划法》（1974 年颁布）是制定综合土地开发计划、国土利用计划与土地利用基本计划的法理基础，重点明确了编制层级、主体、程序与流程以及主要内容。

2. 日本规划专项法

区域开发类法律包括《北海道开发法》（1950 年）、《特殊土壤地区防灾及振兴临时措施法》（1952 年）、《海岛振兴法》（1953 年）、《大雪地区对策特别措施法》（1962 年）、《山村振兴法》（1965 年）、《振兴农业地区建设法》、《低开发地区工业开发促进法》等；城市改造方面的法律有《首都圈整备法》（1956 年）、《近畿圈整备法》（1963 年）、《中部圈开发整备法》（1966 年）等。

土地利用类有关法律包括《土地改良法》（1949 年）、《国土调查法》（1951 年）、《土地征用法》（1952 年）、《地价公示法》（1969 年）、《土地基本法》（1989 年）等。

有关城市建设和改造类法律包括《都市公园法》（1956 年）、《都市再生特别措施法》（2002 年）、《灾害市区重建特别措施法》（2002 年）、

《景观法》（2004 年）等。

3. 相关法

空间规划涉及资源、生态、环境、产业发展、基础设施建设、社会与文化、农业等诸多方面。比如，资源环境类包括《森林法》（1951 年）、《防沙法》（1955 年）、《河川法》（1964 年）、《海洋基本法》（2007 年）、《水资源开发促进法》（1961 年）、《自然保护法》、《自然公园法》等；基础设施和交通类包括《道路法》（1952 年）、《铁道事业法》、《航空法》等。

三、中日经济发展质量与规划体系对比

承接全球化产业分工和产业转移带来的发展红利是我国改革开放后经济发展的主要动力。2018 年我国城市人均 GDP 排名中，人均 GDP 超过 2 万美元的城市有 15 个，这是改革开放 40 年的经济成果，相当于在我国版图上造就了一个人口 1.4 亿、人均 GDP 达到 2 万美元的准发达国家。将我国 GDP 排名前四名的城市与日本前四大城市进行比较，可以看出，同为首都，北京的 GDP 总量约为东京的 42%，人均 GDP 约为东京的 26.8%。上海是我国 GDP 最高的城市，GDP 总量约为东京的 46%，人均 GDP 约为东京的 30.8%。广州、深圳与日本的名古屋、横滨相比，人均 GDP 均为 50% 左右，反映出我国在经济发展质量方面，尚有很大的提升空间，如表 2 所示。

表 2　中日两国前四大城市主要发展指标对照

城市	定位	人口（万人）	GDP（亿美元）	人均 GDP（美元）
北京	首都	2170	4087	19089

续表

城市	定位	人口（万人）	GDP（亿美元）	人均GDP（美元）
上海	经济、金融中心	2419	4464	18454
广州	华南最大的城市	1449	3185	21981
深圳	重要的边境口岸城市	1253	3302	26353
东京	首都	1363	9723	71335
大阪	日本第二大城市	884	3042	69515
名古屋	日本第三大都市圈	227	1225	53965
横滨	国际港口都市	372	2767	40541

我国的规划体系采取三级四类的规划分类方式，日本选择的是三级三类规划体系，但区域经济发展方面二者均选择了城市群发展模式。日本早在1950年就设立了《国土综合开发法》，国土空间规划与专项规划形成相互协调的法规体系。而我国在2007年才颁布《城乡规划法》。规划立法方面，我国与日本还存在一定差距，如表3所示。

表3　中日两国规划体系对照

类型	我国	日本
规划体系	三级：国家、省、市县 四类：国家发展规划、国土空间规划、专项规划、区域规划	三级：国家、都道府县、市町村三级行政体系 三类：国土综合开发计划、国土利用计划、土地利用基本计划
法律法规	《城乡规划法》（2007年） 《国务院关于加强国民经济和社会发展规划编制工作的若干意见》（2005年） 《中共中央　国务院关于建立国土空间规划体系并监督实施的若干意见》（2019年）	《国土综合开发法》（1950年） 《土地利用规划法》（1974年） 《土地基本法》（1988年）
区域发展	京津冀（综合实力） 长江经济带（科技创新） 粤港澳大湾区（对外开放与合作）	东京圈（综合实力） 关西圈（历史文化） 名古屋圈（制造业及研发）

四、日本规划体系的借鉴作用

日本从 1950 年的《国土综合开发法》到 2005 年的《国土形成法》，目前编制了七轮全国国土综合开发规划，在体系的完成度与经验上是亚洲国家的榜样。目前我国处于社会发展转型期，日本的规划体系为我国提供了很好的借鉴。

（一）完善土地利用法规体系，确保政策的针对性和连贯性

日本的三大主干法中，《国土综合开发计划》作为日本最高层级的国土空间配置规划，重点是确定国家土地政策的战略与方向，并对指导国家土地开发和经济发展具有重要意义，突出了土地开发的宏观指导价值。《国土利用计划》的计划重点是定规模与指标，规划指标既用于发展地域划分和土地利用类型，也是实现规划目标的必要措施，指标约束力较强。《土地利用基本计划》侧重于确定土地功能和坐标，根据国家土地利用规划，确定城市地区、农业区、森林区、自然公园区和自然保护区等五类区域。并提出不同地区各自的发展目标，空间布局和相应的土地控制要求；对于某一地区，特殊用途的空间规划是根据"城市规划法"等特殊法律进行的。

虽然我国对土地集约利用和耕地保护有明确要求，并初步形成了我国的生态保护制度，规定了生态保护、城市建设扩展边界和耕地保护的"三条红线"。但是，在实施过程中，存在土地利用规划和城市规划相互矛盾且经常变更的情况。完善土地利用规划、农业土地保护、城市规划、地下空间利用相关法律法规和实施细则，提高法律可操作性，限制人为干预应当作为我国未来规划实施的重点。

（二）贯彻均衡、协同发展理念，注重在规划中体现民生福利

为应对地区不平衡，日本政府将促进均衡发展作为第一轮的目标之一。国土空间机构从"一极一轴""多极分散"到"一轴四极"出发，针对山区、边远岛屿、落后地区等具体问题区域，制定具有区域特色的区域规划，促进国家均衡发展。新干线等现代化高速交通线路的建设为当地生活圈的建设创造了前提条件，促使了人口与产业的均衡配置，逐步缩小了区域差异。东京具有"首都"和"东京大都市圈"两大属性，但东京并没有利用首都的政治优势垄断资源，反而主动发挥了推动周边地区发展的作用，形成辐射周边三县的东京城市圈，并与其他城市共享建设成果，通过科学规划和建设轨道交通网络，实现与其他城市的共同发展，实现城市人口和功能的均衡布局。

进入 21 世纪以来，日本老龄化问题愈发明显，防灾、中心区改造、生活环境改善等问题，促进了日本城市规划体系走向注重人文关怀与精细化管理的方向。按照我国新型城镇化建设的要求，应强化城市空间结构，提升城市历史风貌，加大适应国情城市规划体系建设，完善公共服务设施和提高公共服务质量，为居民提供良好的生活环境和交流空间。

（三）重视土地集约利用，推行紧凑型城市规划理念

日本高度重视土地集约利用，建立土地集约利用空间结构体系，并注重地下空间的开发利用。推行支持大中城市的城市空间布局和交通网络建设，形成多中心、网络化、紧凑的城市圈发展模式，上述措施使日本成为世界上土地集约利用效率最高的国家之一。由于全社会低生育率和高龄化造成的社会人口结构改变，加之东京城市圈集中吸纳地方人口集聚，使得日本除东京以外城市人口不断减少，面临着严重的城市收缩问题。因此，日本城市规划强调高层次城市功能，强化彼此相互补充的功能复合，在步

行半径内甚至同一个场所，可以满足生活、工作和休闲的各个方面需求。此外，充分考虑了老龄化社会的主要需求和具体特征，倡导慢行交通和公共交通成为主导出行方式，建立一个安全、舒适，适合步行与骑自行车的公共交通。

在经济增速减挡、区域竞争分化和人口红利丧失等多方面因素的交叉作用下，我国部分城市也存在着不同程度的收缩现象，需要基于准确人口预测来制定有效的应对战略，针对人口减少来制定适合城市收缩时代的城市规划。

（执笔：于明）

责任编辑：曹　春
封面设计：木　辛

图书在版编目（CIP）数据

中咨研究智库观察.第三卷/王安 主编. —北京：人民出版社,2020.1
ISBN 978 - 7 - 01 - 021542 - 6

Ⅰ.①中… Ⅱ.①王… Ⅲ.①中国经济-经济建设-研究 Ⅳ.①F124

中国版本图书馆 CIP 数据核字（2019）第 259708 号

中咨研究智库观察

ZHONGZI YANJIU ZHIKU GUANCHA

（第三卷）

王　安　主编

人民出版社 出版发行
（100706　北京市东城区隆福寺街 99 号）

北京盛通印刷股份有限公司印刷　新华书店经销

2020 年 1 月第 1 版　2020 年 1 月北京第 1 次印刷
开本：710 毫米×1000 毫米 1/16　印张：20.75
字数：308 千字

ISBN 978 - 7 - 01 - 021542 - 6　定价：92.00 元

邮购地址 100706　北京市东城区隆福寺街 99 号
人民东方图书销售中心　电话 （010）65250042　65289539